KB266849

완벽한 피해자

완벽한

(로고)11

모함메드 엘쿠르드 지음
박종주 옮김

피해자

팔레스타인인이라는
존재

마티

오마르에게
이 글을 쓰고 있는 이 순간에도
시온주의 감옥에 수감되어 있는 그에게

레파트 알아리르 박사와
허용 한계치를 높이려 감히 나섰던 모든 이들을
사랑을 담아 추모하며

설령 그렇다 해도!

설령 그렇다 해도!

설령 그렇다 해도!

일러두기

1. 원문에서 대문자로 강조한 부분은 굵은 글자체로, 이탤릭으로 강조한 부분은 기울어진 글자체로 표시했다.
2. 본문의 주 중에서 옮긴이가 단 것은 '[역주]'로 표시했고, 나머지는 모두 저자의 것이다.
3. 독자의 이해를 돕기 위해 옮긴이가 추가한 내용은 본문과 주 모두에서 대괄호 안에 넣었다. 단 직접 인용문에 포함된 것은 저자가 추가한 내용이다.
4. 외래어 표기는 국립국어원의 외래어 표기법을 원칙으로 삼되, 관습적으로 굳어진 표기 용례가 있는 경우 이를 따랐다. 아랍어 고유명사의 경우, 특수기호를 사용하는 학술적 전사 체계 대신 일반 로마자 알파벳만을 사용하는 간략한 표기를 바탕으로 한글로 옮겼다. 단 일부 굳어진 표현은 그대로 사용했다.

차례

작업 노트

1. 그간 이 책의 주제에 관해서 너무 많이 말했고 또 너무 적게
   말했다. 팔레스타인 문제라는 말로는 다 담을 수 없는, 수많은
   이름으로 칭해지고 이미 아주 길게 논의된 주제다. 이 책에서는
   논지를 일관되고 폭넓게 제시해보려 미력하나마 노력했지만,
   어떻게 보나 여전히 미완성작이다. 인종학살(genocide)*의
   와중에 글을 쓴다는 것이 고문같이 느껴지는 것은 비탄
   때문만은 아니다. 2000파운드짜리 폭탄 앞에서 글이란
   부끄러우리만치 모자람을 알아서다.

2. 우리 역사에서 가장 피 냄새 짙은 장에 접어들면서, 유구한 병적
   상관 작용이 한층 두드러지게 되었다는 것은 인정할 수밖에
   없다. 순교자가 늘수록 연단도 는다. 서구와 아랍 세계 곳곳에서
   팔레스타인인들이 충격적인 수준의 폭력과 억압, 말살을
   마주하고 있다는 것은 부인할 여지가 없다. 하지만 언론, 문화,

* [역주] 흔히 집단학살로도 번역한다. 이때 '집단'은 단순히 학살의 규모가 크다는 뜻이
아니라 특정 집단을 대상으로 한 학살이라는 뜻이다. 국제연합의 '집단살해죄의
방지와 처벌에 관한 협약'에서는 "국민적·인종적·민족적 또는 종교적 집단의 전체
또는 일부를 파괴할 의도"로 행해지는 (직접적인 살해에 국한되지 않는) 여러 행위로
정의된다. 좁은 의미의 인종만을 토대로 이해할 수 있는 말은 아니지만,
팔레스타인에서의 학살을 비롯한 이스라엘의 여러 정책이 인종주의의 차원에서
논의되어야 함을 고려해 이 책에서는 민족, 종족, 인종 등을 뜻하는 원어 접두사 geno-
의 의미를 살려 인종학살이라는 역어를 택했다.

학술, 정치 영역의 진보적인 일각에서 '팔레스타인'은
특정인들을 위한 사회적 통화(通貨)가 되고 있다. 지금 우리가
해야 하는 일은, 그리고 우리가 할 수 있는 최소한의 일은 허용
한계치를 끌어올리는 것이다.

3. 오늘날의 세계가 어제와는 다르다는 것을 인정하기 전에는
'호소의 정치'에 대한 그 어떤 평가도 내릴 수 없다. 우리 민족은
우리가 아무것도 할 수 없도록 만들어져 있는 체제 안팎에서
무언가 해내기 위해 갖은 전략을 강구하며 희생과 투쟁을
이어왔다. 내가 우리 싸움의 담론적 성격에 대해 종종 불평하긴
하지만, 우리가 겨우 얼마 전까지만 해도 주류 담론 내에 거의
존재하지도 않았다는 것을 잊을 수 없다. 오늘날 우리
시민사회의 기반은 어제의 것을 훌쩍 뛰어넘는다고, 과거의
우리 혁명가들과 지식인들을 감시하고 침묵시키고 억압했던 그
잔혹성은 이제 인기를 잃었다고 말을 잇고 싶은 마음이 들기도
한다. 하지만 가자는 그런 독해를 무너뜨린다. 나는 우리가
과거와 현재를 비교하기를 바라지 않는다. 새로운 미래를
발명하기를, 쳇바퀴를 벗어나기를 바란다.

4. 비판은 좋은 것이다. 자책이나 피해자 비난을 뜻하는 것은
아니다. 선의의 비판에는 선의로 답해야 한다. 하지만 『완벽한
피해자』가 그 자체로 비평이라고는 생각지 않는다. 선언문도,
논문도 아니다. 오히려 여러 가지 전략과 전술, 이념과 충동,
가설과 믿음을 심문하는 글, 지배 담론을 파고드는 글이다.
지구적인 것—오만한, 전제적인 지구적인 것—에다가, 엄청나게
간과되고 있는 지역적인 것과 그 인식론적 권위를 꽂아 넣고자
했다. 요즘은 작금의 사태를 "전례 없다"라고 말하는 것이
유행이지만, 그 이상으로 그것은 실존적인 문제다. 삶이 위험에
처한 이들, 기꺼이 (더 잦게는 마지못해) 희생하고 유려하든

아니든 지식을 생산해 이 순간을 빚어내고 있는 이들은
주역으로 여겨지지 않고, 그저 고통, 예속, 혹은 때늦은
깨달음의 인류학적 현장으로 치부될 것이다. 나는 이 책을 통해
분쇄되고 비가시화된 계급들—내가 충성을 바치는 계급들—을
역사화되는 대상이 아니라 역사를 만드는 이들의 자리로
옮겨놓고자 한다. 하지만 팔레스타인과 세계 사이의 간극에
다리를 놓는 데 그치지 않고, 고국과 디아스포라 사이의
긴장에도 개입하고 싶다.

5. 이 글에서 나는 '불법'(illegal)이라는 말은 쓰지 않았으며, 권리
   기반 틀에도 크게 기대지 않았다. 팔레스타인에서 나고
   자라면서, 특별히 영민하지 않아도 법이 억압자의 무기고에서
   가장 살인적인 무기가 되곤 함을 알 수 있었다. 그 분야(인권
   변호사들, 남아프리카공화국이 국제사법재판소에 제기한
   인종학살 소송 등)에서 이뤄진 각고의 노고에 경의를 표하지만,
   그것이 우리가 팔레스타인의 대의를 진전시킬 수 있는 유일한
   언어라고는 믿지 않는다. 법에 대한 책은 이미 많이 있다.
   그리고 법정 바깥에는 광대한 우주들이 있다.

6. 이 책의 앞 장들에서 독자는 팔레스타인 (혹은 아랍) 인사들,
   수감자들, 순교자들의 이름과 함께 본문에 짤막한 약력이나
   부고가 적혀 있는 것을 보게 될 것이다. 하지만 뒤로 가면 그
   같은 신상 정보는 주석으로 옮겨진다. 이는 그들의 이야기가
   주변적이라는 뜻이 아니다. 반대로, 우리 순교자들과
   수감자들을 누구나 그 이름을 알 만한 이로 대접하고자 했다.
   독자 앞에서 오디션을 벌이고 싶지 않다. 독자를 내 집을 찾은
   손님처럼 대하고 싶다. 책 곳곳에서의 (서정적인 표현에서 분석,
   슬픔, 비꼼, 분노로, 혹은 그 반대로 가는) 어조 변화 역시
   독자를 판관이 아니라 호기심 많은 낯선 이로, 혹은 잘 아는

손님으로, 두려움도 전문용어도 가식도 없이 대하는 이런 유의
서술이 갖는 친밀성과 주인 된 자세가 반영된 것이라는 점도
언급해둔다.

7. 계산한 것이든 저절로 그리된 것이든 그런 (아랍어와 영어,
운문과 산문, 언론 보도와 정치적 행동, 개인적인 서사와
르포르타주 등을 오가는) 변화들은 팔레스타인인들을 논할 때
이 글이 마구잡이 같아 보일 정도로 1인칭, 2인칭, 3인칭 사이를
요동치게 만들기도 한다. 팔레스타인 민족을 가리켜 어떤
때에는 마치 머나먼 다른 별에 있기라도 한 것처럼 '그들'이라는
말을 썼고, 또 어떤 때에는 '우리'나 '나'를 썼다. 서로 다른 여러
대명사를 쓴 것은 실은 다분히 팔레스타인 내부의 이질성을
나타내는 것이다. 정치적이건 사회경제적이건 혹은 관계적이건,
식민적 파편화가 폭력적으로 새겨 넣는 이질성 말이다.

8. 마지막으로, 책 전반적으로 남성 대명사가 과다하게 쓰인다.
의도적으로 그런 것이다. 팔레스타인인들이 너무도 오랜 시간
동안 '여성과 아동'으로 축소되어왔기 때문이다. 그것은 여성과
아동에게서 주체성을, 그리고 정치적으로나 혁명적으로 기여할
여지를 빼앗는 일이다. 또한 팔레스타인 남성을 한층 더
악마화해 죽어 마땅한, 애도할 가치가 없는, 사랑하는 이들의
품에 안길 수 없는 존재로 만드는 일이다. 종종 '팔레스타인인'
(the Palestinian)*을 가리켜 '그'(he)라는 말을 썼는데, 독자로
하여금 팔레스타인 남성과 얼굴을 맞대게 하고 싶었기

---

* [역주] 저자는 구체적인 팔레스타인인들을 가리킬 때에는 복수형의 Palestinians를, 위치
혹은 형상으로서의 팔레스타인인을 가리킬 때에는 단수형의 Palestinian을 쓴다.
본문에서 접미사 '들'이나 관형사 '여러' 등 수를 나타내는 말 없이
'팔레스타인인'이라고 적은 것은 모두 후자다. 마찬가지로 단수형의 '정착자'는
이스라엘 자체를, '정착자들'은 식민지에 정착한 주민들이나 군인 등 구체적인
이스라엘인들을 가리킨다.

때문이다. 독자가 그 복잡하고 모순적인 집단과, 그리고 그저
우리 가운데 온화하고 관대하게 여겨지는 이들만이 아니라—
아버지들만이 아니라—투사들과도 씨름하기를 바란다.

1
저격수의 손에는 피가 묻지 않는다

사내는 사내답게, 여인은 사내답게
아이는 사내답게!

—파드릭 피아크[1]

우리는 많이 죽는다. 스쳐 지나가는 기사들에서, 숨 쉬듯 죽는다.
우리의 죽음은 범상한 일이라 기자들도 일기 예보하듯 보도한다.
하늘에 구름이 끼고 가벼운 소나기가 내리는 한편, 지난 열흘 동안
팔레스타인인 3000명이 사망했습니다. 또한 날씨와 마찬가지로
오로지 신만을 탓할 수 있다—무장한 정착자가 아니라, 드론의 표적
공격이 아니라.

우리는 우리 들판에 누운 시신들에게는 관심이 없다. 그들의 존재는
단조롭고 빤하다. 살육은 도통 끊이질 않아서, 곧 희생될 이들은
살육을 기다리다시피—준비하다시피—한다. 경찰차 뒷자리에는 크고
작은 그들의 손목이 케이블 타이에 묶여 있다. 죽음이 도처에 있다.
은유마저도 전쟁통에 죽어버렸다. 비유적인 말들이 아프리만치 문자
그대로가 되어버렸다. 피에 물든 남자들, 나무 꼭대기의 가구,
실링팬에 걸린 팔다리, 콘크리트 위에서 아이를 낳는 여자들. 등등.
끔찍한 일들에 너무 익숙해진 걸까. 한때는 무서웠던 것들, 한때는
파멸의 전조였던 것들이 이제는 풍경에 녹아든다. 이제 죽음은 별 볼
일 없는 허수아비에 지나지 않는다. 뭇 귀들은 까마귀 울어대는
소리에도 심드렁하다. 이 죽음에 신성함이라고는 남지 않았다. 구하러
와줄 신 따위 없다. 우리는 쓸쓸하게 죽는다. 버려진 채, 많이 죽는다.

우리에 대한 대량학살은 오직 광고 시간에만 멈춘다. 판사들은
대량학살을 합법화한다. 통신원들은 수동태로 우리를 죽인다. 운이
좋으면 외교관들이 우리의 죽음에 우려를 표하기도 하지만, 그들은
범인을 비판하기는커녕 절대 언급조차 하지 않는다. 관성적이거나
무능하거나 공모자인 정치인들은 우리의 종말에 돈을 댄다.

        저격수의 손에는 피가 묻지 않는다

동정하는 척이라도 하면 그나마 나은 수준이다. 학자들은 관망한다. 풍진이 가라앉고 나면 그제야, 어떻게 했어야 했는지에 관한 책을 쓸 것이다. 용어니 뭐니를 만들고. 과거형으로 강연을 하고. 심지어는 우리 중에도 있을 독수리들이 박물관을 돌며 정작 당시에는 비난했던 것, 구태여 옹호해주지 않았던 것—우리의 저항—을 찬미할 것이다. 낭만화할 것이다. 신화화하고, 탈정치화하고, 상품화할 것이다. 우리의 살로 조각상을 만들어 세울 것이다.[2]

그리고 우리는 죽는다. 여기는 저격수, 저기는 전투기, 추방, 유배, 말살, 인종학살, 영아살해, 모욕, 속앓이, 사별, 수감, 절도, 갈수,* 고문, 기근, 빈곤, 고립, 패배주의, 협박, 희생, 영웅주의, 이타적 자살. 말만 하시라. 우리 민족은 병원 안뜰에서 삭는다. 탄투라† 해안에서 썩은 그들의 조부모와 다를 바 없이. 그리고 우리는 작별 인사 없이 죽는다. 죽어서도 점령에서 풀려나지 못하는 순교자의 유족들에게 무슨 말을 하랴. 그 아이들은 숫자들의 공동묘지에 혹은 영안실 냉동고에 인질로 붙잡혀 있다. 그들의 시신은 협상 카드가 된다.‡ 혹은 장기를 빼앗긴다.**

---

* "이스라엘은 체계적으로 끈질기고 광범위하게 가자 지구의 수원지 및 담수화 시설을 공격하면서 물을 팔레스타인 민간인에 대한 무기로 이용하고 있다. 이스라엘은 기근을 일으킬 뿐만 아니라 가자 지구 주민들이 쓸 수 있는 물의 양을 의도적으로 줄이고 있다." 다음을 보라. Euro-Mediterranean Human Rights Monitor, "Israel Uses Water as Weapon."

† [역주] 탄투라는 팔레스타인 위임통치령에 있었던 어촌으로, 1948년 나크바 당시 이스라엘군이 학살을 벌인 곳이다. 이 학살은 90년대 말 이후로 조금씩 알려지기 시작했으나 학살 규모를 비롯한 구체적인 실상은 아직도 확실히 밝혀지지 않았다. 주로 청장년 남성이, 적게는 수십 명에서 많게는 200명 이상 살해당한 것으로 추정된다. 해당 지역은 현재 이스라엘 점령하에 있으며 키부츠와 휴양지가 자리하고 있다. 학살 희생자 집단 매장지로 추정되는 곳에는 주차장 등이 들어서 있다.

‡ 다음을 보라. Wahbe, "Politics of Karameh"; Hassan, "Warmth of Our Sons." 혹은 마카베르 알아르캄(Makaber alArqam, مقابر الأرقام)을 참고하라. 이는 점령으로 살해당한 팔레스타인인 및 아랍인 시신을 '숫자들의 공동묘지'와 여타 영안실에 억류하고 있는 이스라엘 당국에 압력을 가해 유가족과 친지가 마지막 예를 다할 수 있도록 시신을 반환받기 위해 개시된 전국적인 대중 캠페인이다. ['숫자들의 공동묘지'는 이스라엘군에서 팔레스타인인의 시신을 매장하는 공동묘지를 가리키는 말로, 이름 등의 정보 없이 숫자만 적은 철판으로 묘지를 구분하기에 붙여진 이름이다. 이 용어는 2000년대 이후 널리

소설에나 나와야 할 소식을 어떻게 보도할 수 있을까. 이 모든
죽음을 전할 때면 우리네 언론인들은 거의 시인이 된다. 칼로 쓰는
시인이다.* 우리네 대장장이들은 검을 만들지 않으며, 우리 마을에
있는 소총은 오직 대통령 관저를 경호하기 위한 것이다. 그래서
아이들은 거리에 장난감 총을 가지고 나온다. 그 총으로 용과
공룡에, 식민자와 그 하수인에 맞선다. 폭력 속에서 나고 자란 이들,
평생을 미국제 M4, M16을 숱하게 보며 보낸 이들은 자신이
카를로†를 들거나 말거나 어차피 학살당하리라는 것을 알고 있다.
우리는 고집스레 버티다 많이 죽는다.

사용되기 시작했으나 1967년 전쟁 당시부터 이런 방식으로 포로의 시신을 관리한
것으로 알려져 있다. '마카베르 알아르캄'은 이 말의 아랍어 표현이다.]
**   유럽·지중해인권감시단(Euro-Mediterranean Human Rights Monitor)은 이스라엘군이
남부 가자에 반환한 팔레스타인인 시신들에 "간, 신장, 심장 같은 필수 장기는 물론
달팽이관이나 각막"이 없는 등 "이스라엘군에 의한 장기 절도 가능성"의 증거를
기록한 의료 전문가들을 인용하며 이스라엘 체제가 팔레스타인인 시신에서 장기를
절취했다는 의혹에 대해 "우려"를 표한 바 있다. 또한 다음을 보라. *New Arab*, "Israel
Harvesting Organs"; Black, "Doctor Admits Israeli Pathologists."
 *   카바니(Qabbani), 「차질의 서에 붙이는 주석」(Footnotes to the Book of the Setback) 3연.

슬픔에 잠긴 내 나라여,	"يا وطني الحزين
한순간에	حولتني بلحظةٍ
너 연시 쓰는 시인이던 나를	من شاعرٍ يكتب الحب والحنين
칼로 쓰는 시인으로 만드는구나.	لشاعرٍ يكتب بالسكين"

†   피점령지 팔레스타인의 임시변통 공방들에서 아쉬운 대로 재료를 구해 만드는 값싼
기관총. 만들기는 쉽지만 부정확하며, 탄 걸림이나 불발이 잦다. 이름은 카를
구스타프 M/45에서 따온 것이다.

피점령지 팔레스타인에서 주요 사망 원인은 시온주의*다. 그것은 직접적인, 국가가 허가한 폭력을 통하기도 하고, 숨 막히는 관료제, 피할 길 없는 심리적 맹공, 집단 간의 급격한 충돌에서 비롯되는 간접적이고 부수적인 폭력을 통하기도 한다. 하지만 이 인위적으로 초래된 절명의 원인은 다른 온갖 사망 원인―미국의 심장 질환, 영국의 인지증―과 다를 바 없이 취급되며, 규탄의 대상이 되기는커녕 우려의 요소가 되는 경우도 드물다. 오히려 우리의 죽음은 우리가 사는 세상을 위한 자양분, 지금 있는 것들을 그대로 유지하는 데 필수적인 자양분이다. 우리의 피는 식민지가 '안전하다'고 안심하기 위한 대가다. 제국은 제 치세를 이어가기 위해 우리가 사랑하는 이들의 숨통을 끊는다. 우리의 비탄은 별 볼 일 없고 우리의 분노는 부당하다. 시온주의 식민주의가 우리가 사랑하는 이들을 살해할 때마다 우리가 그들을 애도할 공간은 줄어든다. 이토록 엄청나게 목숨을 훔쳐 가는데, 우리는 복수는 고사하고 이야기조차 할 수 없다.

순교자들은 어마어마한 사람으로 살았거나 어마어마하게 폭력적인 죽음을 당해야 중요하게 여겨질 수 있다. "어마어마하게 폭력적인 죽음"이란 피점령지 예루살렘에 있는 자기 동네에서 유대인 정착자들에게 납치당해 무자비하게 두들겨 맞고 억지로 휘발유를 마시고[3] 산 채로 불태워진[4] 16세 소년 모함메드 아부 크데이르를

* 시온주의―19세기에 중유럽 및 동유럽에서 태어난, 유대인 박해에 대한 현실적인 해법은 유대 국가 건설뿐이라고 주장하는 정치 이데올로기―는 강탈의 이데올로기이자 확장주의적이고 인종주의적인 정착자 식민주의(settler colonialism) 기획이다. 오래도록 이어지고 있는 나크바야말로 시온주의 이데올로기의 가장 순수한 결정체다. ['정착자 식민주의'는 정치적 통제와 사업권 독점 등을 통해 이윤을 추출·착취하는 데 집중하는 경우와 달리 대규모 이주와 정착을 통해 원주민 인구를 대체하는 방식의 식민지화를 뜻한다. 이스라엘을 비롯해 미국, 캐나다, 오스트레일리아 등의 역사에서 볼 수 있듯 학살과 추방, 토지 강탈, 인종 분리 등을 수반한다. 정착민 식민주의로 번역하기도 하는데, 저자가 settler라는 말을 이스라엘인 개개인뿐만 아니라 이스라엘 자체를 가리킬 때도 쓴다는 점을 고려해 여기에서는 '정착자'라는 역어를 택했다.]

생각하며 하는 말이다. 총알 세례를 받은 차에서 가족의 시신에
둘러싸인 채[5] 전화로 긴급 출동을 요청하며 세 시간을 "저 좀
데리러 와주세요, 와서 데려가주실 거죠?" 하고 애원했던[6],
이스라엘 군인들에게 살해당하고는 12일 만에 구급 대원들과 함께
시신으로 발견된[7] 여섯 살 힌드 라잡을 생각하며 하는 말이다. 악귀
같고 변태 같은 치들을 생각하며 하는 말이다. 그렇지 않다면,
대부분의 경우가 그렇듯, 보도는 조용히 지나가고 순교자들의
일가친척은 카메라 없는 데에서 애도하며 오로지 신께 정의를 구할
줄밖에 모르는 수많은 유족들의 뒤를 잇는다. 그렇지 않다면,
대부분의 경우가 그렇듯, 또 하나의 잊힌 통계 수치가 되는 벌을
받거나 심지어는 죽을 만했다고 여겨지고 만다.

반면에 이스라엘인의 죽음은 이야기가 다르다. 중심이 되는
이야기에 속한다. 죽은 이들은 불 같은, 뜨거운, 눈부신 사랑을
받는다—그 빛이 백악관과 에펠탑을 밝힌다. 온 지구는 아무런
단서도 달지 않고 이스라엘인의 죽음을 비통해하고, 그 비탄을
인종학살의 연료로 바꾼다. 여기서 비탄은 통화(通貨)가 된다.
여기서 사랑은 구실이 된다. "연인 사이에도 하나는 양심을
지배하고/ 다른 하나는 [그 지배를] 따르마고 하니/ 그들의 뺨에
흐르는 눈물은 보기에는 같아도/ 한 사람은 울고 한 사람은 가짜로
울었으리."[8]*

10월 7일에 하마스가 가자 지구를 둘러싼 이스라엘 식민
정착촌들을 공격하고 이틀이 지난 후, BBC에서 (하마스의
정적[政敵]인) 영국 주재 팔레스타인 자치정부 대사를 인터뷰했다.
겨우 여섯 시간 전에 그의 가족이 이스라엘의 공습에 희생된
차였다. 그는 진행자에게 "그야말로 폭격당했습니다. 건물이

---

*

"وَفِي الأَحبابِ مُختَصٌّ بِوَجدٍ — وَآخَرُ يَدَّعي مَعَهُ اِشتِراكا

إِذا اِشتَبَهَت دُموعٌ في خُدودٍ — تَبَيَّنَ مَن بَكى مِمَّن تَباكى"

통째로 무너졌죠" 하고 말했다.[9] 200만 명이 넘는 사람들이 포위된 채 살고 있는 이 인구밀도 높은 좁은 땅덩이에 계속 가해지는 인종학살적 공격으로 수천 명(수십만까지는 아니더라도 이제 수만 명은 된다)이 살해당했고, 그의 가족들도 그렇게 되었다.

"제 사촌 아야, 그녀의 아이 둘, 남편, 시어머니, 다른 친척 두 명까지, 모두 즉사했습니다. 순식간에 살해당했어요. 막내인 두 살배기 쌍둥이, 그 두 아이는 지금 집중치료실에 있습니다."

그의 말에 진행자는 이렇게 답했다. "개인적인 상실에는 유감을 표합니다. 그런데 말이죠, 그냥 확인차 여쭙는 건데요, 이스라엘 민간인 살해를 묵과할 수는 없으시겠죠, 그렇죠?"[10]

국제 무대에서건 언론에서건 우리의 끔찍한 상실에 이렇게 반응하는 것은 그저 냉담이 아니다. 훨씬 더 문제적인 진실을 폭로한다. 업계를 막론하고 팔레스타인인을 비인간화하는 것이 산업 표준이라는 진실을.[11]

    완벽한 피해자

내가 말하는 비인간화란 영화에서 얼굴을 갈색으로 칠한 배우들이 알라후 아크바르(Allahu Akbar)*라고 외치거나 텔레비전에서 정치인들이 실수로 우릴 "인간 동물"로 부르는 분통 터지는 장면 이야기가―적어도 그게 전부는―아니다.[12] 우리를 두고 여기저기 "들끓는다", "퍼져 있다"라고 말하거나, 혹은 우리가 야만인, 짐승 "떼"라고 말하는, 더 볼 것도 없이 인종주의적인 수사 이야기도 아니다. 이러니저러니 해도 시인인지라, 나 역시 동물 우화를 써서 내 글을 꾸민 죄가 있다.

비인간화는 그저 아랍어를 못 읽는 칼럼니스트들과 특사들이 거들먹거리며 '그 지역'에 대한 글(실상 중상모략 공격)을 쓰게 만드는 감정―오만? 무지? 두려움?―이 아니다. 내가 말하는 비인간화는 보다 은밀한, 하지만 훨씬 치명적이며 제도화되어 있는 현상, 우리네 신사적인 살인범들로 완성되는 실천을 가리킨다. 내가 말하는 비인간화란, 서구가 우리 눈을 마주 보기를 거부하는 것을 가리킨다.

세계는 우리의 비극을 비극으로, 우리의 반응을 반응으로 보기를 꺼리거나 그럴 능력이 없다. 고집스레 우리의 정상적인 것들을 일탈로 분류한다. 근본적인 본능―예컨대 생존이나 자기방어―이, 그리고 지상의 생명체들에게 내재하는 기본적인 행동이 그들만 누릴 수 있는 호사가 된다. 비인간화를 하는 것은 저속한 우익이나 잔인한 경찰만이 아니다. 더없이 정치적으로 올바른 살인자들, 방아쇠를 당기기 전에 눈을 맞추기조차 거부하며 인간미 없이 수백 미터 밖에서 싸늘하게 저격하는 그 살인자들도 마찬가지다. 이곳의 저격수, 대면할 필요도 없이 저 멀리서 우리의 존재를 삭제할

<hr>

* [역주] '신은 위대하시다'라는 뜻으로, 신을 찬양하는 기도 문구, 신이 자신의 편임을 선언하는 구호 등으로 쓰인다. 영화에서 테러리스트가 테러 수행 전에 외치는 모습이 묘사되곤 한다.

권한을 갖고 있는 그 인물은 문자 그대로 우리의 언덕 꼭대기와 지붕 위에, 비유적인 의미에서는 정부와 보도국에 자리를 지키고 있다. 현실이 이러하기에, 저격수의 손에는 피가 묻지 않는다.

저격수는 어디에나 있다. 불공정한 언론인들, 줏대 없는 관료들, 암약하는 끄나풀들, 우리의 비극에서 황금을 캐내는 박애주의자들, 그 비극들을 뭉개는 TV 앵커들, 우리의 죽음에서 제 구원을 찾는 선교사들, 악마의 변호인들, 딴 데로 주의를 돌리는 이들, 미끼를 풀어 우리의 길을 어지럽히는 자들, 부도덕한 정계 고문들, 인형술사 노릇을 하는 활동가들, 제 잇속만 차리는 엘리트들, 우리와 같은 계급이지만 우리에게 제 장단에 춤추기를 요구하고 우리를 자신들의 시선이 닿는 파놉티콘에 가두는 엘리트주의자들, 자칭 지식인들, 소리 질러야 할 때 그저 속삭이는 성직자들, 정말이지 잘 먹고 잘 사는 무기 제조상들과 그들에게 밥줄을 대는 대학 관리자들, 오만과 의도적인 오독을 일삼는, 우리의 저항을 병리화하기 위해 프란츠 파농과 발터 벤야민의 손발을 자르고 인간의 본성을 부정하며 심지어는 물리법칙에도 이의를 제기하는 학자들. 현실이 이러하기에, 저격수의 손에는 피가 묻지 않지만 사살자 수는 감히 대적할 수가 없다.

비인간화는 우리를 인간의 조건 바깥에 두었다. 아예, 내쫓았다. 그리하여 응당 지배에 대한 인간의 자연스러운 반응으로 이해해야 마땅한 일들도 우리가 하면 과도하고 불가해하며 원시적인 행동이 된다. 다른 이가 하면 영웅이 될 일도 우리가 하면 범죄가 된다. 우리는 타고나기를 유죄라고 하면 터무니없이 단순화된 말 같겠지만, 꼭 그렇지만도 않다. 우리의 존재는 순수하게 기계론적이다. 정책과 지침이 죽을 운명으로 태어난 우리의 불운을 상기시킨다. 무덤행이 결정되어 있는 행진을 하며 우리는 운 나쁜 이방인, 가망 없는 신참으로서 서로를 만난다. 지적인 기여나 제도적인 참여도 제한된다. 팔레스타인 민족(Palestinian People, 그들이 쓰는 말로는 "팔레스타인인들"[Palestnians])에게는 비난이나 수동성 말고는 어떤 속성도 부여되지 않는다. 우리는 인간이 아니다. 불가사의, 화나고 겁나는 불가사의, 행동 하나하나가 고발을 초래하고 감정 하나하나가 위협의 씨앗이 되는 불가사의다.

방송 제작자들이 자신의 프로그램에 우리를 초대하는 것은 우리의
경험이나 분석, 우리가 제시할 수 있는 맥락을 인터뷰하기 위해서가
아니다. 그들은 이스라엘인들에게 하듯 우리에게 조의를 표하지
않는다. 그들은 우리를 초대해 심문한다. 이스라엘 전략공보부 전
차관*은 이를 "상대에 대한 총체적 캠페인을 벌이는 것. 그를 편한
자리에서 끌어내 수세에 모는 것"이라 칭했다.[13] 인신공격.
"메시지를 깎아내리려면 메신저를 깎아내려라", 이것이 이스라엘의
오랜 방침이다.[14] 우리가 겪는 역경은 '깎아내릴' 수 없지만 우리
인품은 그럴 수 있으니까. 그들은 우리를 사상범으로 만든다.
분노와 한, 짐승 취급에 대한 자연스러운 반응이 우리의 죄목이
된다. 그들은 시청자가 품고 있는 편견에 의거해 우리의 대답을
시험한다. 이 방송 재판에서 봉쇄당한 가자 지구에 빗발치는 폭탄은
거의 무관한 부차적인 사안이다. 우리는 피고석에서 많이 죽는다.

"짐승"(brutes)†이라는 우리의 지위가 수백 년째 서구에서 우리를
인식하고 대면하고 통치하는 방식을 규정해왔다. 이제 법에
명시되어 있지는 않다지만, 시민 됨이 인간 됨의 조건이라고 한다면
그 지위는 여전하다. 작은 글자로 숨겨져 있다. 오스트레일리아
원주민과 토레스 해협 도서민은 1920년 국적법에 따라 (정확히는
1921년 이후 출생자만) 영국 신민 지위를 얻었고 1948년 국적·
시민권법에 따라 자동적으로 시민권을 획득했지만, 1973년까지는
당국의 동의 없이 결혼을 할 수도, 이민국의 허가 없이 출국을 할
수도 없었다.[15] 1971년 인구총조사 전까지는 인구 통계에도

---

* 그녀의 이름은 시마 바크닌길(Sima Vaknin-Gil)이다. 전략공보부는 현재
  외무부 소속이다.

† [역주] 앞 단락에서 '짐승 취급'으로, 다른 곳에서는 '잔혹 행위' 등으로 옮긴 영어 단어
  brutalization은 어원상 '짐승(brute)으로 만듦', 즉 짐승처럼 인간의 폭력을 당하는
  존재 혹은 그로 인해 폭력에 무감각한 존재가 되게 만드는 행위를 뜻한다. 영어
  화자가 일상적으로 의식하지 않는 어원을 짚음으로써 이스라엘의 행태와 인간화
  문제를 연결 짓는 대목이다.

포함되지 않았다.* 오늘날까지도 줄곧 식민 폭력과 말살을 겪고 있다. 역사적으로 시민권이란 비인간으로 분류되는 처분을 받는 이들에게는 공허하고 형식적인 것일 뿐이었다.

팔레스타인인은 법적 지위에 상관없이, 그러나 종종 법적 지위로 인해, 스스로를 경멸하라는 말을 듣는다. 제 주위를 둘러보기 시작하는 바로 그 순간부터. 우리는 지도상에 존재하지 않으며—적들이 기뻐한다—공식 기록 보관소에도 없다시피 한다. 우리의 세계는 정착자가 정착자를 위해 지은 것이다("정착자"는 너무 부드럽고 너무 너그러운 말 같다. '살인강도'가 더 적절하다). 정착자는 우리의 지하수, 바다, 비를 통제하고 우리에게 청구서를 내밀며 심지어는 우리의 갈증을 범죄로 만들기까지 한다. 국경을 긋더니 이제 국경을 지배한다. 우리의 도로를, 도로를 지나는 것들을 통제한다. 우리 나라의 동맥을 틀어막을 수 있다. 틀어막고 있다.

* [인구 통계에서 두 집단을 제외하도록 규정하고 있었던 헌법 조항을 개정한] 1967년 오스트레일리아 원주민 개헌 총투표를 통해서다.

　　　　저격수의 손에는 피가 묻지 않는다

식민화의 잔인한 현실과의 첫 만남은 잊을 수도 되돌릴 수도 없다. 대여섯 살 무렵에 어머니가 조수석 아래에 고기를 숨겨두고서 정착자를 속여 넘기려 하는 모습을, 당시로서는 아무것도 모른 채 보았다. 아버지가 차를 몰아 예루살렘에서 베들레헴으로 가는 길이었다. 무엇이 우리의 식료품을 밀수품으로 만드는지를 나는 이해하지 못했다. 혹은 왜 우리가 군사 장벽을 통과해야 하는지를. 혹은 왜 아버지가 중지와 검지 사이에 파란색 신분증을 끼운 채 운전하는지를. 왜 그의 신분증은 파란색이고 이모의 신분증은 초록색인지를 나는 이해하지 못했다. 혹은 왜 군인들이 우리를 몇 시간이고 괴롭히며 수갑을 채울 이유를 찾아 머릿속까지 샅샅이 뒤져대는지를.

식민자와 피식민자 사이의 이런 권력 불균형을 이해하기 한참 전부터, 혹은 알아채기도 한참 전부터, 나는 나의 존재에 받아들여지지 않는 무언가가 있음을, 나의 존재를 정당화할 마침맞는 설명, 말하자면 서사 같은 것이 있지 않고서는 존재할 수조차 없음을 감지했다. 이웃들 모두, 급우들 모두가 서사를 갖고 있었다. 누구는 내부의 피란민이었고 누구는 영원한 빈민이었다. 우리의 서사들은 실로 세계 속에서 우리의 자리에 대한, 바꾸어 말하자면 우리 자리—그 말이 뜻할 수 있는 모든 면에서—의 부재에 대한 합리화였다.

비인간화의 결과들은 우리가 어떻게 인식되는지뿐만 아니라 우리가 스스로를 어떻게 인식하는지에서도 드러난다. 그것은 크나큰 것일 수도, 미묘한 것일 수도 있다. 한 사람 속에서도, 공동체 속에서도 나타난다. 속을 파고드는 무단 침입. 비인간화하는 이들의 잔혹성은 우리 거실에까지 쫓아와 우리가 어떻게 스스로에 대한 개념을 세우고 아이들을 기르고 제도를 만들지를 정했다. 보도국과 대학에 떼로 몰려들었다. 기도실을 침략했다. 병원을 무너뜨렸다. 그리고

우리의 가슴을 두려움으로, 신경을 잔뜩 곤두세우고 속으로 몇
번이고 되뇌는 두려움으로 채워버렸다. 그 두려움은 우레 같던
선언들을 익명의 속삭임으로 바꾸어놓았다.

어린 시절 내내 주위 사람들이—집에서 부모님이, 옛 도심에서
도자기나 기념품을 파는 사람들, 관광 가이드들, 택시 기사들이—
무언가 말을 하기 전에 외워둔 것 같은 서설을 읊는 것을 보았다.
예상되는 비난을 미리 막기라도 하려는 듯했다. 우리 모국어를 쓸
때 그런 식으로 말하는 사람은 없었다. 엘 아자니브(el ajanib),
그러니까 '외국인들'께서 귀한 걸음 해주실 때 아랍어 바깥에서
치르는 고역이었다. 아자니브는 온갖 사람을 뜻했다. 방문 외교관,
캐묻고 다니는 활동가, 변태 같은 관광객, 롱아일랜드 사기꾼,*
"광야에서 방황하는 자".[16] 고갯짓이나 접대용 미소 같은 우리의
무언의 언어를 읽지 못하는 이라면, 더 나쁘게는 그것을 의심하는
이라면 누구든. 언제나 피고석에 있기에 우리는 우리가 무엇인지가
아니라 무엇이 *아닌지*로 스스로를 정의한다. 팔레스타인인으로
태어난다는 것은 이처럼 세차게 으르렁대는 조건을 뒤엎어야
한다는 것이다.

---

* "내가 안 훔쳐도 어차피 다른 사람이 훔칠 거야." [이스라엘 유대인 정착자 야콥 포시
(Yaakov Fauci)가 주택 침탈에 항의하는 무나 엘쿠르드(Muna El-Kurd)에게 한 말이다.
야콥 포시는 사기 이력이 있는 롱아일랜드 출신 저스틴 포시(Justin C. Fauci)와 동일
인물로 알려져 있으며 2009년부터 이 집의 절반을 점거하고 있다.]

여기 서구에서는(요즘 "서구"가 무슨 뜻이건), 텔레비전 화면에서든 대학 교정에서든 관공서에서든 대중의 상상 속에서든, 팔레스타인인은 허위적인—또한 엄격한—이분법 속에 존재한다. 우리는 피해자 아니면 테러리스트다.

테러리스트로 여겨지는 이들에게는 결코 자기 생각을 밝힐 기회가 주어지지 않으며, 물어보는 이가 있다 하더라도 제대로 물어보는 경우는 없다시피 한다.* 그들은 신화 속 생물들, 무서운 이야기에 나오는 것들이나 마찬가지다. 찌푸린 미간 양쪽으로 눈썹이 텁수룩하고 송곳니는 날카로운, 그리고 무섭도록 틀린 정치적 신념을 품은 커다란 나쁜 늑대 같은 것들. 공격적인 아랍어를 중얼거리며, 때로는 심지어 쿠란을 읽으며 거리를 돌아다니고 눈에 보이는 모든 것을 약탈하고 사냥하려고 침을 흘리는 존재다. 조심하시라, 그들이 당신을 노리고 있다. 아내를 숨기라, 비행기를 숨기라, 인간 방패를 숨기라. 이 글을 읽는 많은 이들이 내가 묘사하는 존재의 심상을 지니고 있으며 그것에 진지한 감정들과 기억들을 연관 짓고 있다고 말해도 그리 틀리지는 않을 것이다. 우리 가운데 테러리스트로 여겨지는 이들은 애도받을 수 없다.

다른 한편, 피해자인 이들 혹은 죽지 못했는데도 피해자 지위를 부여받은 이들에게는 이따금 마이크를 쥐여주고 말을 청하기도 한다. 하지만 마이크에 대고 발언하는 데에는 혹독한 대가가 따른다. 반드시 갖추어야 하는 전제 조건이 있다. 팔레스타인 희생자들은 부상을 입고 기력이 쇠해야 한다. 싸우기엔 너무 많이

---

* 여론에서 누군가가 테러리스트가 되는 기준은 느슨하다. 테러리즘이란 우선 행위가 아니라 동기에 관한 것이다(게다가 이것은 특별히 날카로운 평가를 거치지도 않는다). 인종, 종교, 화법에 관한 것이다. 이스라엘 법정에서는 특히나 그렇다. 예컨대 2021년에 이스라엘 체제는 팔레스타인을 대표하는 시민사회·인권 단체 여섯 곳을 "테러 조직"으로 지목했다. 우습게도 그중에는 국제아동보호(Defense for Children International)도 있었다. 다음을 참고하라. El-Kurd, "New Campaign."

다쳤고 인상을 쓰거나 눈살을 찌푸리기엔 기운이 너무 없을 만큼. 사별을 한 경우라면 앞뒤 사정을 따지기에는 헤아릴 수 없는 너무도 큰 슬픔에 울부짖는 미망인이거나 살해당했지만 부고에 "사망 원인"이 생략되어 있는 부모를 둔 고아여야만 한다. 그들의 비통에 찬 울음은 역사와 정치의 바깥에만 존재하며, 그들의 부상은 범인 없이 보도된다.

한때 늑대였던 팔레스타인인에게도 말할 기회가 주어지는 경우, 그는 이미 순하고 송곳니가 뽑혀 오로지 달을 향해서만 괴로움에 울 뿐이다.* 무리 지어 사냥하기는커녕 결코 물거나 달려들지도 않는다. 스스로를 변호할 때는 반드시 개인적인 비극만을 술회해야 한다. 정치 이데올로기를 동기로 삼아서는 안 된다. 민족주의적 야심은 더더욱 어림없다. 그 술회는 반드시 개인주의적인 선에 머물러야 한다. 집단의 대의를 위한 것, 조직화된 집단을 통한 것이어서는 결코 안 된다. 오로지, 지진이나 일식처럼 세계 정세와는 무관하게 벌어지는 인도주의적 위기의 구제만을 바라야 한다.

이 이분법에—아니, 테러리즘 혐의를 받는 데, 인간의 조건 바깥으로 추방되는 데 대해—우리는 호소의 정치로, 우리의 대의를 진전시키기 위해 고안한 일련의 창의적 옹호 전술로 대응해왔다. 앞에서 언급한 요건들을 맞추기 위해 부단히 애써온 것이다. 기준을 정복하기만 하면, 마법적으로, 경이롭게, 팔레스타인인은 마침내 테러리스트라는 사면초가의 범주를 벗어나 훨씬 좁은 피해자성의 교점으로 피신할 수 있다.[17]

* 친구 하나는 늑대가 달을 향해 운다는 것 자체가 지어낸 말임을 꼭 밝혀야 한다고 했다. 늑대가 길게 우는 것은 사냥을 시작하거나 자신이 지배하는 영역임을 선포하거나 다른 늑대들에게 위치를 알리기 위함으로, 집회에서 구호를 외치는 것과 비슷한 일이다.

이 머리들 사이에 머리를 집어 넣고
머리 좀 베어달라 하지.

—레반트 지역 속담*

도둑은 법봉을 쥐고 있다. 거짓말쟁이는 언론학 학위가 있다.
도살자의 칼은 공적 자금으로 산 것이다. 호소의 정치를 펴는
이들은, 때로는 마지못해, 대개는 별 저항 없이, 우리를 전혀
좋아하지 않는 위계들과 황제들이 우리 세계를 지배하고 있음을
인정한다. 세계가 거꾸로 돌아가고 있다는 것은 대부분이 수긍하는
쉬운 진실이다. 평범한 사람들이 세상을 바꿀 수 있다는 것은 가망
없는 시나리오다. 이런 분석에서 권력이란 반석 위에 세워진, 변치
않으며 지워지지 않는 구조다. 모래 위에 자리한, 겉보기에만
그럴싸하고 실은 미력한 그런 것이 아니다. 잘 다져진, 단단히 굳은,
억만금이 들어간 모래, 하지만—*하지만!*—그래 봐야 모래.

권력에 관한 공리라 할 만한 이런 관점을 통해, 호소의 정치란 좋게
생각하면 영악하게도 체제를 그 체제 스스로가 만든 판에서 이겨
먹어보려는 시도로 이해할 수 있다. 혹은 나쁘게 보자면, 엄격하게
개량주의적인 렌즈로 읽을 수도 있다. 현 상태를 결코 완전히
무너뜨리지는 않고, 개선하려는 시도로. 후자의 경우 어떤 이들이
현 상태에 충성을 맹세하는 것은 대개 그것이 뒷받침하고 있는

* 이 속담(حط راسك بين هالروس وقول يا قطّاع الروس)은 ISIS를 가리켜 쓰이는 말이 아니다.
  식민의 상상력은 그렇게 짐작하겠지만, 실은 식민 억압 자체를 가리키는 말로, 영국이
  팔레스타인을 점령했던 시기(1917–1948)에 널리 쓰이게 되었다. 가산 카나파니
  (Ghassan Kanafani)의 말을 빌리자면 팔레스타인 농민이 "비참한 빈곤, 참담한 억압,
  수백 년에 걸친 계급·민족 억압"으로 인해 "비참한 숙명에 체념한 존재"가 되었던
  시기다. 그런 조건들은 "패배주의, 숙명론, 그리고 널리 퍼진 속담이나 말에 나타나는
  정치적 비저항주의"를 만들었다. 카나파니가 분석하기로, 지식인들—특히
  시인들—은 이런 비저항의 문화를 뒤집고 저항의 문화를, 한때 두려움을 자아냈던
  반(反)식민의 용기를 끌어안는 문화를 만들려 노력했다. 다음을 보라. Kanafani,
  Revolution of 1936–1939 in Palestine, 26–27.

이분법(선 대 악, 문명 대 비문명, 테러리스트 대 용사 등)을 신실히
믿으면서도 그런 흑백의 범주들에 모종의 예외가 있다고 느끼기
때문이다. 예컨대 군복을 입은 남녀의 폭력은 존경하면서 동시에
슬리퍼에 운동복 차림을 한 "외로운 늑대들"이 펼치는 폭력적
행위들에는 소스라치게 놀라는 사람이 있을 수 있다.*

이런 세계관을 어르고 달래느라 우리는 우리를 이런 난제에 처하게
한 원흉인 사회적·제도적 질서를 부지중에 강화해왔다. 또한
우리가 전복하고자 하는 것(철폐하고 싶어야 하는 것)을 부지중에
재생산해왔다. 이런 이분법을 내면화하면, 진심인 동조자들과 깊이
헌신하는 협력자들은 물론 열성적인 회중 전원—고압적인
활동가들, 관음증적인 자유주의자들, 공감에 취한 군인 부인들,
회개하는 아프리카너들, 나치의 손주들—의 구미에 맞는 완벽한
피해자들을 생산하게 된다.

호소의 정치를 실행한다는 것은 제도가 마련해둔 갖가지 연장을 다
활용한다는 것이다. 이렇게 "주인의 연장"을 쓰면 가끔은 어느 정도
성공하기도 하지만, 대개는 불행하게 끝난다. 그리고 결코 제도의
논리를 벗어나지 못한다. 우리는 "우리의 차이를 무시하"고 그런
것은 존재하지 않는다는 "한심한 자기최면"을 걸라고,† 또한
팔레스타인인이라는 죄에 무혐의 처분을 받을 수 있기를 앙망하며
불가능하리만치 적절한, 신화적인 생명체—무고한 민간인—를 흉내
내라고 배웠다. 가끔씩은, 어쩌다 한 번씩은 판사—도둑놈!
털이범!—가 사형은 여론의 반발을 살 거라고, 혹은 강도질로 골치
썩일 필요는 없다고 판단할지도 모를 일이다. 괜히 일 키우지

---

* 원칙적인 평화주의자들은 빼고 하는 비판이다.
† 오드리 로드(Audre Lorde)가 『시스터 아웃사이더』(Sister Outsider)에서 서구 사회에서
  여성에게만 가해지는 요구를 가리켜 쓴 말들이다. "여성으로서 우리는 우리의 차이를
  무시하거나 그것을 변화의 동력이 아니라 분열과 의심의 원인으로 여기라고 배웠다."

말자고 말이다. 드문 일이지만 언젠가는 그런 일탈이 벌어지는 법이다.* 하지만 판사가 법정에 불을 지르는 날은 "나귀가 첨탑을 타고 오르는" 날이다.†

그러나 한편으로 우리는 나귀가 울음으로 기도 시간을 알리는 것보다 더 이상한 일들을 보았다. 한 나라가 인종학살을 한다는 이유로 다른 한 나라가 벌을 받는 것을 보았다. 신이 부동산 중개인으로 고용되어 예루살렘의 집들을 브루클린 사람들에게 주는 것도 보았다.18 그러니 불가능한 일 따위는 없다. 그러니 이 말 역시 참일 수도 있다. 우리가 부숭부숭한 눈썹을 깎고 견치를 뽑으면, 우리의 어휘록에서 뾰족하고 날 선 말들을 지우면, 우리가 쿠란과 거기 적힌 야단스러운 아랍어를 버리면, 저 바위들과 벌판을 포기하면, 우리는 자유로워지리라. 다큐멘터리에 묘사되고 신문에 도배될 자유를 얻으리라. 비통해할 자유를 얻으리라. 팔레스타인에서, 팜스프링스에서, 프리히센슈타트에서 팔레스타인을 말할 자유를. 연단과 설교단에서 말할 자유를(물론 민바르‡에서는 절대 안 된다). 마침내 우리의 P들을 소리 내어 말할 자유를.

---

* "수없이 많은 팔레스타인인이 웃음밖에 안 나오는 [이스라엘 군사] 법정에서 재판에 회부되어 유죄 판결을 받았다—유죄 선고율이 99퍼센트를 넘는다[……]." 다음을 보라. *Eyes on Israeli Military Courts*, Addameer Prisoner Support, 2.

† 팔레스타인 속담(لمّا يطلع الحمار على المئذنة). [영어권 속담] "돼지가 하늘을 날 때"와 비슷한 말이다.

‡ منبَر, 모스크에서 설교자가 쓰는 낮은 계단식 단상.

우리를 억압하는 사람들의 도덕감에 호소하는 것은 호소의 정치의 핵심이 아니다. 여러 측면 중 하나일 뿐이다. 일각에서는 그 측면이 한때 역사적으로 불가피했다고 주장할 것이다. 다른 전술로는 전통적·비전통적 권력 구조의 비위 맞추기, 특정한 사회적·정치적 현상 이용하기, 사회경제적 이해관계에 호소하기 등이 있다. 내가 종종 쓰게 되는 전술은 시온주의 체제가 미합중국 납세자들에게서 군사 원조 형식으로 그들의 돈 수십억 달러를 해마다 선물받고 있음을 상기시키는 것이다. 팔레스타인인들을 굴복시키는 데 쓰이는 무기들이 미국제라는 종속절을 강조하는 것은 논점에 다시 집중하거나 내 근거를 장식하려는 슬픈 시도다—대부분의 미국인은 팔레스타인을 그다지 생각하지 않지만 자신들의 돈은 언제나 심중에 있다.*

전술 목록은 계속 이어진다. 권위에, 감정에, 순수성에 호소하기— "제4 제네바 협약 49조에 따르면……",† "이 팔레스타인 어린이들이 *당신의* 아이라면 어떨까요", "진정한 유대인은 이스라엘을 지지하지 않는다……". 교차성—경찰 교환 프로그램,‡ 사이버 전쟁,

---

* 2021년 후로는, 특히 2023년에는 많은 서구인들의 심중에 팔레스타인이 있음을 누구도 부정하지 않을 것이다. 미국과 서구에서의 팔레스타인 지지 대중 결집은 이른바 분쟁, 시온주의, 팔레스타인의 저항을 둘러싼 여론이 긍정적인 방향으로 바뀌었다는 증거다. 아직은, 특히 정책에 있어서는 그런 엄청난 변화의 여파가 전면적으로 감지되지는 않지만, 팔레스타인이 무대의 중심에 있다는 것은 부정할 수 없다.

† "피보호자들을 점령 지역으로부터 점령국의 영역 또는 피점령 여부를 불문하고 타국의 영역으로 개인적 또는 집단적으로 강제 이송 또는 추방하는 것은 그 이유의 여하를 불문하고 금지된다." [국가법령정보센터(https://www.law.go.kr/조약/전시에-있어서의-민간인의-보호에-관한-1949년-8월-12일자-제네바협약-(제4협약)/), 2026년 3월 6일 확인]

‡ [역주] 이스라엘과 미국이 공동으로 운영하는 미국 경찰 연수 프로그램을 가리킨다. 경찰, 국경수비대, 이민세관단속국 등에서 선발된 소수 인원이 이스라엘을 방문해 훈련을 받으며, 이스라엘에서 미국으로 강사를 파견해 비교적 대규모로 진행하기도 한다. 이스라엘 군·경이 팔레스타인 점령을 통해 쌓은 실전 경험이 미국 정부의 소수자 감시·탄압에 이전되는 경로이기에, 팔레스타인 해방 운동과 흑인의생명은 중요하다(Black Lives Matter) 등 미국 내 운동이 연대하는 접점이 되기도 한다.

기후 위기, 무기 거래, "팔레스타인에서 시험하고 카슈미르에서
사용한다"* "가자에 기독교인들이 있다" 등등—강조하기. 외교적
책략들—정치인들을 상대로 한 연설에 아동 대표단 파견하기,
국제 플랫폼에서 '이스라엘인 친구들' 이야기하기, 연설을 할
때마다 반유대주의에 반대한다는 말로 시작하기, '안보 협조',†
평화 협정들.

호소의 정치가 문화 및 지식 생산 방식을 어떻게 바꾸어놨는지도
빼먹을 수 없다. 급진적인 문학작품 하나가 나올 때마다 표지에
누더기를 걸친 채 웃는 아이 사진이 실린 책은 몇 권이나 나온다.
팔레스타인과 관련된 것이라면 구체적인 주제야 무엇이든 상관없이
그렇다. 거리낌 없고 여과되지 않은 영화 하나가 나올 때마다
'트라우마 포르노'라고 해도 될 정도로 필사적으로 설득하려 드는
다큐멘터리와 순하고 사슴 같은 눈을 한 소녀가 주인공인 영화는 몇
편이나 나온다. 이런 전략 중에는 인상적인 수준의 효과를 보는
것도 있고 그저 그런 것도 있는데, 모두 (거의) 늘 진심으로 쓰인다.

이 지면에서 팔레스타인인에게 시나 다른 매체가 쓸모 있는지를
따지지는 않을 것이다. 시에 (혹은 영화나 국제연합[UN] 연설이나
언론 인터뷰에) 등장하는 팔레스타인인을 살펴보려 한다. 그의
정동, 목적과 동기, 그에게 허용된 운신의 폭을. 그는 독자에게

---

* [역주] 이스라엘 방산 기업 엘빗 시스템즈(Elbit Systems) 및 그 거래 상대 국가들을
겨냥한 구호다. 카슈미르는 인도와 파키스탄(및 중국)이 영토 분쟁을 벌이고 있는
지역으로, 인도는 무기 거래를 토대로 이스라엘과 우호적인 관계를 맺고 있다.
팔레스타인과 (현재의 파키스탄을 포함한) 인도를 식민 지배한 국가이자 엘빗 지사가
설립되어 있는 국가로서 영국 또한 사태의 핵심에 있다.

† [역주] 여기서 안보 협조(security coordinations)는 오슬로 협정의 협의 조건에 따라
팔레스타인 자치정부와 이스라엘이 군사 정보 등을 공유하는 것을 가리킨다. 반점령
활동 탄압에 직접적으로 활용되는 제도다. 시기나 정세에 따라 중단되기도 하지만
이스라엘에서 팔레스타인을 드나드는 물자와 관세 등을 통제하고 있기에 팔레스타인
측의 일방적인 완전 파기는 어려울뿐더러, 공식적으로는 협력이 중단된 상태에서도
실제로는 팔레스타인 자치정부에서 적극적으로 협조하기도 한다.

어떻게 제시되는가? 다른 사람의 이야기에 카메오로 출연하는가? 연기를 하는가? 대사가 있는가? 당당해 보이는가? 그렇다면, 그가 힘주어 서 있는 것은 사회에 대한 의무와 외적인 압력 때문인가? 그렇지 않다면, 그의 약한 모습 또한 그런 요인들에 대한 반응인가? 친애하는 학자들이 쓰는 말로 하자면, 그의 '주체성'에는 무엇이 남아 있는가? 그에게 이빨은 있는가?

내가 주로 관심을 갖고 몰두하는 전술과 전략, 또는 보다 솔직히 말하자면 태도는 '인간화'(혹은 송곳니 뽑기)에, 그리고 뒤에서 기적적인 깨달음이라 칭할 일에 기댄 것들이다. 후자의 특징은 간단히 말해 위협적이지 않거나 권위가 있거나 한쪽에 치우치지 않은 증언을 하는 '신뢰할 만한 서술자들'을 강박적으로 선별한다는 것이다. 풀어서 말하자면, 내용에 근거해서가 아니라 정체성주의적인 이유로 팔레스타인 쪽 출처보다 유대인 및 이스라엘 쪽 출처(서적, 인권 단체, 랍비, 역사가, 퇴역 군인, 군인, 경찰, 정부 인사, 정치 분석가)를 선호한다. 왜인지 후자가 더 신뢰가 가고 믿을 만하다는 우습지만 뿌리 깊은 관념에서 비롯되는 선택이다. 그들이 편향되지 않은 구경꾼이라고, 이 판의 당사자가 아니라고 여기는 것이다. 뒤에서 논의할 인간화의 예로는 산 자와 죽은 자를 위해 성인전(聖人傳)을 써내는 섬세하면서도 종종 의무적이기까지 한 기술을 들 수 있다. 그들에 대한 엄숙한 존경심을 지어냄으로써 그들이 가담했다고 간주되는 일의 불경함을 바로잡으려 한다. 요컨대, 인간으로 인간을 만들어야 한다는 난감한 요구다.

이런 것들이 매체 분석, 외교, 운동 구축 혹은 조직화와 관련되는 중요한 정치적 질문이기는 하지만, 내게 이 난제는 보다 심오하고 거의 철학적인 의미로, 보다 '보편적인' 의미로 다가온다. 권력, 역사, 가시철조망을 얼버무리고 넘어가며 자본주의적·상업적

함의를 띠는 보편성 말고, 팔레스타인의 조건이 *바로* 인간의
조건임을 인정하는 보편성 이야기다. 팔레스타인은 이—끔찍한,
격렬한, 위태로운, 산산조각 난—세계의 축소판이다. 불타고 있는.
도무지 나아지지 않는. 자격 없는. 장엄한. 그런 축소판. 우리가
팔레스타인을 들여다보는 데 쓰는 렌즈는 우리가 서로를 어떻게
보는지, 다른 모든 것을 어떻게 보는지를 드러낸다.

어떤 렌즈로 보고 있는가. 권력? 인종? 식민성?* 언어? 계급? 매체?
종교? 지리? 정체성? 문화? 정치? 부족주의? 행동 패턴? 환경? 두려움?
사랑? 인간 본성? 동물적인 공격성? 어떤 강력한 힘이 우리의 적들과
벗들이 하나같이 우리 눈을 들여다보지 않도록 충동질하고 있는가?

* 학자들이나 쓰는 말투지만.

2
송곳니 뽑기의 정치

나는 너를 사랑한다 [……] 나는 너를 훼손한다.

—자크 라캉[1]

나는 늘 인간이 되고 싶었다. 더 솔직히 말하자면 늘 인간이 되고 싶어 하라는 조언을 받았다. 이 신성한, 다들 바라 마지않는, 그래서 자연히 흉내들을 내는 지위에 이르는 법을 알려주는 지침서는 없었다. 패턴이 파악될 때까지 학교에서, 텔레비전에서, 선전 벽보에서 이것저것 살펴본다. 그런 후에 그 패턴을 반복한다. 종잇장에서, 외교관이나 기자와 이야기할 때, 주위를 대할 때, 속으로 혼자 대화할 때.

1948년 나크바의 생존자인 내 할머니 리프카에 관한 단편을 쓰면서는 그녀를 "인간화하라"라는 말을 들었다. 나는 그녀의 캐릭터에서 인격의 오점이 될 만한 별나고 뾰족한 구석들을 찾아 지웠다. UNRWA* 주택 단지에서의 생활을 두고 투덜거리며 했음 직한 저속하거나 계급 차별적인 말들(*알곡과 가라지를 섞은 시대에 신의 저주가 있기를*†), 그녀를 무국적자로 만든 원흉인 유대인 정착자들에 대한 독설적인 묘사(아주나 민 콜 가르예 카르예 [Ajoona min kol qaryeh kharyeh]‡), 그리고 내가 힘을 빼고 "회복력"으로 고쳐 쓴, "현대사 최대의 무장 강도"**를 향한 그녀의 쓰라린 분노까지. 침은 다 빼고 눈물만 인용했다.

머리 위에 지붕을 가질 권리를 얻으려면 공손하게 고통받아야 한다. 무신경한 말은 당신의 존경을 좀먹는다. 그것이 당신의 집을 훔치더니 이윽고 천막마저 약탈하는 이들에 관한 말이래도

---

* 유엔근동팔레스타인난민구호사업기구(United Nations Relief and Works Agency for Palestine Refugees in the Near East).

† 팔레스타인 속담(الله يلعن هالزمان اللي خلط القمح مع الزوان).

‡ 아랍어를 할 줄 아는 친구에게 번역해달라고 하라.

** 팔레스타인 극작가 라에다 타하(Raeda Taha)의 표현이다.

마찬가지다. 우리의 이미지를 손상시키는 흠, 우리와 정의 사이를 가로막고 서 있는 모양인 그 흠에 비하면 우리의 땅과 우리의 몸에 가해진 폭력은 부차적이란다. 우리는 평생을 그 얼룩을 닦으며 살아야 한다.

그래서 인간화가 뭐길래? 출세 지향적인 감성? 스스로 표방하는 것과는 정반대의 일을 하는 식민 권력의 분할 정복 전략? 악의적인 평가절하? 서구 주류에서 횡행하는 반(反)팔레스타인 인종주의에 맞서려는 정직한 노력? 인간화를 '선의에서 비롯된' 기획으로 생각하면, 인간화를 그것이 상정하는 목표들을 통해 정의할 수 있다. 인간화란 '팔레스타인인들'에 대해 깊이 뿌리박힌 암묵적이거나 노골적인 편견들을 해소하기 위해 우리를 '존중할 만하고' '공감이 가는' 형태로 묘사하는 것이다. 그 과정에서 종종 개개인에게 방점이 찍히거나, 혹은 집단이라면 그 집단의 수동성에 방점이 찍힌다. 통신원들, 문화 노동자들, 우리 편들은, 그리고 물론 우리 스스로도 오랫동안 이 틀을 토대 삼아 우리를 재현해왔다. 우리에게서 음침하고 해로운 고정관념을 떼어내줄 강렬한 페이소스를, 신빙성과 신뢰성을 얻을 만한 에토스를 써왔다. 일관되게 비일관적인 프로파간다에 맞서 진 빠질 만큼 지겹게 사실과 통계를 열거해왔다. 그것을 로고스라고 하지는 못하겠다.

이는 비인간화된 주체를 부단히 유아화하는 것이다. 구경꾼들이 '타자'를 동정하려면, 우선은 그를 정결히 하고 꿇어앉혀야, 출신 성분과 떼어놓아야, 그를 "완전히 쫓겨나고 지워진" 것으로 만들어야 한다.[2] 우리는 마음을 움직이는 일화들로 꾸민 추모사와 조문으로 우리의 희생자들을 정화한다. 무고함으로 그들을 묶는다. 팔레스타인의 맥락에서만 그러는 게 아니라 경찰의 잔혹 행위에 당한 미국 흑인 희생자들에 대해서도 마찬가지다—"그들은 예술가였어요" 혹은 "정신질환이 있었어요" 혹은 "무기를 갖고 있지 않았어요"[3](마치 흑인의 죽음을 용인하는 국가를 비난하는 일은 오직 사망자가 미국 시민들의 흠 없는 모범일 때에만 가능하다는 듯이 말이다). 성폭력 피해자에 대해서도 똑같이 말할 수 있을 것이다. 반드시 듣는 이에게 피해자가 술을 마시지 않았고 적절한 옷차림을 하고 있었다고 고지해야 한다. 더 있다. 구경하고

      송곳니 뽑기의 정치

있는 이들에게 그들이 비인간화된 이들을 면대면으로 만나보기만
하면 우리의 유순한 지친 눈에서 자신의 모습을 보게 되리라
약속한다.

여기서 인간은 민간인이라는 범주에 깔끔하게 들어맞는 이 혹은
특정한 계급을 드러내는 성향이나 말씨를 가진 이 혹은 정치적
주체성이나 군사 능력이 없어 보이는 이 혹은 예외적인 이 혹은
예외적으로 폭력적인 운명을 견뎌온 이 혹은 지배계급의 사상에
맞거나 그에 아무런 위험을 가하지 않는 신념 체계를 가진 이로,
혹은 어머니의 자궁에서 할아버지의 거부주의(rejectionism),
아버지의 평화에 대한 반감, 또는 무기 공장을 물려받지 않은 이로
정의된다.

그래서 우리는 유럽연합 여권을 무죄 보증서처럼 내민다. 명예로운
직업명을 읊으며 기자증과 졸업장을 황금 티켓이라도 되는 양
흔든다. 피 묻은 수술복을. 때로는 생명줄이 되고 때로는 올가미가
되는 청진기를 내민다. 저격수들에게 우리 머리 위에 빛나는 고리가
있음을, 우리가 십자가를 짐을, 우리가 눈먼 자들을 치유함을
일깨운다. 우리의 다른 한쪽 뺨을. 자비를. 우리는 당신을 미워하지
않습니다, 우리가 미워하는 것은 이 상황입니다. 우리는 늘
여성이고 어린아이입니다. 혹여나 남자라면, 힘없고 늙은
이들입니다. 비폭력을 재삼 말하고 서로의 잘린 팔다리를, 우리
나무의 꺾인 가지들을 가리킨다. 십자가를 더 짊어진다. 씨 뿌릴
땅이 없다. 저격수의 꽃 피는 사막은 우리 것이 아니다. 그의 영토는
"산 높이에 이른다".[4] 우리는 그의 법을 신으로 모시고 그의
법정에서 예배를 올린다.

문제는, 팔레스타인인을 인간화하려면 팔레스타인인의 송곳니를
뽑아버려야 한다는 것이다. 선의를 가진 이건 악의에 찬 이건 할 것
없이 우리에게 주문하는 인간성, 혹은 우리가 스스로 발명한
인간성은 복잡하고 머리 아픈 규정집을, 상형문자로 쓰인 그
계명들을 따른다. 영원한 피해자성으로써 유지되고, 동정과 연대를
얻으려면 따라야 하는 [외부, 특히 서구의] 자민족중심주의적
한계선을 통해 규제되는 인간화 기획은 부적격이다. 당신은 이것을
실패를 거듭하며 배우게 된다. 이런 틀에서 우리의 정동적·심리적
허용 범위는 극도로 각박하게 제한된다. 인간화란 그 설계상,
우리가 공공연히 드러내도 되는 정서 및 감정, 가치, 이데올로기,
응징받는 일 없이 밝힐 수 있는 제휴의 폭을 제약하며, 심지어는
검열하고 재교육할 것을 찾아 우리의 사상과 공상을, 지레짐작된
우리의 의도와 우리가 알지도 못하는 것을, 그리고 깊이 묻어둔
신념을 샅샅이 뒤진다.

우리의 지위도 조사한다. 모든 것이 통화가 되고 모든 것이
계산된다. 우리가 택하는 직업이나 우리가 체현하는 성격은 물론
우리가 보물같이 여기는 법률 문서나 진짜 보물도, 우리가 태어나
속하게 된 계급, 우리가 흘러 들어가게 된 지역이나 몸뚱이도.
우리는 인간으로 태어났다고 해서 자동적으로 인간이 되지 않는다.
결백―백인성, 교양, 부, 타협, 협력, 비동맹, 비폭력, 무력함, 미래
없음―에 가까워짐으로써 *인간화*되어야 한다. 목숨을 위협하는
이 줄타기는 우리가 사형수들의 링으로 다시 떨어지는 일을 막기
위한 것이다.

인간화는 식민자가 아니라 피식민자가 비판적인 조사를 받게
만든다. 식민주의에 내재하는 부정의를 숨겨 식민 기획을 엄호한다.
초점을 잘못 잡은 옹호자들(혹은 법률가나 언론인 등등)은
피억압자들이 일단 스스로가 자유와 존엄을 누릴 자격이 있음을

증명해야 한다는 생각을 흘리고 다닌다. 그러지 않으면 점령은, 종속은, 경찰의 잔혹 행위는, 박탈은, 감시는, '법외 처형'은 일어날 수도 있는 일, 심지어는 불가피한 일이 된다. 이런 틀에서 만들어지는 도덕 규범은 논리적 오류로 가득하며, 설득력과 물질적 분석이 결여되어 있다. 암묵적이라고는 해도, 이스라엘 국가 장치, 즉 인종적·사회경제적 지배 장치를 추악하고 지탄받아 마땅한 것들의 명백한 일례가 아니라 필요하다면 쓸 수도 있는 것으로 받아들이는 것이다. 그렇게, 인간화는 허용되는 것들을 *분쇄*한다. 게다가 미적 혹은 담론적이기보다는 훨씬 더 실재적인 방식으로 그리한다. 팔레스타인 민족 대다수는 자신을 '인간화하는' 데 실패한다. 다시 말해, 지뢰밭에서, 그리고 그들을 버린 이 세계에서 살아남지 못한다. 완벽하지 못하거나 운이 나쁜 이들도, 제 이를 뽑지 않을 이들도, '테러리스트'인 이들도.

대부분 이론적으로는 내 말이 맞다고 할 것이다. 사실을 따져도 그것은 자명하다고, 너무 분명해서 굳이 글로 쓸 것도 없다고 말할 이들도 있을 것이다. 하지만 현실적으로, 우리는 식민 논리가 우리에게 불어넣은 심리적 지시문들에 매여 있다. 우리는 마치 스스로 파놓기라도 한 것처럼 우리 앞길에 기다리고 있는 함정들을 걱정한다. 함정을 제 탓으로 여겨 자책한다. 우리는 우리를 모는 경비견들의 이름을, 그들이 우리에게 짖어대는 지침을 알고 있다. 그들은 우리 몸에서 풍겨 나오는 공포에 중독되어 있고 우리는 그것을 갖다 바치도록 프로그래밍되어 있다. 우리는 자동인형처럼 반응한다.

예를 들어보자. 이스라엘 점령군이 베들레헴의 데이셰 난민촌에서 열다섯 살 아담 아이야드를 살해했을 때* 나온 질문은 이런

* "아담 이삼 샤케르 아이야드(Adam Issam Shaker Ayyad, 15세)가 [2023년] 1월 3일 새벽 4시 30분경 피점령지 서안 남부 베들레헴시 인근의 데이셰 난민촌에서

것이었다. 그가 정말로 군인들에게 화염병을 던졌는가? 이스라엘은
그런 이야기를 지어내기로 유명하지 않은가? 진짜로 물었어야 했던
것은 따로 있다. 애초에 왜 베들레헴에 이스라엘군이 있는가? 아담
아이야드는 왜 난민촌에서 태어났는가? 왜 군인들이 소년을
살해했다는 기사 제목에 "화염병"이라는 말이 들어가는가? 그가
화염병을 던졌으면 어쨌다는 것인가? 누군들 던지지 않겠는가?

이스라엘군의 총격에 살해당했다. [……] 이스라엘군은 그날 새벽 한 팔레스타인
남성을 체포하기 위해 데이셰 난민촌에 진입했다. 팔레스타인인들이 막아서자
이스라엘군은 군중을 향해 실탄, 고무 코팅이 된 금속탄, 폭음탄, 최루탄을 발포했다.
아담은 어깨 뒤쪽에 적어도 한 발 이상의 총상을 입었다. 자가용으로 베이트 잘라
인근의 알후세인(Al-Hussein) 병원으로 이송되었으며, 의사의 사망 선고를 받았다."
Defense for Children International – Palestine, "Israeli Forces Kill Two."

때로 사람들은, 곧잘 팔레스타인인들도 인간화에 대한 이런 비판을 거부한다. 그들은 이 현상을 설계된 틀이 아니라 우연의 일치로, 즉 한 사람의 행실과 발화가 그들의 이상적인 자아상을 반영하거나 매우 닮아 있는 상태로 여긴다. 그들은 우리가 흠잡을 데 없이 얌전하게 행진하는 것이 연출된 것이 아니라고, 우리가 아는 대로, 본능적으로 걸을 뿐이라고 주장한다. 티 없는 페르소나를 수행하는 것이 아니라 마음에서 우러나오는 즉흥에 따라 행동하는 것뿐이라고 주장한다. 이 주장의 다른 판본은 '도덕적 권위'의 언어를, 특히 높은 윤리 기준과 고결한 인품을 고수하고 체화하면 억압받는 이들도 남들처럼 억압자를 비롯한 타인의 행동과 인식에 영향을 미칠 수 있는 권리를 조금씩 획득하게 되리라는 믿음을 끌고 들어온다. "당신의 대의에 도움이 되도록 선하게 행동하라"라는 식의 말이 이어진다.

하지만 이런 주장들은 그들 자신의 자민족중심주의에는 적용되지 않는다. 보편 같은 것은 없다. 수사, 행동, 존재 상태는 지리적·경제적·사회정치적 특이성들이 결정한다. 팔레스타인 예외주의 이야기가 아니다. 반대로, 기본적인 격언을 주워섬기고 있을 뿐이다. 어떤 곳인지에 따라 사람들의 삶도, 같은 말이 의미하는 바도 달라진다는 것 말이다. 예를 들어 '샤히드'(shahid, 순교자)는 맥락에 따라 전혀 다른 함의를 갖는다. "이슬람교, 기독교, 세속, 혹은 마르크스주의 조직 중 어디 소속인지에 따라" 수동과 능동을 오가고 피해자와 영웅을 아우른다.[5] 제국을 상대하고자 하면 제국의 언어에 유창해야 한다. 하지만 이런 기대는 비대칭적이다. 우리는 종종 우리의 언어를 전혀 모르는, 혹은 모르려 하는 비판가들의 조언을 받는다. 우리의 어휘와 어구는 그 말의 기본적인 정의조차 모르는 투미한 딜레탕트들의 비난을 받는 일이 너무도 많다. 더 나쁘게는, 특정한 표현을 병리화하기 위해 부러 그 지역적·역사적 맥락을 흐리는 이들도 있다. 그들의 적대적인 종교재판은 의미를 찾지 않는다.

게다가, '언행일치'와 '도덕적 권위'를 둘러싼 담론들은 식민주의가
(문자 그대로의 콘트리트 장벽은 물론) 화해 불가능성의 장벽을
세운 적이 없다는 듯이 군다. 우리는 비인간화되고, 그래서
스스로를 인간화할 힘이 없다. '도덕적 보편성'을 향한 호소는
우리를 구하지 못한다. 그 도덕성에 우리 자리는 없기 때문이다.
시온주의가 반대하는 것은 우리의 존재 방식이 아니라 우리의 존재
자체다. 세상에는 우리가 사면(赦免)으로 여길 수 있는 정동이 없다.
비폭력이나 차분함을 고수해도, 심지어는 탈정치성조차 '인간'이
되는 길을 막고 있는 인종적·식민적·경제적 장벽을 무너뜨리지
못한다. 여기 한가운데에는 아귀 같은 심연이 있다. 우리는
아슬아슬하고 언제든 끊어질 수 있는 줄에 조심조심 발을 디디며
줄타기를 한다.

그리고 줄타기는 쉬운 일이 아니다. '틀린' 책을 읽으면, '틀린' 지도자를 따르면, 부적절한 농담을 하면, 알았든 몰랐든 어떤 비유를 쓰면, 적대감을 표출하면, 저항에 관한 글을 읽으면, 저항에 관한 글을 쓰면, 벽에 그래피티를 그리면, 소총을 들면, 그들은 당신을 죽일 것이다. 때로는 당신이 백기를 들었대도 죽일 것이다.* 우리의 적에게는 늘 상당한 근거가 있다. 당신의 성별은 당신을 인류 바깥으로 내던질 충분한 이유가 된다, 라는 식의 간단하고도 앞뒤 없는 것들이다. 팔레스타인 남자에 대한 애도는, 그가 우선 팔레스타인인이라는 잘못을, 그 대죄를 씻기 전까지는 허락되지 않는다.

죽은 팔레스타인 남자에 대한 부고 기사에 특정한 신원 정보들 (직업, 교육 수준, 신앙, 그리고 최근에는 섹슈얼리티까지)이 적히는 것은 망자를 칭송하기 위해서가 아니라 옹호하기 위해서, 망자를 애도하는 데 필요한 조건을 채우기 위해서다. 살인자의 행위를 비난하는 데 반드시 필요한 전제 조건들이 있다. 살인자 자체를 비난하는 것은 또 다른 이야기다.

레파트 알아리르†가 2023년 12월에 여러 가족과 함께 표적 암살로 살해당했을 때 나는, 아랍어로, 내가 문화면 편집자로 일하고 있는

* 2023년 12월 6일, 북가자에서 이스라엘 점령군의 근접 총격으로 사망한 아부 살라(Abu Salah) 가족 여섯 명―인시라(Inshirah), 사디(Saadi), 그리고 네 아이 마흐무드 (Mahmoud), 아흐마드(Ahmad), 유시프(Yousif), 스루르(Srour)―은 백기를 흔들고 있었다. 아부 살라 가족은 겨우 몇 시간 전에 이스라엘 저격수의 폭발성 탄환에 가슴을 맞은 10대 친척 아사드(Asaad)의 시신을 묻고 돌아가는 길이었다. 이스라엘인들은 그들의 시신을 불도저로 밀어 쓰레기 더미 속에 처박았다. 가자 지구에서는 수많은 팔레스타인인들이 점령군의 느닷없는 살해를 피할 수 있기를 바라며 뭐라도 집어 들어 백기 삼아 흔들었다. 많은 경우, 팔레스타인인들은 그렇게 깃발을 흔들고도 표적이 되었다. 심지어는 점령군에게 자신들의 정체를 밝히기 위해 백기를 흔든 이스라엘 인질 세 명도 총에 맞았다. 이스라엘 점령군은 대개 백기를 흔든 팔레스타인인에 대한 살해를 인정하지 않지만, 이때는 물론 실수로 인질을 살해했다고 인정했다.
† 레파트 알아리르(Refaat al-Areer, 1979-2023) 박사는 가자시 출신 팔레스타인 작가,

영어 뉴스 사이트에는 레파트에게 바치는 헌사를 쓸 수 없다고
적었다. 식민자들의 어휘로 팔레스타인 남자를 추도하려 하는 것은
스스로를 벌주는 일이라고. 그들은 기록 보관소에서 자신들의
범죄를 지우고 그들의 역사책에서 우리를 지운다. 그들은 그들의
사전에 원주민 없는 나라들을, 제 손에 묻은 피가 누구 것인지 모른
체하는 나라들을 세운다. 누군가의 죽음을 공표하려면 먼저 그의
존재에 대한 인정을 끌어내야 한다. 영어는, 레파트를 살해한
미사일에 새겨져 있는 그 언어는 팔레스타인인의 장례식을 부단한
설득과 교육의 장으로, 주어진 사실 혹은 객관적인 사실은 없는
곳으로 바꿔버린다.

그래서 우리는 팔레스타인 남자를 추도할 때 역사가, 활동가, 정치
분석가 역할을 맡는다. UN 결의안과 인권 보고서로 추도사
도입부를 벌집으로 만든다. 식민자의 언어는 우리에게 그를
애도하기 전에 그가 애도받을 자격이 있음을 증명하라고, 그의
죄―지리, 종교, 피부색, 성별, 소속―를 씻으라고, 그리고 그를
우리의 투사 명단에서 빼고 그의 예외성을 보여주기 위해 싸우라고
요구한다. 이런 부고 기사*는 우리에게 팔레스타인인의 등에

시인, 교수였다. 가자이슬람대학교에서 비교문학과 문예창작을 가르쳤으며, 가자의
젊은 작가들을 멘토링하고 이야기하기가 팔레스타인 저항의 도구가 될 수 있음을
알리는 조직 우리는숫자가아니다(We Are Not Numbers)를 공동 설립했다. 소셜
미디어에 게시한 정치 분석과 풍자적 논평으로도 알려져 있다. 2023년 12월 7일,
이스라엘이 가자 지구 북부 셰자이야를 공습하면서 표적 살해 당했다.

*   ”أن تنعى رجلاً فلسطينياً باللغة الإنكليزية يعني أن تعذب نفسك. تأمرنا هذه اللغة، المخطوطة على
الصواريخ التي فتكت بك، أن نؤهلك للعزاء قبل العزاء، أن نبرئك من خطاياك: جغرافيتك، ودينك، ولونك، وجنسك،
وانتماءاتك؛ أن نستثنيك من صفوف مقاتلينا، ونقاتل لإظهار استثنائيتك، ونخيط أجنحة الملائكة والقديسين على
ظهرك، فتصبح حينها، فقط حينها، قابلاً للرثاء بحكم مهنتك النبيلة، وتعليمك العالي، وقصائدك الخالية من الرصاص.
نحن ببساطة لسنا موجودين في لغة المستعمر. إعلان وفاتك يستوجب انتشال الاعتراف بوجودك أصلاً، وانتشال
الاعترافات هو جلد للذات أيضاً. تحول هذه اللغة جنازة الفلسطيني إلى ساحة حشد وإقناع وتثقيف، لا يوجد فيها
مسلمات وحقائق موضوعية. في هذه المعادلة، لا يمكنني أن أعرّف العالم برفعت من دون أن أعرّفهم على حي
الشجاعية، ولن يعرفوا الشجاعية من دون أن يعرفوا قطاع غزة، ولن يفهموا الأخير إن لم يفهموا فلسطين والاستعمار
والصهيونية والنكبة. وهكذا، فنرتدي عند النعي زي المؤرخ والناشط والمحلل السياسي، ونجعل من المواثيق والقوانين
الدولية والإحصاءات مرجعية تتفشى في أسطر الرثاء، قد تنافس وتتفوق على إنجازاتك، وذكريات أحبائك، ومواقفك
الطريفة، ورسائلنا إلى زوجتك وأطفالك.“

천사의 날개를 꿰매어 붙이기를 요구한다. 그리하면, 또한 반드시 그리해야 그는 애도받을 수 있는 이가 된다.[6]

그런 자민족중심주의적 요구를 하는 것은 팔레스타인인들을 버리는 일이다. 비인간화되는 범주를 벗어나는 데 필요한 교육을 받지 못하고 자원을 갖지 못한 팔레스타인인들을. 우리 중 '실수'를 피할 길 없는 이들을 버리는 일이다. '언행일치'나 '도덕적 권위'와 마찬가지로 '존중할 만함'에는 크나큰 대가가 따르며, 대부분은 그것을 감당할 수 없다. 고뇌의 와중에 피해야 할 비유를 기억하는 호사를 누리지 못한 팔레스타인인들은 어쩌란 말인가? 미사일 세례를 받고 있거나 독방에 갇혀 있는 이들은? 그들이 비속어와 섣부른 일반화에서만 위안을 얻는대도 그것이 무슨 상관이랴? 박식한 어휘를 갖출 생각이 전혀 없는 팔레스타인인들, 게임의 규칙을 거부하는 이들은 어찌할까?

'진보'와 '퇴행'을 어떻게 정의하든, 세상의 나머지와 마찬가지로 우리는 진보적인 요소와 퇴행적인 요소가 모두 있는 나라라고 말하는 것은 논란을 일으키는 일이—혹은 용감한 일이—아니다. 우리가 어떤 성향을 지녔든 그것이—그저 그렇게 받아들여지는 것이든 증명된 것이든—우리의 억압자들에게 역사를 새로 쓰거나 그들의 죄를 스스로 사하도록 허락하는 근거가 되어서는 안 된다. 이 점이 중요한 이유는 시온주의의 칼날을 고스란히 맞는 사람들은 대개 가난한 이들과 혜택받지 못한 이들, 난민들과 포위당한 이들이라는 것이다.

식민 폭력을 당하는 우리의 신뢰도는, 완벽한 피해자라는 숨 막히는 역할을 얼마나 잘 수행하는지에 달려 있다. 우리 가운데 계급 상승을 할 수 있고 제도적 지원을 받을 수 있는 이들이, 아마도 그 지원과 상승 가능성을 보호하는 데 가장 잘 활용하는 역할 말이다. 그런데 당신의 계급이 정녕 당신을 떠날 수 있을까? 이 각본을 거부하고 숭상을 거절하는 것이 우리 엘리트들의 지위를 위협할 가능성은 낮지만, 그것이 모든 팔레스타인인에게 허용되는 한계치를 높이는 데 도움이 되리라는 점에는 의심의 여지가 없다.

안타깝게도 (무장 투쟁을 택한 이들은 말할 것도 없고) 어조나
수사법상의 '실수'를 한 팔레스타인인들은 대개 학계에서,
직장에서, 인터넷에서 외로운 싸움을 하게 된다. 기업의 보복에, 힘
있는 금권정치 조직의 더러운 수작에 맞서다 심지어는 감옥에
가기도 한다.* 팔레스타인 엘리트 중에서도 정치적으로 의식 있는
이들이 그런 조직들(예를 들어 카나리아미션[Canary Mission],†
멤리[MEMRI],‡ 카메라[CAMERA]**)과 치열히 싸워온 역사를
부정하려는 것은 아니다. 그런 조직들의 샘이 마르지 않는 것이
우리가 호소의 정치를 펼친 탓이라는 안일한 주장을 하려는 것도
아니다. 하지만 연단과 공적 영역에서 담론적·정동적 위험을,
계산된 위험 요인을 감수하지 않으려는 것은 이런 조직들을
유지하는 규범들을 해체하지 않으려는 것이다. 의미들, 금기들은
깨뜨리지 않으면 유지된다. 황제는 조롱하지 않으면 벌거숭이가
되지 않는다.

이 딜레마를 살펴볼 또 하나의 방법은, 아마 계급을 보지 못하는
것이 인간화의 버그나 기능이 아니라 그 틀을 작동시키는 주된
촉매임을 인정하는 데 있으리라. 인간화를 하나의 '문화' 혹은
일종의 출세 지향적인 사회적 수행으로 이해할 수 있다면, 그것은
문화의 문지기들이 발명한 것이며 그 문지기란 예외 없이 엘리트다.
가산 카나파니는 팔레스타인 사회의 가부장제는 자생적인 사회
조건과 대립되는 "봉건적 사고방식의, 정치적 봉건주의의 필연적인

---

* 자유극장(Freedom Theatre)의 사마헤르 이스마일(Samaher Esmail), 리디 파텔(Riddhi
  Patel), 빌랄 알사디(Bilal Al-Saadi), 아흐메드 토바시(Ahmed Tobasi), 무스타파 셰타
  (Mustafa Sheta), 자말 아부 조아스(Jamal Abu Joas)가 겪은 일들을 보라.
† 팔레스타인의 대의와 보이콧·투자철회·제재(BDS) 운동을 지지하는 학생, 교육자,
  전문가의 신원을 파악하고 블랙리스트를 작성하는 시온주의 조직. 대개 그들에게
  맹신자(bigot) 혹은 '테러 지지자' 딱지를 붙여 취업이나 학계 활동을 가로막는다.
‡ 언론 감시 단체로, 공동 설립자 중에 전직 이스라엘 정보 장교가 있다.
** 카메라는 1982년에 주류 언론의 반시온주의적·친팔레스타인적 서사를 반박하기 위해
  설립되었다.

결과"라고 말한 바 있다.[7] 그는 그 가부장제가 "계급 자체가 심리적 현상들을 결정화하는 한에서" 심리적 현상이라고 주장했다.[8] 인간화 기획에 대해서도 (이것이 체제 수준에서 유지되는 이데올로기적 실천이 아니라 집단적 태도로 여겨진다 할지라도) 같은 주장을 할 수 있다. 그것이 당대의 맥락에 예민하게 반응하는 새롭고 효과적인 해방 전략의 발전을 어떻게 가로막아왔는지를 생각해보면, 그리고 인간화 기획이 어떻게 진보 정치는 물론 무장 저항과 급진적인 정치적 표현 방식들에 관한 부정적인 여론을 형성해왔는지를 생각해보면, 이는 확연히 드러난다. 우리의 의미론적 '실수들'이 식민자의 체제적 폭력보다 더 호된 단죄를 받는다는 것까지 주지하면 특히 그렇다. 그렇게 볼 때 인간화는 그저 식민의 비인간화에 대한 우리의 심적 반응이 아니다. 우리 사회에 대한 물질적 분석이 부재함을 드러내는 것이다. 하나의 기획으로서 그것은, 대체적으로 특정 계급의 요구다. "인간은 [……] 부르주아지가 발명한 가치 중 하나였다."[9] 인간화 기획이 계급적 이해관계에 직접적으로 복무하는 것은 아니라 하더라도, 계급주의적 세계관에, 부유층이 빈곤층은 오디션조차 꿈꿀 수 없는 배역을 독점하는 세계에 복무하는 것은 분명하다.

무엇이 당신을 비인간화로부터 구해주마고 장담하는가? 수준 높은 학력. 은행 잔고. 기꺼이 용서하는 태도. 겸손한 눈빛과 위협적이지 않은 몸가짐. 당신의 이웃을 모략하는 잡지 편집자와의 연줄. 그는 술집에서 군대에 있는 제 친구에게 당신을 유치장에서 풀어주라고, 잘 좀 봐달라고 부탁한다. 당신은 세상을 알 만큼 알고 정치적으로 올바르다고. 영재라고, 다른 사람이랑은 다르다고. 하지만 그 다른 사람들은 어떻게 할 것인가? 좁아져만 가는 인간의 정의 아래서 숨 막혀하는 다른 사람들은? 오성급 대학에 가거나 봉건 영주의 혈통으로 태어나는 특권을 갖지 못한 이들은? 후광 없는 이들, 입에 침과 독을 가득 머금고 거리를 배회하는 성난 남자들, 소총 끈에

어깨가 짓눌리는 아이들, 지뢰밭길을 택하는 여자들은? 가난한
이들은? 점령자에게, 그 친족에게 가혹한 이들은? 별로 신사적이지
않은 아버지들은? 우리 중에서 난폭한 이들, 유럽인들이 눈살을
찌푸릴 이들—"부엌 찬장에서/ 제 분노를 찾은"10 자매, 그리고
"총의 해부학을 배우는"11* 자매는? 그들은 살 자격이 없는가?
그게 대체 누구의 법이란 말인가?

*   "ضدّ.. أن تدرسَ أختي عضلاتُ البندقيّة"

3
시린의 여권

2022년 5월 11일, 팔레스타인의 사랑받는 TV 리포터이자 알
자지라 베테랑이었던 시린 아부 아클레가 피점령지 서안
지구의 제닌 난민촌을 습격한 이스라엘 점령군의 총에 맞아
사망했다.

'팔레스타인인'은 타고나기를 죄인이라면, 이 원죄로부터 당신
스스로를 구원할 방법은 팔레스타인인을 저버리는—끊어내는—
것뿐이다. 대개 당신 스스로 저버리는 것은 아니다. 당신의 뜻과는
상관없이 그리된다. 자비 넘치는 정치적 선교사들이 친절하게,
때로는 사후(死後)에 당신의 팔레스타인성으로부터 당신을 내친다.
"허물 가운데 죽어 있던" 당신마저 "살리시는" 이들이다. 당신은
한때 진노를 사 마땅한 본성으로 인해 죽음의 벌을 받았으나 이제
"은총을 입어 구원받았다".[1] 그들은 의심에 차 구경하는 낯선
이들이 갖고 있는 당신의 이미지를 무장해제하고자 한다. 그래서
당신의 소총을, 진짜 소총과 상상 속 소총을 모두 몰수한다. 당신을
들어올려 저들의 왕국에 앉힌다. 당신은 남의 옷을 입고서 열린 관
속에 고요히 누워 있다.

생명을 잃은 그녀의 몸이 이름 없는 거리의 이름 없는 나무 곁에서 땅에 얼굴을 박고 쓰러져 있는 것을 보았을 때, 나는 세상이 멈춰 서리라고 생각했다. 문턱을 넘었다. 텔레비전의 터줏대감, 우리의 거실에 항상 와 있는 손님, 뉴스—좋은 소식도 나쁜 소식도, 대개는 나쁜 소식—를 전하던 이가 이제 본인이 뉴스감이 되었다. 백주 대낮의 냉혹한 살인이었고, 그녀의 현장 처형이 실시간으로 방송되었다. 나는 공항에 가는 길에 휴대전화로 그녀가 살해당하는 것을 보았다. 무언가가 내게 세상이 달라질 거라고 말했다. 세계 곳곳의 사람들이 그녀의 이름을, 그녀가 왜 제닌에 갔는지를, 그녀 옆의 나무가 오래전부터 총알 자국투성이였던 이유를, 그 거리의 이름—발라트 알슈하다(Balat al-Shuhada)—이 무슨 뜻인지를 알게 되리라고. 그녀가 암살당하고 몇 분 지나지 않아, 어느 기자가 이메일로 보낸 '팁'을 받았다. "긴급, 중요함. 트위터 및 페이스북에 시린 아부 아클레*가 미국 시민이라고 공표 바람. 확인된 사실임. 이스라엘이 미국 언론인을 살해함." 나는 시린이 미합중국 시민이라고 "공표"하지 않았다. 그리고 그녀가 살해당했다는 기사를 쓰면서는, 편집국에 그 사실을 꼭 언급해야 한다면 그녀를 미국 시민이 아니라 미국 여권 소지자로 칭하겠다고 고집을 부렸다. 시민권이 인종, 계급, 젠더, '문명인다움'과 마찬가지로 누가 동정하거나 주의 깊게 살펴보아 마땅한 대상인지를 결정하는 목숨의 위계에—고작 단순한 문구 하나로라도—왜 힘을 보태야 하는가. 나는 어떤 수식어가 붙든지 그것과 관계없이 한 팔레스타인인의 죽음 앞에 세상이 멈춰 서기를 바랐다. 하지만 그런 건 중요치 않았다. 몇 시간 만에 뉴스는 들불처럼 퍼졌다. 화두는 그녀의 여권이었다. 시린은 미국인이었고, 미국적인 사람이리라는 짐작만으로도 그녀는 금세 인간이 되었다.

* 시린 아부 아클레(Shireen Abu Akleh, 1971–2022)는 알 자지라 TV 통신원으로 25년간 일한 예루살렘 출신의 팔레스타인 언론인이었다. 2022년 5월 11일, 시린은 이스라엘의 제닌 난민촌 습격을 취재하던 중에 이스라엘 점령군에게 표적 살해 당했다.

그 이메일은 분명 좋은 의도로 보낸 것이었지만, 나는 뺨을 맞은
기분이었다. 논리는 간단했다. 특정 시민권은 사망자—대개 통계 속
숫자일 뿐이다—를 피와 살이 있는 사람으로, 측은해할 만한
피해자로 바꿀 수 있다. 시린의 여행 문서에 새겨져 있는
흰머리수리는 그녀를 한층 더 그럴 만하게 만들 것이다. 다른 한쪽
뺨도 내어줄 사람은 아닐 수도 있겠지만, 그녀는 확실히 완벽한
피해자에게 의무적으로 요구되는 특징에 잘 맞았다. 51세 여성,
기독교인, "기자"라고 분명히 적힌 조끼를 입고 헬멧을 쓴 채
살해당한 언론인, 그리고 외국 국적자. 미국인은 학교 복도에서
'문제' 청소년의 소총에 죽을 수는 있어도 외국 군인의 소총에 죽는
일은 극히 드물다. 반면에 팔레스타인인은 매일 총에 맞고, 아무도
처벌받지 않는다. 시린이 암살당하고 겨우 3주가 지난 무렵,
헤브론의 알아루브 난민촌 출신의 기자 구프란 와라스네*가
출근하던 중에 이스라엘 점령군에게 살해당했다.[2] 언론인이었지만
그녀의 살해 소식은 서구는 물론 아랍 세계에서도 거의 관심을 받지
못했다.

"시린 아부 아클레는 미국인이다"라는 문장을 되풀이한 이들이
다들 그랬듯, 그 이메일을 보낸 기자는 그 일로 모종의 책임을 물을
수 있으리라고 믿었을 것이다. 미국은 그 최대의 동맹이
무국적자들을 살육할 때는 꿈쩍도 않지만, 시민이 그런 종류의
폭력에 희생된다면 거기에는 *반드시* 어떤 결과가 따를 것이다.
폭력이—갑자기, 놀랍게도—개탄할 일이 된다. 피해자가
미국인이나 유럽인이라면 언론인 살해는 더더욱 있을 수 없는 일,
비난하기 쉬운 일이 된다. 이런 세계관에서 시민권은 시린을
팔레스타인인이라는 죄에서 끌어내 결백에 가까운 데로

---

* 구프란 와라스네(Ghufran Warasneh, 1991–2022)는 헤브론 출신 팔레스타인
   언론인이었다. 이스라엘군이 그녀를 살해하기 여섯 달 전인 2022년 1월, 3개월
   징역형을 선고받았다.

내동댕이침으로써 도움을 얻을 가능성을 높여준다. 이것이
'전략적'이라고 주장할 이도 있을 것이다. 하지만 그러면, 레이철
코리가 떠오른다.*

오마르 아사드도 생각난다.† 시민권도 고령의 나이도, 재갈을
물리고 몸을 묶고 눈을 가려 찬 땅바닥에 죽을 때까지 내버려둔
이스라엘 군인들에게서 그를 구해주지 못했다. 부상당한 채 라파
국경 검문소에 갔던 청년, 미국 여권을 펼쳐 멍든 얼굴 옆에 들고서
피가 잔뜩 고인 입으로 "내가 시민권을 갖고 있는 그 나라는 어디에
있습니까? 왜 저를 지켜주지 않습니까?" 하고 간절히 물었던 유세프
샤반도.‡

그렇다 해도 목숨의 위계가 있다는 것, 여권은 통화라는 것은
부정할 수 없다. 여권은 세계 지도자들이 당신의 비극을 알게 하는
데 도움이 되며, 그들의 반응이 거기에 달려 있다. 별일 아닌
팔레스타인인 없애기를 끔찍한 미국 언론인 살해로, 언론 자유에
대한 비열한 공격으로, 언어도단으로 바꾸어준다. 통화로서의
여권은 사람들이 당신의 이야기를 믿도록 도와준다. 시민들—물론
특정한 나라의 시민들—이 이스라엘의 폭력의 표적이 되면 더 많은
이목이 집중되고 더 큰 소란이 벌어진다. 그런데 레이철 코리가
미국인이라는 사실은 그 소란 말고는 그녀에게 무엇을 주었나?

---

* 레이철 코리(Rachel Corrie, 1979–2003)는 스물세 살의 평화 활동가였다. 워싱턴주
올림피아 출신으로, 국제연대운동(International Solidarity Movement) 회원이었다.
2003년 3월 16일 가자 지구에서 팔레스타인 주택 철거에 항의하다 이스라엘의
불도저에 깔려 사망했다.

† 오마르 아사드(Omar As'ad)는 이스라엘이 피점령지 서안의 라말라 외곽에 있는
질질야 마을을 습격했을 때 살해당한 80세 팔레스타인 남성이다. 이스라엘군은 새벽
2시 반에 아사드의 차를 세워 눈을 가리고 수갑을 채운 후 그를 공사장으로 끌고
갔다. 점령군은 그를 거기에 버려두었고, 그는 심장마비로 사망했다. 다음을 보라.
Al Tahhan, "Elderly Palestinian Man."

‡ "أمريكي في غزة يناشد واشنطن إخلاءه مع أسرته" الأناضول، ٢٠/تشرين الأول/٢٠٢٣.

그녀의 가족에게 정의를 구현해주었던가? 그녀를 뭉개버린 불도저가 다른 집들을 파괴하지 못하게 막아주었던가? 이스라엘 정착자들에게 살해당한 미국인들이 가자 지구에 인질로 잡힌 미국인들과 똑같이 국가의 애도를 받았던가? 오마르 아사드의 국적에 끼어 있는 하이픈은 나머지 하이픈 없는 이들은 무시하는 지면에 그를 넣어준 것 말고는 무엇을 해주었던가? 그 지면들은 범인의 이름을 밝혔던가, 아니면 아사드는 그저 "사망한 채로 발견"되었던가?

내가 하려는 말은 우리가 열강이 행동에 나서게 만들기 위해 혹은 예상되는 그들의 태도를 바꿀 수 있기를 바라며 정치적·외교적 술책을 쓰는 일을 멈추어야 한다는 것이 아니다. 장단기적 부작용을 고려해 그런 전술들을 재평가해야 한다는 것, 도박을 걸 가치가 있는지 따져봐야 한다는 것이다. 여권을 '인간화'를 위한 정치적 도구로 삼는 이들은 서구 정부들이 그 시민들을 대신해 '정의를 추구하도록' 구슬려야 한다는 구실을 든다. 하지만 그것은 실상 무고함의 서사, 설득하고자 하는 상대의 인종주의적이고 이민족 혐오적인 세계관을 받아들이는 서사를 강화하는 더 위험하고 더 모욕적인 일이다.

목적은 수단을 정당화한다고 말할 이도 있을 것이다. 그런데 그 '목적'이 무엇인가? 정의? 진실? 시린이 표적이 되었을 때 서구 언론들이 저격수의 이름을 밝혔던가? AP 통신은 이스라엘군을 범인으로 명시하지 않으려고 팔레스타인 보건부에서 인용한 발언을 수정했다가 아예 삭제했다. 《뉴욕 타임스》의 기사 제목은 당신이 예상한 그대로다. 「선구적 팔레스타인 언론인 사망하다. 향년 51세」.[3] 어떤 기사는 알 자지라에서 그녀가 "이스라엘 군대와 무장한 팔레스타인인들의 충돌" 와중에 사망했다고 보도했다며 독자를 속이기까지 했다. 알 자지라가 이스라엘이 시린을 사살했다는 기사를 직접 냈는데도 말이다. 현장을 목격한 언론인들—그중 다른 한 사람도 이스라엘 점령군의 총에 맞았다—의 증언은 거의 인용되지 않았다.

이틀 후 예루살렘에서 열린 아부 아클레의 장례식에 점령군이 쳐들어왔을 때 주류 뉴스 진행자들은 어떻게 했던가?* 이스라엘 점령군이 장례식이 시작된 성요셉 병원을 급습해 조문객들, 환자들, 직원들을 모두 공격했다고 보도했던가?[4] 그들이 영구차 뒤창을 깨고 그녀의 관에 덮여 있던 팔레스타인 기를 훔치고 운구하는 이들을 마구잡이로 공격해댄 탓에 관이 땅바닥으로 고꾸라질 뻔했던 것은? 특파원들이 이 일을 무어라 칭했던가? "몸싸움"과 "충돌"이라고 불렀다.[5] 죽어서도 박해당한 팔레스타인인은 시린이 처음이 아니었다. 1976년 《알잇티하드》에 실린 기사에는 이런 제목이 붙어 있다. 「순교자들의 꽃다발에 세 송이가 새로 더해지다: 장례식장에서 대거 폭행, 체포」 그녀가 마지막도 아닐 것이다.

* 이스라엘 점령군은 소수의 조문객만—그것도 기독교 신자만—장례식에 참석하고 반식민 구호는 외치지 말 것을 요구했다. 아마도 예루살렘 주위에서 팔레스타인의 상징물들을 흔들며 행진하면 이 점령당한 도시에 대한 이스라엘 체제의 소위 '주권'이 위협받을까 봐 두려웠을 것이다. 정치적 분노든 공동의 애도든 반식민 표현에 대해 이어지고 있는 전쟁의 또 한 가지 일화다. 아부 아클레의 가족은 그런 규제를 거부했고, 그렇게 폭행이 시작되었다.

그녀의 장례식이 끝나고 사흘 후, 이스라엘 군인들은 스물세 살 왈리드 샤리프의 관을 운구하던 이들을 잔혹하게 폭행했다.[6] 이스라엘 점령군은 라마단 세 번째 금요일에 알아크사 모스크 경내에서 왈리드에게 부상을 입혔고, 그는 그로 인해 얼마 후 세상을 떠났다.[7] 점령 당국이 말도 안 되는 규제를 가하고 아주 늦은 시각에야 시신을 묻을 수 있게 했음에도 팔레스타인인 수천 명이 그의 장례식에 참석했다. 그중 쉰두 명이 부상을 입었고 서른일곱 명이 입원했다. 이 순교자의 친척인 나데르 샤리프는 고무로 코팅된 탄환에 맞아 한쪽 눈을 잃고 두개골에 심각한 부상을 입었다.* 대치가 잦아든 후에 팔레스타인인들은 사랑하는 이들의 묘비에서 최루탄과 수류탄을 치워야 했다. 그로부터 2주 후, 구프란 와라스네의 장례식이 공격받았다. 군대는 그녀가 묻힐 예정이었던 알아루브 난민촌으로 그녀의 시신을 옮기던 앰뷸런스를 가로막았고, 조문객들은 시신을 어깨에 지고 옮겨야 했다. 군인들의 잔혹한 행위에 굴하지 않고, 하관식을 난민촌에서 치렀다.† 이런 불경스러운 행위가 끝도 없이 반복되는데도 국제적으로 언론의 주목을 받는 일은 흔치 않다.

팔레스타인의 일이 되면, 성스러운 언론의 원칙은 굽힐 수 있는 것, 심지어는 취사선택할 수 있는 것이 된다. 수동태가 왕이다. 사실 생략이 표준이다. 조작은 허용된다. 기자는 속기사가, 리포터는 국가의 비서가 되어 앵무새처럼 경찰과 군대의 설명을 되풀이한다. 증거를 멋대로 주무른다. 헷갈리게 하고 호도하고 틀리게 해석해서 인종 청소에 대한 동의를 만들어내고 명명백백한 살인을 둘러싸고 혼란을 자아낸다. "권력자에게 진실을"이라는 말을 뽐내는 이

---

* 나데르는 이튿날 예루살렘 병원에서 체포되었고, 그 과정에서 병상을 지키던
　가족들도 폭행당했다. 다음을 보라.
　"٢٠٢٢/مايو/١٧. اعتدت على عائلته.. الاحتلال يعتقل المصاب نادر الشريف" شبكة قدس الإخبارية.
† 　"٢٠٢٢/حزيران/١. اغتالها الاحتلال الإسرائيلي واعترض جثمانها.. الفلسطينيون يشيعون الصحفية والأسيرة المحررة
　غفران وراسنة" الجزيرة.

용감한 산업은 권력의 나팔수에 지나지 않는다. 우리는 그런 모습을 수없이 보아왔다. 풍자적으로 보일 지경이다. 앵커들은 눈앞의 자료를 마다하고 거짓말을 인용하며, 신문은 저 스스로에 대한 캐리커처 같아 보인다. 2014년에 이스라엘이 가자에 있던 어느 카페를 공습해 여덟 명의 팔레스타인인을 산산조각 냈을 때,[8] 《뉴욕 타임스》 기사 제목은 "가자 해변 카페에 모인 월드컵 팬들에게 미사일 떨어져"였다.* 누가 발사한 미사일인가? 누가 발포한 것인가? 저격수는 누구인가?

---

* 특히 《뉴욕 타임스》는 이스라엘 해군의 포격에 살해당한 팔레스타인인들의 이름을 한 명도 밝히지 않았다. 제목은 발행 한 시간 뒤에 "가자 해변 카페에서 미사일이 여덟 명을 죽이다"로 바뀌었다가, 몇 시간 후 최종적으로 다시 한번 ["무너진 가자 해변 카페에서 월드컵 보러 왔던 희생자들 수색"으로] 바뀌었다. 이번에는 가해자를 숨기는 데 그치지 않고 아예 미사일 자체를 지워버렸다. 다음을 보라. Akram, "In Rubble of Gaza."

구프란 와라스네의 경우, 그녀가 설득력 없는 피해자가 된 것은
그저 여권이 없기—무국적자이기—때문이 아니었다. 이스라엘
군인들은 그녀의 점령당한 고향을 가로막고 있는 검문소에서
그녀를 사살했다. 그녀의 죽음이 일상적인 팔레스타인인 제거로
분류된 것은 군인들이 그렇게 살인을 정당화했기 때문이다. 군대는
한결같은 서사를 내세웠다. 그녀가 군인들을 칼로 공격하려 했다는.
다만 그 칼은 어디서도 발견되지 않았다.[9] 아무 근거도 없으면서 이
서사는 그녀를 '문명인답지' 못한 이로 몰아 그녀를 합법적일 뿐
아니라 협상의 여지가 없는 살해 대상—팔레스타인 전투원—의
대열에 놓았다. 그렇게 구프란은, 황급히 시린 아부 아클레를
변호*했던 바로 그 인권 및 언론 자유 단체들에게는 모자란 존재가
되었다. 그도 그럴 것이, 누군들 폭행 용의자를 변호하고
싶겠는가?†

이것은 수사적인 질문이지만 수사에 그쳐서는 안 된다. 우리와 우리
동맹들은 수 세대에 걸쳐 팔레스타인 민족의 저항권을 되풀이해
말해왔다. 우리의 해방 투쟁을 전 지구적 맥락에 놓기도 했고
(미국은 2008년까지 넬슨 만델라를 테러리스트로 간주했다),
국제법을 인용하기도 했으며(UN 총회 결의안 37/43호가
인정하듯……,‡ 제네바 협약 제1조에 따르면……), 또는 혁명적
사상가들을 인용하기도 했다(피식민자의 일은 식민 철폐를 위해
가능한 모든 방안을 강구하는 것이다[10]). 하지만 탈식민화가

* 여기서 '변호'(defense)는 애처롭게 '독립적인 조사'를 요구하는 것을 뜻한다.
† 아마도 목숨의 위계를 인간화 전술로 이용하는 것은 레이철 코리와는 달리 인종 청소를
  막기 위해 불도저를 막아서지 않을 '중립적인 민간인'의 경우에만 유용할 것이다.
  하지만 이른바 중립성이라는 것 또한 역사적으로 팔레스타인인을 구하거나 보호하지
  못했다.
‡ G. A. Res. 37/43. "Importance of the universal realization of the right of peoples to
  self-determination and of the speedy granting of independence to colonial countries
  and peoples for the effective guarantee and observance of human rights," December 3,
  1982.

개념적인 차원을 포기하고 현실에서 드러나는 것만 좇으면 많은
이들이 나침반을 잃게 된다.

바꾸어 말해, 어느 팔레스타인인이 무장 투쟁에 구체적으로
관여하면, 그의 투쟁은 담론적인 층위에서마저 개인적인 것으로
남는다. 우리 대다수는 모래에 머리를 파묻고서 칼을, 소총을, 혹은
화염병을 든 팔레스타인인들이 보이지 않는 체한다. 우리는 두들겨
맞은 이들의 이야기를 싣듯 자유 투사들의 이야기를 싣지 않는다.
우리는 무장하지 않은 이들과 '초법적으로 처형당한' 이들을 위해
집회를 열듯 그들을 위해 집회를 열지는 않으며, 이는 부지중에
식민자가 훔쳐 간 우리 땅 위에서 스스로에게 부여한 관할권을
강화한다. 우리는 애초에 피살자가 왜 칼을 집어 들려 했을지보다는
누군가 피살자 옆에 칼을 심어둔 것인지—종종 그렇다—여부에
매달리며 시간을 낭비한다. 하지만 "그 성원들을 자포자기식
방안으로 내모는 사회는 [……] 대체되어야 하는 사회"라면,[11]
그리고 우리에게 식민 권력에 맞서 폭력적으로 저항할 도덕적·법적
권리가 있다면, 폭행 용의자를 변호하지 않을 이유가 무엇인가?

'비당파적', '중립적' 인물이라는 민간인의 발명은 팔레스타인
대의의 탈정치화를 심화했다. 민간인으로 여겨지려면 우리는
아무런 관점도 갖지 않는 신화적 차원에 존재해야 한다. 이 신화
속에서 상상되는 우리의 대의는 이제 해방 투쟁이 아니라
'인도주의적 위기'의 문제로 이해된다. 여기서 혁명가들은 우리
민족의 요체가 아니며, 해방이라는 정치적 열망과 꿈을 좇아
움직이지도 않는다. 대신에 그들은 무분별하게 혼란을 일으켜
힘없는 주위 사람들―어느 편도 아닌 여성과 아동, 공평무사한
구급대원과 언론인―을 실의에 빠뜨리는 불량 행위자로 해석된다.

그런 몰역사적인 독해, 점령자와 피점령자의 권력 불균형을 흐리는
독해에서 전투원은 애초에 그나 그녀가 생겨나게 된 맥락 바깥으로
밀려난다. 아나운서는 자기 형제자매들의 살해를 어느 쪽에도
기울지 않은 관찰자로서 전달하기를 기대받는다. 간호사는
공습으로 팔다리를 잃은 사랑하는 동료를 환자로 받으면서도
'전문가다운 태도'를 유지하기를, 드론 조종사에게 복수심을 품지
않기를 기대받는다. 이 차원에서는 피다이(fida'i)가 "'텔 아비브'
한복판에서 '민간인'을 상대로 '전쟁범죄'를 저지를 수 있는,
시온주의 군인과 매우 닮은 형상"으로 다시 나타난다.[12] 이는,
오루바 오스만의 말대로, "무장 전투원은 우선 선조들에게서 박탈,
추방, 신체 훼손이라는 조건들을 물려받은 피해자이고, 나중에 이런
조건들을 탈식민의 동력으로 화하는 피해자라는 사실을 흐린다".[13]

가자에서든 제닌에서든 전투원은 불가해한 현상이나 '난데없는
별종'이 아니다. 그는 그저 야파나 알나캅에서 집에서 쫓겨난
나크바 생존자의 후손이, 수십 년이 지나 해묵어버린 비통한 분노를
내려놓지 않고 있는 이가 아니다. 전투원은 매일 자신의 나크바를
마주한다. 그의 분노는 예루살렘 거리에서 나체 수색을 당할
때마다, 칼란디야 군사 검문소에서 개머리판에 얻어맞을 때마다

되살아난다. 매번의 피란이, 매번의 철거가, 매번의 때 이른
장례식이 그의 불길에 기름을 붓는다. 형제나 자매를 묻거나
감옥에서 면회할 때마다, 총알이 동료를 꿰뚫을 때마다, 미사일이
하늘을 더럽힐 때마다 그에게 다시 불이 붙는다.

영어로 글을 쓸 때면 본능적으로 일군의 젊은 남성들이 점령자들을
상대로 무기를 들려 하는 이유를 둘러싼 맥락을 밝히고,[14] 라시드
후세인*이 한 바 있는 근본적인 질문을 독자에게 던지고 싶어진다.
"그들이 내 고향을, 내 친구들을, 내 젊음을 태워버렸는데/ 어찌 내
시가 총이 되지 않을 수 있으랴!"†[15] 그러나 글로벌 북반구는 특히
최근 몇 년 사이 점령에 대한 저항을 정당화하는 데 맥락은 필요치
않음을 보여주었다. 서구의 사고방식에서 저항은 그 행위 자체로,
그러니까 억압하는 힘에 맞서 자신 혹은 공동체를 지키는 행위로
정의되지 않는다. 오히려 저항은 감히 그런 짓을 하는 것이
누구인지를 토대로 정의된다.

2022년에 친구인 루아 리마위의 논설 투고를 도운 적이 있다.
그녀의 고인이 된 형제들, 자와드 리마위와 타페르 리마위에 대한
글이었다. 이 팔레스타인 청년들 마을을 습격한 점령군의 총에
맞았다. 이스라엘 점령군이 있을 이유가 없는 마을이었다. 둘은
겨우 몇 분 차이로 사망했다.[16] 우리는 《가디언》, 《워싱턴 포스트》,
《로스앤젤레스 타임스》에 글을 보냈다(《뉴욕 타임스》는 시도도
하지 않았다). 모두가 게재를 거절하거나 아예 답이 없었다. 어느
언론 전문가에게 이 건을 상의했더니, 그는 루아의 글이 아무 데도
실리지 않을 거라는 의견을 주었다. 그녀의 형제들이

---

*   라시드 후세인(Rashid Hussein, 1936-1977)은 팔레스타인 하이파 태생으로, 시인, 교사,
    연설가이자 1959년에 결성된 토지운동(Land Movement)의 창립 회원이었다.
    뉴욕시의 한 아파트에서 '의문의' 화재로 사망했다.

†

"بعد إحراق بلادي ورفاقي وترابي

كيفَ لا تصبحُ أشعاري بنادق!"

이스라엘군에게 돌을 던졌기 때문에, 영예롭게도 생의 마지막
순간을 식민 폭력에 맞서 그들의 공동체를 지키는 데 썼기 때문에.
두 청년의 경우, 그들이 행한 저항은 속된 것, 고상하지 못한 것,
독자에게 적합하지 않은 것으로 여겨졌다. 그들은 피해자였지만
완벽한 피해자는 아니었고, 그래서 《로스앤젤레스 타임스》 지면이
그들에게는 주어지지 않았다.[17]

그러나 루아가 형제들의 이야기를 실으려 애썼던 바로 그달에,
《로스앤젤레스 타임스》는 "키이우 민간인들이 무기를 들고
러시아의 우크라이나 공격에 맞서 싸우다"라는 제목의 기사를
실었다.[18] 민간인들. 《워싱턴 포스트》도 비슷한 제목의 기사를
냈다.[19] 《가디언》은 "화염병을 만드는 우크라이나 학생들"을 자세히
보도했다.[20] 《뉴욕 포스트》는 우크라이나 자살 폭탄 공격자를
"영웅적"이라 칭송하는 제목을 단 기사를 발행했다.[21] 루아의
형제들이 감히 점령에 저항했다는 이유로 그녀의 글이 여러
언론사에 의해 차례차례 반려당한 바로 그달에, 스카이 뉴스에서는
사실상 화염병 제작소라 할 수 있을 곳을 방송에 내보냈다.
「민간인들이 러시아 군대를 무찌르기 위해 화염병 제작을 돕다」[22]
《뉴욕 타임스》는 점령 상황에서의 "분노와 혐오"는 "정상적인
반응이며 그것을 인정해줘야 한다"라고 조언하며 그런 혐오를
"소이탄 제작" 같은 "유용한 데로 돌려"야 한다고 덧붙인 어느
심리학자를 인터뷰했다.[23]

《뉴욕 타임스》 지면에서는,* "[우크라이나의] 항거 활동이 격화되고
있"을 때,[24] "[하마스 투사들은] 주거 지역에 숨는다".[25]
"[우크라이나] 투사들은 잘 아는 지형지물에 숨어들어 차량 폭탄,
부비 트랩, 권총 조준 사살로 은밀히 공격"하는데[26] 하마스
투사들은 "몇 마일씩 되는 땅굴에, 그리고 주택, 모스크, 소파에
무기를 보관"한다.[27] 《뉴욕 타임스》 지면에서는, 두 민족 모두
"현지인들 사이에 섞여 들"고[28] "민간인과 전투요원의 경계를
흐린다".[29] 이 신문은 "이런 관행은 국제법에 따르면 하마스가
민간인 사망 상당수에 책임이 있음을 뜻한다"라고 말한다.[30] 하지만
우크라이나군이 국제법을 위반하고 병원, 주거지, 학교에서 작전을
수행해 민간인의 생명을 위험에 처하게 한다고 비판하는
국제앰네스티 보고서[31]가 "광범위한, 거의 보편적인 비난을
받았다"는 데에는 흐뭇해한다.[32]

《뉴욕 타임스》 독자로서 당신은 이런 결론에 이른다.
우크라이나인들이 콘크리트 정글에서 전쟁을 치르는 것은
팔레스타인인들과는 달리, "군대를 배치할 곳이 점점 없어지고
있"기 때문이다. 우크라이나는 "훨씬 더 엄청난 화력을 갖춘

---

* 가자에서의 인종학살 전쟁과 우크라이나 침략에 대한 《뉴욕 타임스》의 보도를
   비교한 《뉴욕 전쟁범죄》(*New York War Crimes*)의 포괄적인 연구(「살육 같은 말들」
   [Words Like Slaughter])는 이 신문이 우크라이나 군대와 지하 저항 그룹들은 "명백히"
   정당화하고 찬양하는 반면, "대개 테러리스트로 묘사되며 동기나 관점, 전략은 거의
   설명되지 않는" 팔레스타인 저항자들은 비난한다는 것을 발견했다. 《뉴욕
   전쟁범죄》는 대가자전쟁에반대하는작가들(Writers Against the War on Gaza)에서
   배포하는 무가지다. 2023년 11월 9일에 창간호—이스라엘 점령군에게 살해당한
   순교자 2608명의 이름을 실었다—를 낸 이래, "언론이 인종학살에 대한 동의를
   만들어낸다", "해방과 귀환의 그날까지 혁명과 저항" 등 열두 개 호를 발행했다.
   "권위 있는 목소리의 상징으로 널리 알려져 있는 《뉴욕 타임스》 제호를 무기로 삼는"
   이 신문은 미국 에이즈 유행 초기였던 1988년에 발행되기 시작한 액트업(ACT UP)의
   신문 《뉴욕 범죄》(*New York Crimes*)의 영향을 받았다. Isack, "Stealing the Voice
   of Authority."

러시아군을 상대로 스스로를 지키고" 있다.[33] 그러나 "하마스가
[지구상에서 인구밀도가 가장 높은 곳에서] 펼치는 전술들은
이스라엘이 그렇게나 많은 민간 인프라를 타격하고, 그렇게나
많은 팔레스타인인을 살해하며, 그렇게나 많은 민간인을 구금할
수밖에 없었던 이유를 설명해준다".[34]

서구의 사고방식에서 저항이란 변덕스러운 개념이다.
우크라이나의 저항이 그 게릴라 전술로 찬양받는 반면,
팔레스타인의—'테러리즘'이라 칭해지는—저항은 당혹스럽고
도착적이며 병리적이다. 주류 언론이 이런 틀을 고집하는 것은 두
민족이 폭력을 행사하는 방식에 근본적인 차이가 있어서가
아니다. 그저 우크라이나인들의 피부색 때문만도 아니다. 멀리 갈
것도 없이 아일랜드공화국군만 보아도 백인성이 그것
하나만으로는—적어도 영국 식민주의에 맞선 전쟁에 있어서는—
황금 티켓이 아님을 알 수 있다.

오히려, 언론 보도에서 나타나는 어조 변화는 그저 서구의 전략적
이해관계에 복무하는 것이다. 이스라엘의 정착자 식민주의 체제는
중동에서 미국의 가장 중요한 동맹이자 사실상 유럽의 지사, 서구
제국주의를 수호하기 위해 만들어진 것인 반면, 러시아는 서구에
대한 "실존적" 위협을 나타낸다.[35] 따라서 지배계급이 소유하고
운영하는 신문들이 같은 지면에서 팔레스타인의 저항은 정당성이
없다며 비난하고 우크라이나의 저항은 상찬하는 것은 그리 놀랄
일도 아니다. 팔레스타인에서 시온주의 기획을 지속하기 위해,
제국이 역내에 기울이는 자본주의적·군국주의적 노력을 보호하기
위해 팔레스타인 자유 투사들은 반드시 몰락해야 한다. 그래서
제국의 속기사들이 팔레스타인인의 비인간화, 그 저항의 악마화를
표준으로 삼는 것이다. '무고함'을 지키고 싶다면 '중립적'이고
'비당파적'으로 남으라고 요구한 바로 그 군대들과 기관들에 의해

살해당한 팔레스타인인이 얼마나 많은가? 이 기록의 신문(paper of record)*의 눈에는 이러나저러나 우리 모두 테러리스트다.

* [역주] '기록의 신문'은 각종 사태를 정확하게 객관적으로 기록·보도하는 신문, 즉 믿을 수 있는 대형 언론을 뜻하며, 특히 《뉴욕 타임스》의 별명이기도 하다.

'테러리스트' 중에 무고한 이가 누가 있겠는가? 보스니아
인종학살을 보도해 이름을 알린 크리스티안 아만푸어는 CNN
인터뷰에서 어느 저명한 이스라엘 작가에게 묻는다. "여쭤보고
싶은 게 있는데요, *굉장히 생각이 깊은 분이시니* [……] 도덕적으로
미로 같은 문제라고 할 수 있을까요? 두 가지 생각을 동시에
견지하는 게 가능할까요?" 작가는 못 믿겠다는 건지 재밌다는 건지
고개를 젓더니 헛기침으로 그녀의 질문을 끊는다. 아만푸어가 말을
잇는다. "[10월 7일의] 살육은 일어날 수 있는 최악의 일이었다는
생각과 팔레스타인 민족을 포함해 누구나 권리와 존엄을 갖고
살아갈 권리가 있다는 생각을요." 그러고는 재빨리 단서를 단다.
아마도 제 말을 바로잡는 것이리라. "하마스 이야기는 *아니고요.*"[36]

사실상 아만푸어는 하마스를 "권리와 존엄을 갖고 살아갈" 자격이
있는 이들의 범주에서 완전히 제외함으로써 보편적으로 적용된다는
세계인권선언에 개인의 정치적 성향이라는 조건을 걸 수 있다고
말하는 셈이다. 오늘날의 다른 *어떤* 정당에 대해서든, 어떤 집단에
대해서든 비슷한 함의를 띤 말을 한다면 격분을 살 것이다. 물론
이것은 그저 하나의 해석일 뿐이다. 하지만 행간을 읽을 필요가
없는 절멸을 부추기는 수사가 넘쳐나는데 아만푸어의 말을 낱낱이
분석할 이유가 있을까? 팔레스타인인들을 "박멸해야 하는"
"야만인"으로 묘사하는 현직 정치인들,[37] "저들을 끝장내라",[38]
"그곳을 초토화하라",[39] "가자의 잔해까지도 날려버려라"라고
외쳐대는 정치인들,[40] 우리 아이들은 어쩌냐고 물으면 열을 올리며
"애들도 다 죽여야 한다"라고 답하는 정치인들에게 집중해야 하지
않을까?[41]

이토록 노골적인 발언들이 비판하기에, 적어도 보도하기에 더 쉽지
않을까? 명료해서 오해할 일이 없지 않을까? 그렇다면, 왜 《뉴욕
타임스》는 이스라엘 국방장관이 수도, 전기, 식량을 끊어 가자

봉쇄를 강화하라고 지시했다는 기사를 내면서 그가
팔레스타인인들을 "인간 동물"로 칭했다는 사실은 생략했을까?
[2023년 10월 7일 하마스의 공격 이후] 이스라엘 대통령이 해외
언론을 만나 "민족 전체가 책임져야 한다"라고 외쳤을 때,
《파이낸셜 타임스》는 왜 "민간인들은 몰랐다는, 연루되지 않았다는
말은 사실이 아니다"라는 그의 말을 황급히 지면에서 삭제했을까?*

더없이 뻔뻔한 선언들조차 핵심 단락과 여백에서 무마되는데,
미묘한 것을 들고 올 이유가 무엇일까? 그 미묘함 속에서 더 위험한,
더 교활한 논리를 찾을 수 있기 때문이다. 자유주의자 TV 앵커와
자유주의자 작가의 대화는 그 대담의 암묵적인 토대를 드러낸다.
팔레스타인인들이 살 가치가 있다고 여겨지려면 서구에서 규정하는
특정 정치 성향들을 비난해야만 한다는 것이다. 아니, 우리는
어차피 죽을 운명이니 고쳐 말해야겠다. 애도받을 가치가 있다고
여겨지려면 그래야만 한다. 폭탄은 정치 이데올로기를 식별하지
않는다. 자유주의자와 급진주의자를, 살라프주의자와
세속주의자를, 공산주의자와 자본주의자를, 때로는 한 지붕
아래에서, 데려간다. 저격수가 소총 조준경 속에서 당신의 침실을
발견할 때, 그(혹은 그녀)†는 당신 머리맡의 사진이 나스랄라든
간디든 하이파 와흐비든 신경 쓰지 않는다. 사진이 쓸모 있는 것은
오직 당신의 인품이 재판에 처해질 때뿐이다.

우리는 이런 긴장 속에 존재하고 있다. '착한 놈들'은 우리 중에
무고한 자는 없다고 말하는 '나쁜 놈들'을 향해 열심히 잘 찾아보면
무고한 이도 있다고 쏘아붙인다. 온갖 데에서 그런 말을 듣는다.

---

* 이 말은 원래 아홉 번째 문단에 실렸다가 발행된 그날 삭제되었다. 최초 배포 이후
  기사에 중대한 변경 사항이 있을 경우 독자에게 고지하는 것이 관례이지만 편집자
  주는 달리지 않았다. Kerr et al., "Israel Calls for Evacuation."
† 페미니즘!

백악관 언론 브리핑에서, 유럽연합의 여러 기관에서, 심지어는 우리
동맹의 간절한 논평에서. 팔레스타인인이 전부 하마스는 아니다,
라는 말을. 팔레스타인인이 모두 하마스를 지지하지는 않는다는
것은 사실이다. 하지만 그런 주장의 함의가 무엇인가?
팔레스타인인들을 하마스와 구분함으로써 (혹은 그 조직의
지지자와 반대자를, 조직원과 비조직원을 구별함으로써)
아만푸어는―선해하자면―이스라엘인 출연자에게 팔레스타인인이
인간임을 설득하려 했다. 하지만 그런 시도 속에서 그녀가
암묵적으로 하마스 조직원들과 지지자들에게 사형선고를 내린다고
말할 수 있을 것이다. 그녀가 "하마스 이야기는 아니"라고 강변하는
것은 결국 정치적 스펙트럼을 가로질러 이스라엘과 미국 양 사회를
떠받치고 있는 믿음, 곧 팔레스타인인들이 사전에 승인된
사회정치적 성향을 수행하지 않는 한 그들을 인간으로 대접할
의무조차 없다는 믿음에 충성을 맹세하는 것이기 때문이다.

아만푸어와 인터뷰를 하고 한 주 뒤, "굉장히 생각이 깊은" 그
자유주의자 작가는 일본의 한 텔레비전 방송에 출연해 저 정착자
국가가 "스스로를 방어하기 위해 핵 역량을 포함해, 가진 모든
무기를 쓸 수 있을 것"이라고 주장했다.[42]

물론 여느 곳과 마찬가지로 팔레스타인에는 '비정치적인' 혹은 스스로를 그렇게 규정하는 이들이 있다. 누군가는 양쪽 다 잘못이 있다고 생각하는 의료인, 객관성이라는 신화를 비웃지 않고 정말로 믿는 언론인이 있다고 말할 수도 있겠다. 하지만 '중립성'은 무고함의 표지가 아니며 안전을 보장하지도 않는다. 사실, 당파적이지 않은 이와 당파적인 이, 혹은 연좌제식으로 당파적으로 여겨지는 이까지도, 정착자 폭력에 취약하다는 점에서는 똑같다. 우리가 오직 비정치적이라 여겨지는 이들에 대해서만 구조를 서두르는 듯하다는 점만 다르다. 조직원이 (혹은 조직원 혐의를 받는 이가) 표적일 때에는, 그들의 부름에 응하는 것보다 그들의 혐의를 부정하는 일이 먼저다.

가자 지구에서 인종학살이 이어진 지 몇 달째, 이는 "근래 역사에서 언론인이 가장 많이 죽은 분쟁"이라 불린다. 이스라엘 점령군은 하마스와 연계되어 있거나 하마스가 운영하는 언론 기관에서 일하는 언론인들을 공공연히 "합당한 군사 표적"으로 간주했다. 이스라엘 점령군 수석 대변인은 기자들에게 "[알아크사 TV]에서 일하는 것과 하마스 무장 세력에 소속된 것은 '차이가 없다'"라고 말하기까지 했다.[43] 이 말은 고(故) 시린 아부 아클레가 "카메라로 무장"하고 있었다던 다른 군 대변인의 말을 생각나게 한다.[44] "가자에서 사망한 언론인의 3분의 1이 테러리스트 집단들과 연관되어 있다"라는 제목의 《주이시 인사이더》 기사도 떠오른다.[45] 그런 제목으로 언론인들이 언론인 살해를 정당화한다.

팔레스타인을 옹호하는 많은 이들이 자동적으로, 마치 정치 성향이라는 것이 세상 어디에서나 외따로 존재하기라도 하는 양, 살해당한 팔레스타인 언론 노동자를 그들의 추정되는 정치 성향에서 떼어내려 한다. 우리에게는 식민주의와 점령에 맞서 싸우는 게릴라 전투원들과 거리를 둘 것이 요구되는 반면,

시온주의자 군인들—식민자이자 점령자들—은 크게 문제시되지도 철저히 검증당하지도 않고 보도국이나 언론 감시 기구에서 일할 수 있다. 예로 《악시오스》에서 이스라엘 정세를 보도하는 정치부 기자 바락 라비드는 국제 언론사에서 일하는 동안 2023년 3월까지 이스라엘 점령군 예비역이기도 했다. 《애틀랜틱》편집장인 제프리 골드버그는 제1차 인티파다 당시 미국에서 다니던 대학을 그만두고 이스라엘 점령군에 자원입대했으며 악명 높은 켓시오트 수용소에서 소위 교도소 상담사로 일하던 중에 친구가 수감자를 폭행하는 것을 목격하고도 거짓말로 감싼 전적이 있다.[46] 이스라엘군과 엮여 있는 특파원들은 이스라엘 군사 장치에 참여했거나 호의적이라고 죽임당하는 일은 물론 이 '분쟁'과 밀접한 관계에 있다고 문제 제기 당하는 일조차 없다.[47] 그들은 인간화될 필요가 없다.

실상, 그들은 종종 그저 인간 정도가 아니라 그 이상이다. 《뉴요커》는 가자에서 인종학살을 벌이고 있는 이스라엘 점령군 병사들을 칭찬하며 "그들은 우리 아이들이다. [……] 그들이 곧 우리다"라고 말한, 그들의 말로는 "왼쪽"이라는 한 언론인을 거리낌 없이 인용했다.[48] 당신이 《뉴욕 타임스》의 피점령지 예루살렘 특파원인데 이사벨 커슈너처럼 아들 둘이 이스라엘 점령군에 복무하고 있다면, 그 점은 당신이 '분쟁'을 보도하는 데 어떤 영향을 미칠까?[49] 당신의 배우자가 커슈너의 남편*처럼 정착자 국가의 "선도적 안보 싱크탱크"[50]인 [이스라엘 텔아비브대학교의] 국가안보연구소(INSS)에서 "언론을 통해 이스라엘에 대한 긍정적인 이미지를 형성하는"[51] 프로그램을 총괄하는 직무를 맡고 있다면, 당신은 기자로서 공정성을 어떻게 유지할 수 있을까? "커슈너가 2009년 이후 작성하거나 참여한 기사들을 검토해보면 그녀가 역내 사건들에 대한 싱크탱크의 분석을 참고할 때

---

* 그의 이름은 허시 굿맨(Hirsh Goodman)이다.

압도적으로 INSS에 의지하고 있음을 알 수 있다."[52] 기자들이
팔레스타인 민족을 상대로 인종학살을 벌이고 있는 기관과
직접적으로 연관되어 있는 사례는 허다하다.* 팔레스타인인들로
말하자면, 우리에게는 완전히 다르고 불가능한 기준이 적용된다.

팔레스타인인이 인간으로 여겨지려면 언론인이 되는 것으로는
부족하다. 반드시 '관계가 없어야' 한다. 그렇지 않고서는, 시온주의
논리에 따르면, 애도받거나 공식 통계에 들 수 없다. 그들을
도륙하는 것은 축하할 일이다. '무관'해야 한다는 실현 불가능한
요구는 팔레스타인을 한층 더 조각낸다. 우리를 갈라놓는 것은 식민
국경과 인위적으로 만들어진 지형만이 아니다. 한 직종 내에서도
우리는 합법적인 표적과 불법적인 표적으로 나뉜다. 팔레스타인
민족이 서로를 적대케 하는 현실은 이렇게 만들어진다. 우리 중
누군가는 평판 좋은 외국 기관에서 일하고, 또 누군가는 현지 기관,
'하마스에서 운영하는' 기관에서 일한다. 그 결과, 우리는 예외적인
것을 찾고, 그것을 인용한다.

내가 "우리"라고 하는 것은 이 비판에 나 자신도 포함되기
때문이다. 앞에서 오마르 아사드의 이야기를 쓰면서 나는 한동안
군인들이 그를 폭행했다는 것을 증명하는 믿을 만한 출처를 찾아
시간을 낭비했다. 무언가가, 아마도 깊숙이 자리 잡은, 학습된 행동
혹은 구석구석 배어 있는 무의식적인 충동이 그가—묶인 채, 재갈을

---

* 전 《뉴욕 타임스》 예루살렘 지국장 조엘 그린버그(Joel Greenberg)는 이스라엘
  점령군에 복무했다. 마찬가지로 《뉴욕 타임스》 예루살렘 지국장을 지냈으며
  《블룸버그 뉴스》(Bloomberg News) 중동 지역 선임 편집자인 이선 브로너(Ethan
  Bronner)는 이스라엘 점령군에 복무한 아들이 있다. 《뉴욕 타임스》에 글을 싣는 보수
  칼럼니스트 데이비드 브룩스(David Brooks) 역시 이스라엘 점령군에 복무했던 아들이
  있으며, 《뉴욕 타임스》에서 운영했던 블로그 '닷 어스'(Dot Earth)의 필자 앤드루
  레브킨(Andrew Revkin)도 마찬가지다. 다음을 보라. Electronic Intifada, "New York
  Times Fails"; Weir, "US Media and Israeli Military"; Weisberg, "David Brooks";
  Revkin, "My Stroke of Luck."

문 채, 눈이 가려진 채—추운 데 내버려졌다는 것만으로는
부족하다고 내게 말했다. 그는 폭행도 당했어야 했다. 머리를
싸매고서 책에 이 모든 논지를 펴고 있으면서도, 그의 죽음에 또 한
겹의 잔혹성을 덧붙이기 위해 기사들을 샅샅이 살펴보았다. 하지만
우리가 시린 아부 아클레에게, 오마르 아사드에게, 힌드 라잡에게,
모함메드 아부 크데이르에게 한 것과 같은 일을 할 때, 사랑으로,
그들에 대한 애도를 합법화하려는 절박한 심정으로 그리할 때,
우리는 부지중에 그들을 살해한, 애초에 그들을 살해해도 되는
존재로 만든 식민 논리를 강화하게 된다.

우리 중 시린의 여권을 높이 들지 않은 이들, 명예훼손 재판에서 무죄의 증거인 양 흔들어대지 않은 이들은 다른 것을 내밀었다. 그녀가 팔레스타인인이라는 죄를 면하게 하려고, 피로 물든 그녀의 조끼와 헬멧을 몇 번이고 거듭 언급했다. 그녀가 살해당한 그날, 이스라엘군은 라말라 가까이에 있는 알비레시에서 열여덟 살 타에르 야주리를 죽였고,* 제닌에서는 열여섯 살 아헤드 메렙을 인간 방패로 썼다.[53] 그날, 그들은 예루살렘 옛 도심에서 병사를 찌르려 했다는 혐의를 씌워 스물세 살 라미 스루르에게 총을 쏘았다.† 셋 중 기자 조끼를 입은 이는 없었으므로, 이들은 소모품 신세를 벗어나지 못했다.

하지만 시린 아부 아클레는—기자 조끼를 입고 헬멧을 쓰고서도— 중립적인 구경꾼이 아니었다. '카메라로 무장한' 그녀는 진실을 밝히는 데 수십 년을 바쳤다. 그녀는 뼛속들이 우리에 속했다. 그녀는 우리가 웃을 때 웃고 우리가 울 때 울었다. 그런데도 그녀를 그녀의 민족과 떼어놓을 이유가 있는가. 그녀를 파티마, 레일라, 라스메아, 칼리다, 달랄과, 다양한 방법으로 점령에 저항했던 수많은 여성들과 갈라놓을 이유가 있는가. 제닌에서 시린의 관을 따라 행진하던 한 여성은 촬영 중인 언론인들에게 이렇게 증언했다. "[시린은] 건물 잔해 사이에서 순교자들을 찾고 있었어요 [⋯⋯] [2002년에 이스라엘이] 제닌 난민촌을 습격한 때였죠. [⋯⋯] 그녀는 제가 아이들을 찾는 걸 도와줬어요."[54]

2021년 7월에 올린 페이스북 게시물에 시린은 거의 예언에 가까운 한 문장을 적었다. "어떤 부재는 크나큰 존재감을 가져온다." 정말로, 그녀의 부재는 팔레스타인 민족이 계급, 종교, 젠더, 정치적 배경을 막론하고 하나로 뭉치게 했다. 팔레스타인인들은 그녀의

* "٢٠٢٢/أيار/١١. تشييع جثمان الشهيد الفتى ثائر اليازوري" وكالة معًا.

† "٢٠٢٢/أيار/١٧. قرار بالإفراج عن الطفل المصاب رامي سرور" بوابة الهدف الإخبارية.

동료 하나*가 "최근 팔레스타인 역사에서 가장 긴 장례식 [……]
40[킬로미터]의 사랑"이라고 칭한 장례식을 치러주었다.
예루살렘의 장례 행렬은 그녀의 죽음을 애도하고자 조직된 네 번째
행진이었다. 나머지 세 번은 나블루스와 라말라, 그리고 이스라엘
저격수가 그녀를 살해한 제닌에서 열렸다.

예루살렘에서는 장례식에 수십만 명이 참석했다. 녹색 신분증을
가진 이들은 몰래 장벽을 넘어 서안 지구에서 들어왔다. 1948년에
점령당한 팔레스타인 각지에서 사람을 가득 실은 버스들이
모여들었다. 낯선 이들끼리 포옹과 위로를 주고받았다. 성요셉
병원에서 가톨릭 교회로, 야파 문을 지나 그녀가 안장된 묘지까지
행진했다. 성도(聖都) 곳곳에서 팔레스타인 기 수십 장이 나부꼈다.
비할 데 없는 진풍경이었다. 진압봉에 멍이 들어도, 온 땅이
아랍어로 말했다.†

구호를 외치는 군중이 우리의 도시, 지난 수십 년간 식민지는
급속히 팽창하고 팔레스타인의 존재는 쪼그라들어온 그 도시를
둘러싼 싸움의 새 장을 열어젖혔다.‡ 잠시였지만, 그녀의 장례식은
우리를 찬란한, 해방된 미래로 쏘아 보냈다. 모두가 거기 있었다.
집에만 있는 사람들, 기술자들, 투석꾼들, 자칭 비정치적인 행인들,

---

* 알 자지라의 라니아 자바네(Rania Zabane).

† 너무도 유명한 1960년대 노래 「엘 아르드 브티트칼림 '아라비'」(El ard btitkallim
'araby', الأرض بتتكلّم عربي)를 염두에 두었다. 이집트의 작곡가이자 가수인 사예드
마카위(Sayyed Makkawi)의 노래로, 가사는 이집트 시인 푸아드 하다드(Fouad
Haddad)가 썼다.

‡ 이런 식으로 모이는 것은 근년간 팔레스타인인들에게는 금지된 일이었다. 2014년에
이스라엘인 세 명이 열여섯 살 모함메드 아부 크데이르를 납치해 살해하고 불태운
후로 예루살렘은 점점 원래의 모습을 잃기 시작했다. 이스라엘 경찰과 무스타리빈
(Musta'ribeen, 이스라엘 군경의 위장 첩보 부대로, 공작원들이 팔레스타인인같이
입고 말하며 군중에 섞여들어 체포와 폭행을 하는 것으로 유명하다)의 철저한 감시와
박해로 인해, 팔레스타인인들의 정치적 혹은 사회적 집합은 거의 존재하지 않게
되었다. 2021년 단결 봉기(Unity Uprising) 당시, 상의를 벗은 청년들은 다마스쿠스

구급대원들, 학생들, 나이 많은 버스 운전수들, 성직자들. 그 순간만큼은, 상처도 아프지 않았고 징역형도 문제가 아니었고 최루가스도 별것 아니었다. 그 순간만큼은, 시린 아부 아클레가 예루살렘을 해방시켰고, 예루살렘은 순교자에게 걸맞은 장례식으로 그녀에게 보답했다.

문—한때 예루살렘의 약동하는 심장이었으나 지금은 감시 카메라, 군대 감시 탑, 언제든 사람들을 두들겨 팰 준비가 되어 있는 경찰로 더럽혀진 곳—에서, 앉아 머물며 먹고 노래하고 시위할 권리를 위해 중무장한 병사들과 맞섰다. 같은 해 라마단 기간에 팔레스타인인들은 예루살렘 최고의 성역 중 하나일 뿐 아니라 팔레스타인 사회·정치·교육 활동의 중심지이기도 한 알아크사 모스크 일대의 지위를 지키기 위해 싸웠다. 시린 아부 아클레의—야파 문에서 열린—장례식은 공적 공간의 탈환을 뜻한다.

    완벽한 피해자

4

추궁받는 삶

그러고는 결론 내렸습니다, 이 세상에서 가장 비천한 이와
견주어도 제가 조금도 나을 게 없다고 말입니다.
—유진 V. 데브스[1]

침팬지 무리들은 서로 전쟁을 벌인다. 까마귀는 도구를 만들어
쓴다. 돌고래는 서로 대화하고 우리에 대한 이야기를 나눈다. 여러
가지 방언과 '인간'을 뜻하는 다양한 어휘가 있다(그중 일부는
비속어다). 그러니까 우리를 지상을 돌아다니는 다른 피조물들과
구분해주는 것은 언어가 아니라는 말이다. 지성도 아니다. 정서—
복잡하고 섬세한 정서—야말로 인간을 독특한 존재로 만든다,
라고들 한다. 우리가 어떻게 우리 감정을 정제하거나 왜곡하는지,
어떻게 구조화하는지, 어떻게 우리의 다층적이고 순환적인 내면의
삶을 체계화하는지, 어떻게 찰나에 표출되는 것들을 예술, 정책,
독으로 만들어 영원히 남기는지가 우리를 특별하게 만든다고. 혹은,
우리가 스스로에게 그렇게 말하는 것이거나.

인간화의 틀에서 팔레스타인인들은 '인간 특유의 감정들'을 완전히
박탈당하지는 않지만, 팔레스타인인의 정동적 허용치—공개적인
표출이 허용되는 정서의 범위—는 극도로 제한되며 '잘못'으로
여겨지는 일이 생길 때마다 줄어든다. 환대는 허락된다('이송의
설계자' 요제프 바이츠*는 일기에 훗날 그가 훔친 집에서 자신을
맞아들여 음식을 대접한 의심 없는 팔레스타인인들에 관해

---

* 요제프 바이츠(Yosef Weitz, 1890-1972)는 1908년에 팔레스타인에 정착한 폴란드
유대인으로, 후일 유대민족기금(Jewish National Fund, JNF) 토지·조림 부서 책임자를
맡았다. '아랍 문제' 해결을 위해 만들어진 제1·제2 이송위원회(Transfer
Committee)의 위원을 지냈다. '이송의 설계자'(Architect of Transfer)—여기서
'이송'은 인종 청소의 완곡한 표현이다—로 알려져 있는 바이츠는 나크바 동안
팔레스타인 선주민 인구 강제 추방에 핵심적인 역할을 했다. JNF에서 주민들이
쫓겨난 팔레스타인 마을들에 숲을 조성해 폐허를 감추는 일을 맡아,
이스라엘인들에게는 '숲의 아버지'라는 애정 어린 별칭으로 불리기도 한다.

적었다*). 평화적(혹은 순종적)이고 관대해야 한다는 말을 수없이
듣고, 그럴 때에만 관용의 대상이 된다. 온순해야 하고, 땅은
물려받을 수 없다. 미래는 허락되지 않는다. 우리는 야심 차거나
교활해질 수 없고, 주권이나 복수를 열망할 수도 없다. 복잡함과
모순적인 감정을 가질 권리, "속에 여럿을 품을" 권리를 빼앗긴다.†
우리의 슬픔에는 이빨이 없다. 어쩌면 격해질 수야 있지만
('팔레스타인 거부주의'를 보라) 투쟁성과 호전성—우리를 억압하는
이들에게는 낯선 개념인 모양이다—은 우리를 한 번 더 인류
바깥으로 내쫓는다. 우리에게 기대하도록 허락된 유일한 것은,
하루의 끝이다.

*　יוסף ויץ, יומני ואגרותי לבנים.

† 월트 휘트먼(Walt Whitman) 혹은 무언가. [원문은 "contain multitudes"로 월트
　휘트먼의 시 중에서는 「나 자신의 노래」(Song of Myself)에 나오는 문구다.]

**1973년에 쓴 타하 무함마드 알리*의 대표작이자 숨 막히게
아름다운 시** 「압드 엘하디는 막강한 힘에 맞서 싸운다」에서 작가는
배심원단에게 글을 모르는 자신의 '의뢰인' 압드 엘하디가 단 한
번도 나무를 베거나 소를 도살하거나 "《뉴욕 타임스》를 뒤에서
험담하지" 않았다고, 오로지 환대를 표하기 위해서만—
"들어오시오/ 신께 맹세컨대, 들어오셔야 하오"라고—목소리를
높였다고 말한다.† "항공모함 엔터프라이즈호‡의/ 승조원 전원"을
만난대도 그 특수부대원들에게 한사코 아침을, "달걀을/ 반숙으로
부치고/ 막 꺼낸 신선한/ 라브네와 함께" 대접하마고 할 것이라고.[2]
나는 압드 엘하디 여럿을, 관대하기로 소문난 온화하고 서글서글한
남자들을 알고 있다. 사랑하는 내 아버지가 가장 먼저 떠오른다.
삶은 달걀과 후무스를 더 좋아하긴 했지만.

우리가 압드 엘하디들의 민족이기를 기대하는 세상에 산다는 게
얼마나 고된 일인지. 런던경찰국에서 나를 찾았던 날,** 런던의
어느 술집에서 대부분 언론사에서 일하는 친구 몇과 이 좌절감에
대한 이야기를 나누었다. 난데없이 그런 기분이 든 게 아니었다.
우리 모두와 친구인, 가자에서 시온주의자들의 손에 가족

---

*   팔레스타인의 시인, 단편 작가. 1931년, 시온주의 군대가 들어와 파괴하고 주민들을
    내쫓기 전의 갈릴리의 사푸리야에서 태어났다. 1948년에 추방되어 레바논으로
    갔으며, 2011년에 피점령지 팔레스타인의 나자렛에서 사망했다.

†   이 시의 공식 영역본은 "들어오시오"(come in) 앞에 "부디"(please)를 집어 넣었다는
    점을 특기해둘 만하다. 어쩌면 원어 تفضل(트파달)의 온기를 전하기 위해서였을
    것이고, 어쩌면 압드 엘하디를 원래보다 더 유순하고 상냥하게 만들려는 시도였을
    것이다. 트파달은 다른 맥락에서는 "여기! 이거 받아!"라고 공격적으로 말하거나
    "저것 좀 봐"를 빈정대는 말투로 말할 때 쓰이기도 한다. 축자적인 뜻은 "저희와
    함께하는 은혜를 베풀어주십시오" 같은 말에서의 '수여하다', '하사하다'로,
    정중함부터 빈정댐까지 다양한 어조를 담을 수 있다.

‡   미 해군 항공모함. 역사상 가장 길고 최초로 핵무기를 탑재한 군함이다. 쿠바 미사일
    위기나 베트남 전쟁부터 이라크 전쟁, 아프가니스탄 전쟁까지, 제2차 세계대전 이후
    미국의 제국 전쟁 대부분에 투입되었다.

** 이에 대해서는 뒤에서 자세히 이야기하기로 한다.

스물한 명을 잃은,* 아흐메드 알나우크†는 소셜 미디어에 유대인을
미워하지 않는다고 적었다. 내가 불평하고 있는 이 세계의 작동
원리는 앞 문장에 끼어 있는 삽입절의 작동 원리와 같다. [영어의
어법에서] 쉼표 사이에 들어가는 말은 없어도 되는 정보를
전달한다. 삽입절을 지워도 문장은 여전히 온전하고 문법적으로
올바르다. 이 경우, 잔해 아래에 묻혀 있는 아흐메드의 친척 스물한
명은 그저 그가 유대인을 미워하지 않는다는 요점에 딸린 하위절이
된다. 우리보다 그들의 마음을 편하게 하는 것이 먼저라는 뜻이다.
냉장고가 텅 비었어도 아침은 반드시 대접해야 한다는 뜻이다.

잔혹 행위에 대한 우리의 반응은 폭력적이건 비폭력적이건, 남을
위한 것이건 대갚음이건, 문제의 진원처럼 보이도록 매만져져
신문에 인쇄된다. 헤드라인이 된다. 정치인들은 잔혹 행위에 대한
우리의 반응을 자신들이 얼마 전에 부도덕한 정책을 내놓은 이유로,
지구가 지축을 중심으로 자전하는 이유로 들이밀곤 한다.
전투적으로 대응한다면 특히나 그렇다. 우리가 아무튼 잔혹 행위를
당했다는 것 자체는 우리의 처신이나 성향과는 별 관계가 없는
부차적인 세설일 뿐이다. 10월 7일의 일을 '분쟁'의 기원인 양
취급하는 주류 언론과 소위 국제사회를 생각해보라. 연단을, 서가를
생각해보라.

2009년에 이스라엘 군인들은 가자 지구를 급습하면서, 단번에,
한 남자의 세 딸을 살해했다. 그 아버지는 나중에 『그러나 증오하지
않습니다』라는 책을 썼다. 도서 카탈로그의 소개문에서 출판사는
살해당한 아이들을 언급도 하기 전에 이 아버지가 "하버드에서

---

* 나중에 만났을 때 아흐메드는 스물한 명이 훨씬 넘는다고, "솔직히, 세기를
  그만뒀어"라고 말했다.
† 아흐메드 알나우크(Ahmed Alnaouq)는 가자 출신 팔레스타인 언론인이자
  우리는숫자가아니다의 공동 설립자다.

수학한” 의사로, “의학 그리고 이스라엘인과 팔레스타인인의
화해에 헌신해왔고 [……] 거의 한평생 이스라엘인과
팔레스타인인을 갈라놓는 모래 위의 선을 넘나들며” “선 양쪽의
환자들을 모두” 치료했다고, 그가 “여성 교육이 중동이 나아가야 할
길”이라고 생각하는 “인도주의자”라고 강조한다. 아마도 독자를
준비시키는 것일 테다. 딸들은 그다음에 나온다. 그러고는 다시
한번, “복수하려 하거나 증오(hatred)에 빠지는 대신” 그는 “그곳에
있는 사람들에게 서로 대화를 시작하자고 호소한다”라며 독자를
안심시킨다.

가족을 잃은 이 남자는 하버드에서 수학했고 가족을 잃은 저 남자는
고결한 마음씨를 지녔다. 그들이 겪은 사별은 논외로 두는, 잔인한
농담이다. 이 남자들은 위안을 받는 것이 아니라 준다. 그리고
텔레비전으로 중계되는 이 장례식을 엿보는 이들은 그 대가로
조건부의 위안을 내놓는다. 다시 한번 말하건대, 팔레스타인인은
오로지 송곳니를 뽑혀야만 말하고 서사화될 수 있다. 기껏해야
가장자리에 걸쳐지는 서사지만 그래도 서사이기는 한, *당신이나 나
같은* 인간으로서의 팔레스타인인의 이야기란 팔레스타인인을 그의
존재에 서사가 없는 세계로, 또는 더 엄밀히 말해 그가 자술하는
것이 아니라 타인들의 규정 뒤에 놓이는 세계로 옮겨두려 하는
이야기다. “[이븐 시나]와 이븐 칼둔 이후로” 우리는 “정신의
이론”을 생산할 능력이 없다고들 하던데, 그래서일까?[3] “우리에게는
유명한 아인슈타인도, 샤갈도, 프로이트나 루빈스타인도”
없어서일까? 그런 이들이 있었다면 “찬란한 성취의 유산”으로
우리를 악명으로부터 지켜주었을까?[4] 아니면 꼴사나운 자책보다
조금은 더 세련된 다른 답이 있을까?

우리의 악명을 가득 채우고 있는 규정들은 신화와 피해망상으로
인해 분열되어 있다. 그에 답하는 우리의 말들은 종종 연고—

심지어는 고용량 리튬—노릇을 한다. 우리 쪽 엘리트들과
엘리트주의자들은 물론 심지어 선의를 가진 동맹들도 (대중을
설득하기 전에) 스스로에게 팔레스타인인들도 당신이나 나와 다를
바 없다고, 아내를 사랑하는 다정한 아버지들이라고, 통념과는 달리
반려동물로 (소가 아니라) 개를 키운다고, 우리가 알다시피
아랍인들의 정신을 물들이고 있는 그 군중심리에 불만이 있다고
말한다. 팔레스타인인들은 그들의 도플갱어가 될 수 있다. "맹렬히
읽고 쓰며, 잘 차려입고" 교양을 흉내 낼 수 있다.[5] 베토벤도 좀
연주하고, 와인도 좀 마시고, 혼전 섹스도 좀 하고* 하면서
엘리트들과 공감대를 이루고 어울릴 수 있다. 그런데 우리의 거울에
비친 우리 모습이 미국인이나 유럽인은 아니라면, 그런 사실을
극복할 수 있을 만큼 예외적이어야 한다. 우리는 제 입에 든 음식을
꺼내서라도 당신을 대접한다. 거울 속 우리의 모습이 당신을 빼닮지
않았다면, 우리는 아낌없이 주는 나무만큼이나 너그러운,
신만큼이나 관대한 초인이 된다.

'공감대를 이룰 수 있음'에 관해 이야기되는 것들은 자민족
중심주의에 지나지 않는다. 내가 당신의 특성에 비견될 수 없다면
나는 이해할 수 없는 존재가 되며, 그 불투명성은 나를 열등할 뿐
아니라 쓰고 버리면 되는 존재로 만든다.[6] 그리고 예외적인 면으로
묘사되는 이들—살인범을 용서하는 유가족들, 모욕당하고도
대거리하지 않는 이들—에게는 목이 타는 이들이 말라붙을 때까지
내버려두는 신기루가 보장된다.

2012년 언젠가, 예루살렘의 살라 알딘 거리에 있는 어느 서점에서
『그러나 증오하지 않습니다』를 집어 들었던 때가 기억난다. 익숙한
이야기였다. 바로 그 이야기를 들었던지, 똑같이 충격적인 다른

* 어머니, 저는 한 번도 안 했어요.

이야기를 들었던지 분간이 되지 않았다. 이 아버지가 소식을 접했을 때 느꼈을 고통, 언제이고 그 순간을 다시 살 때 느끼게 될 고통을 가늠할 수도 없었다. 하지만 압드 엘하디의 얼굴, 내 아버지의 얼굴을 한 그의 모습이 그려졌다. 서글서글한, 온화한, 기근에도 잔치를 벌일 줄 아는 얼굴이 그려졌다.

열서너 살 때였을 것이다. 안 되는 영어로 뒤표지에 적힌 홍보 문구를 해독해보려 애를 쓰다 크고 굵은 대문자로 적힌 제목에 눈이 멎었다. 증오하지 않으리. 그런 생각을 했다. 자기 딸을 죽인 사람을 증오한들 뭐 어째서? 그러면 어떻게 되는데?

마키아벨리적, 오웰적, 카프카적 등등. 역사는 명사를 형용사로
바꾸는, 그러면서 그 명사에서 수많은 의미를 지워버리는 버릇이
있다. 죽는다는 것은 아마 그런 일인가 보다. 삶의 종착지는 결국
딱 하나의 뜻만 갖는 이름을 남기는 것이고, 복잡다단했던 생애는
사람들의 기억 속에서 하나의 점으로 요약된다.

런던의 어느 술집 테이블에 앉았던 그날, 영국 좌파 언론인인 한
친구는 여자 형제 둘을 제외하고 온 가족이 살해당한 데 대한
아흐메드의 반응을 두고 "매우 인간적"(so human)이라고 말했다.
깊이 생각해 고른 단어는 아닐 것이다. 그의 정치적 관점은
건전하다. 그의 이력이 증명한다. 망설임 없이 우리 눈을
들여다보는 친구다. 이런 발언은 그저 활동가 말투가 나온 것일
뿐이다. 그다지 잘못 말한 것도 아니다. 오히려, 우리를 우리가
폭력적으로 쫓겨난―인간이라는―범주로 되돌려놓으려는 대위법적
충동에서 비롯된 행동이다. 아흐메드는 실제로 내가 만나본 가장
친절하고 가장 원칙주의적인 사람에 속한다. 인내심의 귀감,
경외심을 불러일으키는 평정심의 모범이다. 하지만
"인간"(human)은 형용사가 아니며, 칭찬은 더더욱 아니다.

혹자에게는 잘못 쓴 형용사에 집착하는 것이 별것 아닌 의미론
놀음같이 들릴 수도 있을 것이다. 하지만 말을 어떻게 이해하는지는
그것과의 관계를, 지극히 중요하며 한 사람의 세계관을 형성하고
행동을 바꿀 수 있는 관계를 규정한다. 언어란 지식의 매개체이며
지식은―잘 알려진 격언대로―힘, 정치적 힘, "힘을 행사하는
사람과 그 대상 사이의 심리적 관계"다.[7] 이 격언을 받아들이면,
우리의 수사를 벌집으로 만드는, 자초한 듯 보이는 상처들의
원천을, 우리가 무언가 말하기 전에 외는 서설의 기원을 알아챌 수
있다. 그것은 바로 담론에 대한 식민자의 지배다.

우리의 적들은 무리드 바르구티가 "간단한 언어적 술수"라 칭한
것을 써서 세상을 뒤집어놓는다. 먼저 무슨 일이 있었는지를 말하지
않고 "다음으로"에서 이야기를 시작한다.[8] 바르구티는
"'다음으로'에서 이야기를 시작하라"라며, "그러면 레드
인디언들의 화살이 최초의 범죄자가 되고 백인들의 총은 순전히
피해자가 된다. '다음으로'에서 이야기를 시작하는 것만으로도"
정당화되거나 심지어는 존경받을 수도 있었을 "백인에 대한 흑인의
분노를 야만적인 것으로 만들기에 충분하다"라고 쓴다.[9] 현실을
알기 어렵게 만들 수 있다는 데에서 이 사소해 보이는 언어 놀음이
얼마나 위험한지 알 수 있다. 그러나 더 중요한 것은, 언어에는
설명하고, 분명히 밝히고, 바로잡고, 해방시키고, 맞서는 변혁적
잠재력이 있다는 점이다. 의식에 스며들고 집단의 행위에 파고들,
"한 문명의 무게를 지탱할" 잠재력이 있다는 점이다.[10] 언어는,
지배할 수만 있다면, 우리의 이름 없는 속삭임을 우레 같은
선언으로 바꿀 수 있다.

아흐메드가 점령이 그의 가족을 폭살하고 겨우 며칠 만에
반유대주의를 거부한다고 선언하기로 했다는 것(혹은 그래야
한다는 압박감을 느꼈다는 것)은 그에 대해 많은 것을 말해준다.
다른 사람들이 알아볼 수 있을 많은 것을 말해준다. 그의 동기를
따져 물을 생각은 딱히 없다. 반대급부를 계산한 게 아니라 순수한
동기에서 그랬다고 확신한다. 그 개인을 넘어, 우리는 개인에게
가해지는 외적·내적 압박을, 그런 행동을 할 수밖에 없게 만드는
전 지구적 맥락을 이해해야 한다.

우리는 어쩌다 세상이 우리에게 심지어 굶주리면서도 환대하기를
요구하도록 용납하고 만 것일까? 무엇이 편견을 반박하는, 때와
맥락에 맞지 않는 대목을 부고 기사의 핵심인 양 보이게 만드는
것일까? 비방이 틀렸음을 입증하는 것이 우리가 이 세상을 거니는

유일한 이유일까? 우리는 팔레스타인인의 이름에 따라붙는
인종주의, 특히 정책과 지침에서 나타나는 인종주의에 관해
말하지만, 그 심리적 대가 또한 고려해야 한다. 우리는 그러한
비방이 팔레스타인인의 정신에 가하는 타격을 이해하는가? 일생을
추궁받으며 보낸다는 것이 우리 시선에 어떤 영향을 미치는가?
그것이 우리의 상호작용과 관계를 어떻게 이끄는가? 테러리스트의
유산과 단절하려 애쓰는 와중에 무의식 속에 정착자들을 기르지는
않았는가?

아흐메드가 호의를 표현한 것은 우아하고 관대한 일일지도 모른다.
그 모든 일이 있었음을 생각하면 초인적인 일이기도 할 것이다.
하지만 그것은 "인간적"이라고 할 수 없다. 그에게, 우리 모두에게
너무 많은 것을 요구하기 때문이다. 정확히 말하자면 우리 중
'인간이 되고' 싶은 이들에게 너무 많은 것을 요구하기 때문이다.
그렇게, 우리 의식 속에 존재하는 인간성이라는 복잡하고 다단한
조건은 난도질당해 도달 불가능한 천사 같은 상태, 짜증나리만치
완벽한 상태를 뜻하는 환원적인 형용사가 되고 만다.

이 의무, 이런 식으로 인간이 되어야 한다는 의무는 사랑하는 이가
살해당해 슬픔에 빠져 있는 이들에게 너무도 큰 짐을 지운다.
상실의 비통함만으로도 괴로운데 파놉티콘의 공개 검증까지 받아야
하니 굴욕스럽기까지 하다. 그뿐 아니라, 팔레스타인인들은 정착자
국가와 그 용병들에게 문자 그대로 감시를 받으며 애도를 표해야
한다.* 또한 식민지가 우리의 애도에서 바람직하지 않다고 여겨지는
것들, 슬픔의 위반적인 징후들을 범죄로 만들기 *위한* 법률을
제정하는 것과 다를 바 없이, 용병들은 그 징후들을 억압하고

---

* 팔레스타인인들에게 있어 이 감시는 물리적인(내가 사는 동네에는 가로등을 하나 더
세우는 정착자가 있고, 내 전화기 소프트웨어 속에는 또 다른 정착자가 도사리고
있다) 동시에 비유적이다(우리는 대중 앞에서는 연기를 하도록 훈련받는다).

처벌하기 위한 제도적 정책을 수립한다. 예로 학계를 보면
'인종학살에의 저항'을 부전공한 어느 최우등 졸업생은 인종학살을
언급할까 봐 저어되어 졸업식 연설을 금지당했다.[11] 한 병원은
"임신이나 출산 중에 아이를 잃은 여성들을 대하는 '빼어난' 업무
능력"으로 불과 며칠 전에 상을 준 간호사를 이번 인종학살이
벌어지는 중에 해고했다.[12] 지구 곳곳의 대학생들이 인종학살에
항의하며 농성장을 꾸리자 대학 본부들은 드라콘적이라고 할
수밖에 없는 조치로 응수했다. 나도 참, 이렇게 명사를 형용사로
쓴다.

캘리포니아주 버클리의 한 호텔 방에서, 친구에게 아흐메드의 이야기를 들려주었다. 어쩌면, 내가 아흐메드의 이야기라고 믿는 것을 들려주었다. 실은 그 이야기의 한 장(章)이라고 할 수도 없는 그저 한 장면, 내 해석을 덧붙인 한 장면이었다. 우리는 왜 사람을 알레고리로 만드는 걸까? 그리고 나는 이 대화에서 어떤 알레고리를 끌어낼까?

캘리포니아대학교 버클리 캠퍼스 농성장에 도착했을 땐 비가 오고 있었던 것 같다.* 몇 달 전부터 잡혀 있던 행사가 있어 마침 학교에 온 것이었는데, 행사를 일찍 마무리하고 참석자들을 농성장으로 안내했다. 시위 중인 학생들 앞에서 연설을 해달라는 청을 받았다. 사기를 올리는 데 도움이 될 것 같다고 했다. 그들에게, 눌변으로, 뭘 하든 중상모략을 당할 거라고, 그리고 아이비리그가 아닌 공립 대학에서 '승리'가 나오길 바란다고 말했다. 전자가 언론에서 과도한 주목을 받고 있다고도 말했다. 누군가가 시와 경찰에 의해 농성장을 철거당한 홈리스들이 학생들의 천막에 와서 자고 있다고 설명해주었다. 그런 속사정을 (물론 언론의 주목을 끌기 위해) 사설로 써야 한다고 생각했다. 교정의 천막촌들은 컬럼비아대학교 농성장에서 한 학생이 내게 말했던 대로 "지상의 천국"이었다. 주린 자들이 먹고 홈리스들이 몸을 누이는 유토피아들, "유대인, 무슬림, 기독교인이 방해받지 않고 기도하는" 미래 팔레스타인의 축소판들이었다.

호텔 방에서 친구에게 '아흐메드의 이야기'를 하면서 그가 나서서 반유대주의를 거부한 일과 술집에서 이어진 대화, 나를 몇 달이나 사로잡았던 그 대화도 언급했다. 우리가 식민 폭력 앞에서

---

* 버클리캘리포니아주립대학교의 자유팔레스타인농성(Free Palestine Encampment)에서는 이스라엘의 아파르트헤이트와 인종학살을 지지하고 재정적으로 지원하는 기업들에 대한 대학의 투자철회를 비롯해 네 가지 요구안을 걸었다.

터무니없이 유순한 성향을 내보여야 한다는 그 요구뿐 아니라,
아흐메드가 욕이라도 했더라면 피해자 자격을 잃었으리라는 것도
내 신경을 긁었다. 우리 가슴속에 도사리고 있다고 여겨지는 증오가
식민자들의 핵무기보다도 더 큰 우려를 산다는 이상한 사실도
그랬다. 하지만 친구가 보기에 아흐메드는 식민적 요구를 받아들인
것이 아니었다. 그저 팔레스타인인들이 으레 하는 대로 행동했을
뿐이었다. 아흐메드의 고결한 태도는 팔레스타인 문화를 보여주는
것이었으며, 나아가 원주민들의 전반적인 본성을 예증하는
것이었다. 그녀는 우리가 다만 식민자와는 "다른 가치 체계"를 갖고
있을 뿐이라고, 우리가 다른 성격을 갖고 있을 뿐이라고 했다. 나는
그녀가 안에 시인을 품고 있다고 말했다.

그녀는 지금은 미합중국이라 불리는 곳의 선주민족들이 상륙한
정착자들에게 먹을 것을 주었다는 것을, 정착자들은 답례로
천연두와 인종학살을 주었다는 것을 상기시켰다. 이 같은 각각의
행동은 정착자와 원주민의 타고난 성격을 보여준다. 혹은
그렇다고들 한다. 그녀는 이를 "가정교육을 못 받은 천성"이라
불렀다. 요제프 바이츠가, 그가 크리스토퍼 콜럼버스와 얼마나
닮았는지가 떠올랐다. "대체적으로, 우리로 하여금 달리 움직이게
하는, 세계에 대한 다른 접근법, 다른 세계관이 있어. 우리의 결함은
달라"라고 그녀가 말했다. "우리의 결함은 다른 사람들을
복속시키고자 자신의 가장 나쁜 면을 주입하고 체계화하는
위치로까지 우리를 끌고 가지 않아." 우리는 인지적으로 아예 다른
존재다. 에메 세제르의 말을 빌리자면 "식민지를 만드는 나라는
[……] 이미 병든 문명이다".[13] 그렇다면 아마도, 시가 아닌
모양이다. 아흐메드의 행동은 아마도 "정의에 대한 매번의 부정이
[……] 매번의 토벌이" 우리를 "공동체적 [……] 반자본주의적[이고]
민주적"이었던 "우리 옛 사회들의 가치"에 더 가까이 다가가게
한다는 세제르의 예언을 증명하는 것이었던 모양이다.[14]

하지만 원주민은 "우애가 있"고 정착자는 "도덕적으로 병들었"다는 것이 사실이라면,[15] 우리 중에서 도둑질하는 자와 기만적인 자, 인색한 자와 악의 품는 자에 대해서는 무슨 말을 할 수 있을까? 그들은 자유를 누릴 자격이 없나? 우리 도시들의 살인범들과 강간범들은? 탐욕스러운 자들과 부패한 자들은? 그들의 범죄는 그저 환경―빈곤, 식민주의, 인종주의―의 산물이고 그런 환경만 없다면 우리 사회들은 유토피아 같은 곳이 될까? 하지만 어떤 폭력들은 인간의 본성에 깃들어 있나? 이런 서사가 나는 어떻게 묘사할까? 내 집에 사는 정착자들을 향한 나의 분노를 어떻게 설명할까? 내 감정들은 유별나게 이상해서 소위 원주민의 도덕적 권위 같은 것은 버리고 미워하고 보복하려 하는 식민자의 방식을 닮아가는 걸까?

식민주의가 세계를 약탈하고 그 발전을 가로막았다는 사실에 의문이 있지는 않다. 제국주의가 우리의 여러 사회가 아무것도 하지 못하게 만들어왔다는 사실에 대해서도 마찬가지다. '비유럽 문명들'로서 우리가 일관되게 그런 고결한 특성을 체현해왔는지 따지고 싶은 마음도 들지만 일단은 넘어가보자. 역사란 변덕스럽고 정체성도 마찬가지다. 대신, 이런 질문을 해보려 한다. 어째서 그런 논쟁들에서 과거와 현재의 우리 사회들이 지닌 가치관이 문제가 되는가?

특정한 이데올로기적 기획(예컨대 자본주의, 시온주의 등)을 평가하려면, 그 기획의 주체들이 지닌 속성이라 여겨지는 것들이 아니라 그것들이 구체적으로 어떤 모습으로 나타나는지를 토대로 판단해야 하는 게 아닐까? 시온주의는 그것의 구체적인 모습을 통해 가장 잘 정의된다. 시온주의가 행하는 바가 곧 시온주의다. 시온주의가 가장 최근 구현된 모습이 인종학살인데, 이 인종학살에 항의하는 농성촌이 공존의 유토피아든 아니든 무엇이 달라진단 말인가? 원주민을 '존경할 만한' 이들로 제시하는 것은 우선순위가 틀린 일이다. 비판적 검증의 초점을 식민자가 아닌 다른 곳으로 돌리고, 그 결과 식민 기획에 내재하는 부정의를 외면하게 만들기 때문이다. 이처럼 초점을 잘못 잡으면 피억압자들은 이미 보장받아야 마땅한 것들—자유, 존엄, 기본권—을 애써 얻어내야 한다는 함의가 생긴다. 반대로, 원주민이 '존경할 만하지' 않다면, 노예제와 예속은 도덕적으로 지탄받을 일이 아니라 응당 가해질 만한 일이 된다. 이런 오만한 기대만큼이나 식민자의 정신 세계를 잘 보여주는 것도 없다.

아흐메드에게 가해진 폭력을 다시 한번 생각해보자. 스물한 명의 일가친척이 단번에 살해당한 이가 엄청난 규모의 상실 이후에 느낄 수밖에 없는, 이겨낼 길 없는 숨 막히는 슬픔을. 그 어떤 말로도 모자랄 때, '슬픔'이라는 말이 힘을 잃고 '숨 막히다'라는 말이 아무것도 붙들지 못할 때, 당신은 어떻게 될까? 폭격이 달력을 빼곡히 채우는 일상이 된 가자의 230만 팔레스타인인들은 어떻게 될까? 택시가 영구차가 되어야만 하는 나날은 심신에 어떤 영향을 미칠까? 남편이 시신이 되어 들것에 실려와 근무 일정이 틀어진 간호사는 어떻게 될까? 양손에 아들의 조각난 시신을 담은 비닐 봉투를 들고서 배회하는 아버지는 어떻게 될까? 이 죽음이 다 지나가고 나면, 카메라들이 물러가고 혼자 남게 되면, 그에게 무슨 일이 일어날까? 형제의 사지를 가방에 담아 옮긴 소년은 자라서 어떤 남자가 될까? 그가 압드 엘하디가 될지 아부 오바이다*가 될지가 중요한가? 그런 걸로 시온주의에 변명의 여지가 조금이라도 생기는가?

* [역주] 아부 오바이다(Abu Obaida)는 2007년부터 하마스 알카삼 여단의 대변인으로 활동했다. 군복을 입고 케피예로 얼굴을 가린 모습으로 알려져 있다. 이 책이 발간되고 몇 달이 지난 시점인 2025년 8월 31일, 이스라엘은 가자시를 공습하며 그를 사살했다고 발표했다. 하마스는 2025년 12월 29일 자로 그가 사망했음을 공식적으로 확인하고 후다이파 사미르 압둘라 알칼루트(Hudhayfah Samir Abdullah al-Kahlout)라는 본명을 공개했다. 새로 임명된 대변인 역시 아부 오바이다라는 이름으로 활동한다.

그러니 다시 한번 묻는다. 우리네 완벽한 피해자들이 실은 제
가족을 죽인 이들을 경멸한다면? 그러면 어쨌다는 것인가? 과장되고
극단적인 형태로 다시 한번 묻는다. 다윗의 별을 단, 자칭 '유대
국가'의 병사가 당신이 사랑하는 이들을 무참히 살해한 후로 당신이
강박적으로, 비이성적으로 유대인을, 어떤 사람이든 가리지 않고
모든 유대인을 증오하게 되었다면? 그러면 어쨌다는 것인가?
부글거리는 원한이 당신의 피해자 지위를 무너뜨리는가? 그것이 그
병사의 죄를 사하도록 역사를 새로 쓰는가? 그것이 그 범죄를
정당화하는가?

압드 엘하디가 해병대에 아침을 대접한 지 17년 만에, 타하
무함마드 알리는 그에게로 돌아가 「바보 압드 엘하디」라는 새 시를
썼다. 시인이 살았던, 사람들이 다 쫓겨난 마을 사푸리야의 어떤
남자들과 "영화 속 비운의 뚱보 올리버 하디"에게서 영감을 얻어
만든 허구의 인물인 주인공은 이제 그를 대신해 배심원단 앞에서
변론하는 변호사 없이 스스로 말한다.[16] "내가 순진했다." 압드
엘하디의 고백이다. "말과 시를 사랑했고/ 영원히 사라지지 않을/
식사를 꿈꿨다 [……] 내가 어리석었다." 하지만 제1차 인티파다의
정점에서 "봄들이 산 채로 파묻힌 후에/ 수로들이 파괴된 후에"
그는 전투적인, 정치화된, "날 선 증오로 가득 찬" 모습으로 지면에
돌아왔다.[17]

> 나는 세계를 불태우고 싶다
> 그 보드라운 배를
> 찔러버리고 싶다
> 익사시켜서는
> 토막 내어버리고 싶다*

출간된 번역본에서 이 시의 위 연은 과거형으로 옮겨져 있다.[18] 나는
아랍어 원문이 더 잘 드러나도록 시제를 바꾸기로 했다.
영어본에서는 세계를 태워버리고 싶은 압드 엘하디의 욕망이 마치
오래전에 지나간 일인 양, 다른 시절의 유물인 양 제시된다. 문체나
소리를 고려한 선택이었을 수도, 영미권 독자들이 아랍 남자의
폭력적인 상상을 읽으며 느낄 긴장감을 늦추기 위해서였을 수도
있다. 하지만 이것은 압드 엘하디가 이제는 해소된 과거의 증오를

---

*

"أَتَمَنَّى حرق العالم!

أَتَمَنَّى طعنه / في بطنه

أَتَمَنَّى تفكيك الكون / بعد إغراقه"

성찰하는 뉘우침의 시가 아니다. 오히려 시인은 자신의 주인공에게 다층적인 감정과 그 모순적인 성격과 씨름할 자리를 내어준다.

자신에게 가해진 인위적인 재앙에 대한 팔레스타인인의 개별적인 반응들은 오직 팔레스타인인의 개인적인 성향을 보여줄 뿐이다. 우리의 마을과 도시에서 강제로 쫓겨나는 데 대한 반응이든 우리 가족들이 공습당하는 데 대한 반응이든 마찬가지다. 이런 반응들은 누가 죄를 지었는지를 바꾸는 것이 아니다. 따라야 할 기준을 담고 있는 것도 아니다. 부정의에 대한 특정한 반응을 "인간적"이라 칭하는 데에는 다른 반응들은 인간적이지 않다는, 인간 이하라는, 짐승 같다는 함의가 있다. 그런 판결을 내릴 권리는 누구에게도 없다. 사랑하는 이가 살해당한 일에 대해 모두가 늘 똑같은 방식으로 비통해하지 않는다. 비탄은 때로는 우아하고 때로는 복수심에 불탄다. 때로는 숨죽이고 때로는 터져 나온다. 누군가 복수를 꿈꿀 때도, 누군가 복수에 나설 때도 있다. 인종학살에 대해 대개 합리적이든 비합리적이든 분노와 증오를 느끼겠지만, 비탄은 그보다 훨씬 더 복잡하고 모순적이라고 말하고 싶다. 압드 엘하디는 이어서 "내 최대의 변절은/ 이것이다"라고 말한다.

> 어느 아이의 웃음소리가
> 들리자마자
> 혹은 어쩌다
> 흐느끼는 냇물에 닿자마자
> 혹은 시드는 꽃을
> 보자마자
> 혹은 어느 미인이 눈에 띄자마자
> 나는 얼어붙고
> 모든 것에게 버림받아
> 내게 남는 것이라곤

오직
바보 압드 엘하디뿐!*

수많은 압드 엘하디들이 어디에나 있다. 그들은 용서하거나 잊거나,
적어도 잠시나마 딴생각을 할 수 있으며, "옳은 이들과 사악한
이들을 한데" 품을 수 있고 "희생자와 교수형 집행자를 똑같이"
맞이할 수 있다.[19] 하지만 또한 도처에, 심지어는 압드 엘하디
속에도, 세계를 토막 내어 불길에 타오르게 하고 싶어 하는
사람들이 있다.

그들은 법봉을 흔들어대는 도적들과 언론학 학위를 뽐내는
거짓말쟁이들을 본다. 그들은 도살자의 칼 값을 대기 위해 제
주머니가 털리고 있음을 안다. 그리고 그들은, 그 칼들이 제
형제자매들을 찌르고 그들의 살을 베는 데 쓰이는 모습을 보아왔다.
간호사에게 들것에 실린 남편의 시신으로 답례하는 세계, 소년이
가방에 제 형의 사지를 담아 옮기게 하는 세계에 경멸을 느끼는
사람들이 있다. 나도 그런 사람이다. 그리고 나는 나의 그런
멸시감에 감사한다. 그것이 나를 존엄케 하므로, 내가 인간임을
잊지 않게 하므로.

*

"لكنْ / ردَّتي الكبرى / أنَّني
ما إن تبلغني / ضحكة طفلٍ
أو أصادف / جدولًا ينتحبُ،
ما إن أُشاهدُ / زهرةً ذابلةً
أو أرى إمرأةٍ جميلةً —
حتى أُصعقْ / يغادرني / كل شيءٍ
ولا يبقى منّي / سِوى / عبد الهادي الأهبلْ!"

5
비유와 드론

요컨대, 미국 유대인에게서 자신의 고통이 미국 흑인의
고통만큼 크다는 말을 듣고 싶어 하는 사람은 없다. 그것은
사실이 아니며, 이는 그렇다고 확언하는 그의 어조 자체에서
이미 드러난다.

—제임스 볼드윈[1]

피점령지 예루살렘에서 자라던 시절, 우리를 동네에서 쫓아내려
했던 이들은 유대인이었고, 그들이 속한 단체의 이름에도 종종
"유대인"이라는 말이 들어가 있었다.[2] 우리 집을 훔쳐 간 것도, 우리
가구를 길에다 내던진 것도, 아기였던 여동생의 요람을 태워버린
것도 유대인이었다. 우리를 추방한 것에 문제가 없다며 법봉을
흔들어댄 판사들도 유대인이었고 체계적으로 우리를 내쫓는 법을
만든 입법자들도 마찬가지였다. 이따금 오후에 학교를 마치고 집에
돌아오면 유대인 관광객을 실은 버스 여러 대가 집 앞에 서 있곤
했다. 그들은 우리 집 앞마당에 서서는 경매에 나온 동물을
보기라도 하듯 우리에게 손가락질을 하며 우리 면전에서 미국말로
욕설을 뱉어댔다. 어느 아침에는 키파를 쓰고 성구갑(tefillin)을 든
젊어 보이는 정착자들이 우리 집 정원에서 빙글거리고 있기도 했다.
나이가 더 많고 세속적인 이들도 있었다. 카키색 바지에 샌들
차림을 하고 기도는 그리 많이 하지 않는 치들. 그들은 몇 달이 멀다
하고 우리 집 문을 두들기고서 히죽거리며 할머니에게 퇴거
명령서와 법정 소환장을 들이밀곤 했다.

우리의 파란색 신분증을 발급하고 말소하는 관료는 유대인이었고,
나는 특히 그를 경멸했다. 그가 펜으로 그은 선이 내 아버지와
아버지의 고조부의 도시 사이를 가로막고 있었기 때문이다.
신분증을 검사하겠다며 우리를 수색하는 군인들로 말하자면
드루즈인과 무슬림이 일부 있었고 대부분은 유대인이었다. 그들
모두, 내 할머니가 말하기로, "신을 믿지 않는 개자식들"이었다.

소총과 수갑을 다루는 이들, 치밀하고 살인적인 도시계획을 세우는 이들은—당신 짐작대로다.

이것은 비밀이 아니었다. 우리는 자칭 '유대 국가'의 지배 아래에서 자랐다. 이스라엘 정치인들이 온갖 일에 저 말을 들이대면 각국의 동료들이 고개를 끄덕였고, 그렇게 회당과 국가 사이의 선을 흐리고, 보이지 않게 하고, 지워버렸다. 그곳은 유대인의 유일한 고향, 적대적인 이웃들로 둘러싸인 자그마한 안식처였다. 군대는 유대인의 군대를 자처하며 유대 깃발이라는 것을 걸고 행진했다. 예루살렘 시의원들은 우리의 거리에서 "한 채 한 채 집을 빼앗[는]" 것을 자랑 삼았다.[3] 그들은 우리 문간에 서서 우리에게 "당신들은 성경에 반한다. [……] 신은 이곳이 유대인의 것이라 하신다"라고 말했다.[4] 크네세트 의원들도 다를 바 없이 유대인이 우월하다고 노래를 했다. 그런 입법자들은 비주류나 극우가 아니었다. 이스라엘의 민족국가법*은 명시적으로 "유대인 정착"을 "장려하고 드높여야 할 [……] 국가적 가치"로 치켜세운다.[5] 이 법에 이의가 제기되자 이스라엘 대법원은 이 법이 정착자 국가의 "민주적 성격"을 부정하지 않는다며 합법으로 판결했다.†

---

* [역주] 이스라엘은 성문헌법이 없으며 입법부인 크네세트에서 제정한 열세 가지 기본법(Basic Laws)이 헌법에 준하는 기능을 한다. 그중 가장 최근인 2018년에 제정된 민족국가법(Nation-State Law)은 이스라엘을 "유대인 민족국가"로, 이스라엘의 민족자결권을 유대인 고유의 권리로 규정한다.

† 대법원의 손길은 민족국가법뿐 아니라 이스라엘 정부의 정착자 식민주의 기획과 아파르트헤이트 체제 전체에 닿아 있다. 법원은 법적 지위가 서로 다른 팔레스타인인 커플 수천 쌍에게서 "가족으로서 함께할 기본권"을 빼앗는 '가족재결합법'을 수차례 합법으로 판결했다(다음을 보라. Al Tahhan, "'Devastating'"). [가족재결합법의 공식 명칭은 이스라엘 시민권 및 입국에 관한 법률로, 2003년에 제정된 후 몇 차례 개정과 적용 시한 갱신을 거쳐 현재까지 유지되고 있다. 점령 지역 내 팔레스타인인이 팔레스타인계 시민권자와 결혼해 이스라엘 시민권을 획득하지 못하게 하는 법률이다. 해당 규정은 이스라엘 내 유대인의 수적 우위를 유지하기 위해 제정되었다.] 2006년에는 이스라엘의 분리-합병 장벽의 경로에 대한 이의 제기 두 건을 기각해 묘지를 비롯해 피점령지 예루살렘 내 팔레스타인인 소유 토지에 장벽을 지을 수 있게 했다. 대법원은 역사상 단 한 번도 행정 구금 명령 취소 신청을 인용하지 않았다.

정착자 식민지의 유대적 성격은 비밀이 아니지만 우리는 그것을 비밀로 취급하라고 배웠다. 때로는 우리 부모들이, 때로는 선의를 가진 연대 활동가들이 그렇게 가르쳤다. 우리는 이스라엘 기에 그려진 다윗의 별을 못 본 체하라고, 유대인과 시온주의자를 칼로 자른 듯 엄격하게 구분하라고 배웠다. 그들의 군홧발이 우리 목을 짓누르고 그들의 총탄과 몽둥이가 우리를 멍들게 한다는 것은 중요치 않았다. 우리에게 나라도 집도 없는 것은 사소한 문제였다. 우리가 우리를 가둬두는 자들에 대해 어떻게 *말하는지*가 중요하지, 그들이 우리를 가둬둔 상황—약탈당하고 봉쇄되고 식민지와 군사 기지로 둘러싸인 환경—이나 그들이 우리를 가둬놓았다는 사실 자체는 중요하지 않았다.

언어는 점령당한 골란 고원과 시리아의 나머지 지역을 가르는 경계지대보다 더한 지뢰밭이었고, 어린아이였던 우리는 우리를 신뢰 못 할 존재로 만들 폭탄 같은 말을 실수로라도 밟지 않기를 바라며 그 지뢰들 사이를 이리저리 팔짝거리며 다녀야 했다. 틀린 말을 쓰는 일에는 사물을 사라지게 하는 마술 같은 힘이 있었다. 농담조로든 화가 나서든 틀린 말을 뱉으면 군화, 총탄, 몽둥이, 멍, 그 모든 것이 보이지 않게 되었다. 틀린 신념을 갖는 것은 훨씬 더 위험했다. 그랬다간 그런 잔혹 행위를 당해도 싼 존재가 되었다.

오히려 재판 없이 무기한으로 구금하는 이스라엘군의 가혹한 정책을 덮어놓고 승인하는 역할을 했다. 게다가 2018년에는 이스라엘 보안청의 "특수"하고 "신체적인 심문 수단"(즉 고문) 사용 지침이 "시한 폭탄" 같은 상황에서는 정당하다고 판결하기도 했다(다음을 보라. Shoughry-Badarne, "Torture in Israel"). 귀환 대행진 (Great March of Return)을 잔혹하게 탄압하던 시기, 법원은 점령군이 팔레스타인 시위대를 상대로 살상 무기를 사용하는 것이 "정당한 자기방어"라고 판결했다(다음을 보라. Erakat, "Sovereign Right to Kill"). 또한 대법원은 팔레스타인인들의 시신을 반환하지 않고 '협상 카드'로 쓰는 이스라엘의 오랜 정책을 반복적으로 존치했으며, 군의 팔레스타인인 장례식 제한 조치—이것은 시온주의 체제의 죽음폭력 (necroviolence) 행사를 제도화하는 데 핵심적인 역할을 한다—를 승인했다(다음을 보라. El-Kurd, "Israeli Protesters").

우리가 빼앗긴 특권은 시민권, 자결권, 이동의 권리만이 아니었다.
단순한 무지마저도 사치였다.

어릴 적부터 잘 알았다, 팔레스타인인으로서 우리가 휘두른다는
의미론적 폭력 앞에서 자칭 '유대 국가'가 수십 년 동안 우리에게
가한 체계적이고 물질적인 폭력은 하찮은 일이 된다는 것을. 드론은
넘어갈 수 있지만 비유는—비유는 용납되지 않는다. 우리는 재갈을
내면화하는 법을 배웠다.*

그래서 나는 이런 요구들에 귀 기울였고—열 살짜리에게 달리
무엇을 바라겠는가?—히틀러와 홀로코스트를 공부했으며 온갖
고정관념들—코, 우물에 독 타기, 은행가, 뱀파이어, 뱀, 도마뱀
(문어†에 대해서는 나중에야 알았다)—을 섭렵했다. 우리 동네라는
동물원을 방문한 외교관들과 이야기할 때 내 말을 부인과 부정으로
채우는 법도 배웠다. 우리 집에 들어앉은 정착자들은 내 이야기의
두 번째 주제, 전 지구적 반유대주의를 호들갑스레 비난한 다음에야
꺼내는 주제여야 했다. 80대였던 할머니가 그런 외국 손님들
앞에서 우리 집의 유대인 정착자들을, 뭐랄까, 유대인이라고 부를
때마다 나는 그녀의 말을 끊고 '바로잡았다'.

십수 년이 지났고 별반 달라진 것은 없다. 지금도 미국 유대인들은
버스를 줄줄이 타고 와 변변찮은 우리 집을 순례한다. 경찰과의
언쟁은 지금도 히브리어만큼이나 불쾌하다. 군홧발은 여전하고
총탄과 몽둥이도 마찬가지다. 최근 몇 년 사이 '유대 국가의' 무기에
추가된 천재적인 혁신, 인공지능 로봇 화기를 언급하지 않는 것은
태만한 처사일 게다.[6] 정부는 갈릴리에서 팔레스타인인들을 내쫓는
수십 년짜리 기획에 '갈릴리의 유대화'라는 이름을 붙이고, 관변
단체들도 똑같이 군다. 셰이크 자라, 실완, 옛 도심에서 "집을 한 채

---

* 사이디야 V. 하트먼(Saidiya V. Hartman)의 말에서 따온/영감받은 것이다. "채찍은
버려지지 않았다. 오히려, 내면화되었다." Hartman, *Scenes of Subjection*, 140.

† 이 비유는 유대인을 촉수로 지구를 휘감고 있는 문어로 묘사한 나치 시대의 어느
만화로 거슬러 올라간다. 유대인이 세계를 지배한다는 오랜 고정관념을 상징하는
것이었다.

한 채" 빼앗겠다고 약속하고 종종 그에 성공했던 의원들로 말하자면, 확성기와 깃발을 들고 주기적으로 우리 동네들을 행진하며 "우리는 지금 나크바를 원한다"라고 외친다.

판사들은 여전히 이 나크바가 계속될 수 있도록 법봉을 휘두른다. 여전히 유대인의 우월성을 지지하는 판결을 내린다. 그리고 의원들은 여러 가지 쟁점에서 대법원과 뜻을 달리하면서도 똑같은 우월주의적 견지에서 법을 만든다. 유대인의 삶이 우리의 자유보다 중요하다고 공공연히 말하는 이들도 있다. 때로는 아랍인 TV 진행자에게 이런 냉혹한 진실을 말해 미안하다며 사과하는 친절을 베풀기까지 한다.[7] 십수 년이 지났고, 여전히 현상 유지 중이다. 그리고 우리는—우리를 생각하면 가슴이 아프다—줄곧 지뢰밭에서 춤추고 있다. 줄곧 도덕과 인류애만 믿고 있다. 그들은 제 총을 믿는데.

2023년 8월, 이스라엘 경찰관 열여섯 명은 보디캠을 끄고 피점령지 예루살렘의 슈파트 난민촌에서 체포한 스물두 살 청년 오르와 셰이크 알리의 뺨에 다윗의 별 모양 낙인을 찍었다. 물리적으로 *새겨 넣었다는 뜻이다.*[8] 그로부터 2주 후, 공동 설립자 중에 전직 이스라엘군 정보장교가 있는 언론 감시 단체 멤리는 마흐무드 압바스 팔레스타인 자치정부 대통령이 유럽인들이 "[유대인과] 싸운 것은 그들의 사회적 역할"과 "고리대금업" 때문이지 "그들의 종교 때문이 아니"라고 말하는, 이전에도 방송된 적 있는 영상을 풀었다.[9] 대통령님은 살인자이자 부역자가 아닐 때는 유사 지식인이다. 그에 응수해, 내가 우러르고 존경하는 여러 사람을 포함한 일군의 명망 있는 팔레스타인 학자들은—놀라지 마시라— 압바스의 "도덕적·정치적으로 비판받아야 할 발언"을 "단호히 규탄[하는]" 공개서한을 발표했다.[10]

그들의 공동 성명은 팔레스타인인들은 천성이 편견 덩어리라는 믿음을 무찌르기 위한 전략적인 수라고 할 수도 있을 것이다. 일관적인 도덕률을 고수한다는 건 그런 거라고 말할 이도 있겠다. 확신컨대, 연명자 일부는 우리의 소위 도덕적 권위라는 것이 "홀로코스트에 관한" 역사 수정주의를 비판하기를 요구한다고,[11] 우리가 아무리 수사적인 것일지라도 모든 인종주의를 거부하는 모범을 보여야 한다고 믿을 것이다. 팔레스타인인들, 특히 팔레스타인 디아스포라들은 반시온주의자로 있으면서, 압바스의 발언에 모욕감과 불안감을 느꼈을 미국과 유럽의 진보적인 유대인들과 동맹을 유지할 수 있는 공간을 만드느라 수십 년을 고생했으니 말이다.

이유야 무엇이든, 나는 그 서한을 읽으며 모종의 기시감을 느꼈다. 또 한 번 담론적 위기에 사로잡혀 저지른 적도 없는 죄책을 미친

듯이 부정하는 우리를 본다.* 서구에서 무언가 해보려면 이런
상황이 전제된다는 것을, 이래서 협력이 필요함을 다시 한번 깨닫고
슬픔에 휩싸였다. 서한 연명자들(그중 일부는 팔레스타인
자치정부를 수립 시점부터 비판해왔다)은 "팔레스타인 자치정부가
갈수록 권위주의적이고 가혹하게 통치한다"라고 비난하지만,
임기가 끝난 압바스의 대통령직을 받쳐주는 "서방 및 친이스라엘
세력"을 지적하지만, 둘 중 어느 것도 마흐무드 압바스를 규탄하는
최초의 공동 성명으로 알려진 그 글을 쓰게 한 촉매는 아니었다.†
서한은 그가 시온주의 체제에 부역한다는 것도, 시위자와
정치범에게 가혹 행위를 일삼는다는 것도 쟁점으로 삼지 않았다.
니자르 바나트‡를 살해한 일—역사 수정주의보다 훨씬 더
비판받아야 할 잘못—은 말할 것도 없다. 촉매가 된 것은 말이었다.
한낱 말. 늘 그렇다. 또, 드론은 넘어갈 수 있지만, 어떤 표현은
금지된다.

근거 없는 반유대주의 혐의에 맞서, 종종 선제적으로, 스스로를
방어하는 전략은 역사적으로 보면 우리를 반유대주의에 더 가깝게
만들었다. 그뿐만 아니라 그런 충동은 부지중에 유대인의
고통이라는 역사—예우받지 않는 경우에도 확실히 연구는 된다—를

---

* 한 가지 쟁점은, 이 서한이 부지중에 마흐무드 압바스—연명자 여러 명이 내가
   태어나기도 전부터 비판해온 독재자—를 팔레스타인 민족의 대표자 자리에 앉힌다는
   점이다. 우리가 팔레스타인 자치정부가 이스라엘 점령의 하수인이라는 데
   동의한다면, 구태여 왜 그 공직자들이 하는 말에 선을 그어야 하는가?

† 분명히 밝혀두건대, 나는 전술에 이견이 있다 해도 우리의 투쟁에 대한 그 누구의
   기여도 깎아내릴 생각이 없다. 하지만 우리 중에서 상향 이동이 가능하고 제도적으로
   뒷받침받는 이들이 풍비박산 난 계급들이 임시변통으로 취하는 전술을 비판할 때에는
   좀처럼 '운동을 분열시킨다'거나 '치부를 드러낸다'는 비난을 받지 않는 것이
   아이러니하다고 생각한다.

‡ 니자르 바나트(Nizar Banat, 1978-2021)는 피점령지 서안의 두라에서 태어난 반체제
   정치인이었다. 유명한 활동가이자 자치정부에 대한 거침 없는 비판가였으며 자치정부
   수장 마흐무드 압바스가 취소한 2021년 팔레스타인 입법부 선거를 위해 모인
   자유와존엄후보단(Freedom and Dignity List)의 일원이었다. 2021년 6월 24일에
   자치정부 안보군에 체포되어 폭행으로 사망했다.

현재적인 우리의 고통, 끊임없이 텔레비전에 나오는데도
부정당하고 논쟁거리가 되는 그 고통보다 위에 놓는다.*

게다가 얼마나 짐스러운 충동인지! 우리는 스스로 유대인임을
천명하는 식민주의의 손에 죽고 쫓겨나는 공포 속에 살고, 우리네
사람들은 *식민주의* 스스로가 유대 깃발이라 주장하는 깃발을 걸고
행군하는 군대에 폭격당하고, 이스라엘 정치인들이 자기네 작전의
유대성을 너무도 힘주어 말하는데, 그게 끝이 아니다. 우리에게
그들의 깃발에서 펄럭이는 다윗의 별을, 그들이 우리 살갗에 새겨
넣는 다윗의 별을 무시하라고들 한다.

그러나 이것은 '충돌' 자체만큼이나 오래된 이야기다. 또한
마찬가지로, 팔레스타인인들은 수 세대에 걸쳐 시온주의와
유대주의를 구분해 말하려 애써왔다. 팔레스타인 교육자 칼릴
사카키니는 1948년 10월에 카이로에서 한 연설의 육필 원고에서
"아랍인과 유대인의 싸움"에 줄을 긋고 "우리와 침략자들의
싸움"으로 고쳐 적었다. 팔레스타인 학자들, 팔레스타인연구원,
팔레스타인해방기구 산하 팔레스타인연구소(이스라엘 체제가
1980년대에 여러 차례 약탈하고 폭격한 기관)에서는 반유대주의—
유럽에서 뻗은 그 뿌리와 유럽에서든 다른 곳에서든 그것이 발현된
양상—와 그것이 반시온주의와 혼동되는 문제를 다룬 연구만으로도
수많은 논문과 단행본, 전집을 내왔다.

팔레스타인 민족은 일관되게 우리의 적은 유대인이 아니라
시온주의, 박탈의 이데올로기, 확장주의적이고 인종주의적인

---

* 아이러니하게도, 예의 공동 서한과 압바스의 연설 둘 다 반유대주의와 거리를 두려
  했다. 영상 첫머리에서 압바스는 "유대인적인 것과는 아무 관련 없[는] [……] 유럽
  유대인들"에 관해 그렇게 말한 것은 우리가 "누구를 우리의 적으로 여겨야 할지를
  알아"야 하기 때문임을 "분명히" 해두려 했다.

     비유와 드론

정착자 식민주의 사업이라고 분명히 밝혀왔다. 시온주의가 스스로를 유대교와 동의어로 만들려고 포악하게 굴고 있다는 점을 고려하면 그런 구분을 해내는 우리의 역량은 감탄스럽고 인상적일 지경이다. 하지만 이 구분은 우리의 소임이 아니며, 개인적으로 나의 우선순위도 아니다. 팔레스타인인이 품고 있다고들 하는 원한에는 그것을 법으로 만들어줄 크네세트가 없다. 비유는 드론이 아니며, 음모론을 핵무기로 바꿀 수도 없다. 우리는 1900년대 초를 이미 지나왔다. 상황이 변했다. 권력이 이동했다. 말은 살인이 아니다.

경찰관 열여섯 명이 사람 얼굴에 다윗의 별을 새긴 날과
인텔리겐차의 공동 서한이 공개된 날 사이에,[12] 이스라엘 병사
하나가 칼킬랴에 있는 군사 검문소 근처에서 이슬람 노펠이라는
젊은 장애인 남성을 살해했고,[13] 다른 병사 하나는 실완에서 열다섯
살 난 압드 아메르 알자갈의 머리에 총을 쏘았다.[14] 무함마드 아부
아삽이라는 젊은 남성은 앞서 발라타 난민촌을 습격한 병사들에게
입은 총상으로 사망했다.[15] 한 저격수는 베이타에서 아미드
알자굽의 머리를 저격했다.[16] 열일곱 살 오트만 아부 코루즈가 제닌
남쪽에서 총에 맞아 사망했다.[17] 또 다른 젊은 남성 아타 야세르
아타 무사가 제닌 난민촌 침략으로 부상을 입고 쓰러졌다.[18] 점령
당국이 시신을 억류하고 있는 팔레스타인인들의 가족들은 빈 관을
들고 나블루스를 행진했다.[19] 병사 한 명이 헤브론 인근에서 어느
소년을 살해했다.[20] 경찰이 셰이크 자라에서 정착자 수백 명의
박수를 받으며 열네 살 칼리드 사메르 파델 알자닌을 처형했다.[21]
그러고는 베이트 하니나에서 그의 가족에게 최루가스를 쏘았다.[22]
한 남성이 베이트 시라에서 차로 병사들을 들이받아 한 명을 살해한
후 살해당했다.[23] 예리코 북쪽에서 총격전으로 10대 청소년 한 명이
살해당하고 병사 한 명이 부상을 입었다.[24] 한 병사가 투바스에서
압둘 라힘 파예즈 간남의 머리에 총을 쏘아 그를 살해했다.[25] 이는
빙산의 일각일 뿐이다.

이 중 어느 일이 팔레스타인 디아스포라 모임들에서 널리
회자되었을까? 그런 것은 없었다. 이타마르 벤그비르*가

* 벤그비르(Itamar Ben-Gvir)의 이력은 거의 이력의 캐리커처라고 해도 좋을 정도다.
  2015년에 팔레스타인 민가에 소이탄을 쏘아 가족 중 단 한 명을 제외한 전원을
  살해한 데 가담한 정착자 중 두 명의 변호를 맡은 그는 법정에서 "유대인 테러 사건
  및 혐오 범죄 용의자 '인명 사전'에 오르기에 모자라지 않은 이들"을 대리해왔다
  (Maltz, "Lawyer for Jewish Terrorists"). 이스라엘인 수천 명이—일부는
  "아랍인들에게 죽음을"이라고 외치며—1967년 점령을 경축하며 예루살렘 옛 도심을
  행진하는, 인종주의로 악명 높은 '깃발 행진' 조직도 수차례 도왔다. 그는 주차장에서
  일하는 팔레스타인인 두 명에게 총을 겨눴던 적이 있다. 선거 운동—아주

텔레비전에서 유대인의 삶이 팔레스타인인의 자유보다 중요하다고
말해 소란이 일었고,* 다윗의 별을 새긴 일에 대해서는 그보다
조용했으며, 가장 소란스러운 반응을 얻은 것은 물론 마흐무드
압바스였다.

이런 사례들은 미학에 관한 문제다. 시선에 관한 것이다.
벤그비르가 한 말은 사실이자 진실이다. 유대인의 삶이 이스라엘의
지배하에 있는 우리의 삶보다 더 가치 있다. 그런데 사람들이
격분한 것은 그의 인종주의적인 발언을 이 땅의 현실로 만든
제도화된 정책들이 아니라 그의 노골적인 연설이었다. 심지어 한
팔레스타인인의 얼굴을 물리적으로 망가뜨린 일이 관심을 끈 것
역시 그 행위 자체가 아니라 그것이 *상징하는* 바였다. 병사들이
그의 뺨에 별것 아닌 선을 몇 개 그었더라면 아무런 주목도 받지
못했을 거라고 자신 있게 말할 수 있다. 그런 유의 폭력은 보도되지
않을 뿐 너무도 흔하기 때문이다. 팔레스타인인의 죽음은
일상적이고 하찮은 일이다. 운이 좋으면 연말 보고서들에
순교자들이 집계되기도 한다. 반면, 소위 수정주의에는 반드시 온
세상이 제각기 악담을 해댄다.

나는 이런 위치에 있다. 예루살렘에 있는 내 집의 절반을 무력으로
차지해 살고 있는 유대인이 있고, 이는 그가 '신의 뜻'에 따라 유대

성공적이었다—중에는 "불충한 아랍인들"을 다른 아랍 국가로 추방하라고 요구했다.
또 팔레스타인 수감자들이 단식 투쟁을 벌이는 의무실에 난입을 시도하는 버릇도
있다. 2020년까지는 1994년 헤브론의 이브라히미 모스크에서 기도를 올리던
팔레스타인인 스물아홉 명을 학살하여 미국인에서 정착자가 되었다가 대량 살해범이
된 바루크 골드스타인(Baruch Goldstein)의 초상을 거실에 자랑스레 걸어두었다.
하지만 무엇보다 중요한 것은 벤그비르가 헤브론 정착자라는 사실이다.
* 벤그비르는 "나와 내 아내, 아이들이 서안 지구를 돌아다닐 권리가 아랍인이 그럴
  권리보다 더 중요하다"라고 말했다. 곧이어 기자단을 만나 "간단한 문제다. 생명권이
  자유로운 이동의 권리보다 앞선다"라고 이야기했다. 그는 트윗을 올려 "어제 TV
  방송에서는 유대인이 테러 공격으로 살해당하지 않고 살 권리가 아랍인이 [서안에서]
  보안상의 제한 없이 도로를 오갈 권리보다 우선이라고 말한 것"이라고 부연했다.

민족의 이름으로 행하는 일이다. 다른 수많은 이들이 무력으로 팔레스타인 땅과 팔레스타인 주택에 거주하고, 진짜 주인들은 난민촌에서 시들어간다. 그들이 유대인인 것은 내 탓이 아니다. 우리 수백만 명이 실제적이고 실질적인 억압을 당하고 있는데, 콘크리트 장벽 너머에서 혹은 포위당한 채로 혹은 망명하여 살고 있는데, 너무 광범위해서 요약조차 할 수 없는 고통을 겪으며 살고 있는데, 그 와중에 유럽인들이 만든 수백 년 묵은 비유에 대해 대신 사과하는 데에는 추호도 흥미가 없다. 나는 내가 저지른 적 없는 잘못과 선제적으로 거리를 두려는 충동에 질려버렸다. 내가 선천적으로 편견 덩어리가 아님을 증명하라는 끊임없는 요구에는 특히나 질려버렸다. 그만한 반감이 존재한다면 그건 불가사의하고 근거 없는 것이리라며 점잔을 빼는 치들에게, 우리 중의 투박한 이들을 내리누르는 학자들과 지식인들에게 질려버렸다. 무엇보다도, 의미론적 '폭력'과 체제적 폭력을 동치하는 가짜 등식에 질려버렸다. 이 '분쟁'에서 적극적으로 한 인구 집단 전체를 절멸하려는 의도적이고 체계적인 시도를 일삼는 것은 한쪽뿐이다.

이 장이 그 자체로 지뢰밭이라는 것은 알고 있다. 맥락을 삭제당한 채 유포되고 왜곡될 테다. 하지만 나는 결코 완벽한 피해자가 되지 않을 것이다. 반유대주의 혐의를 벗어날 길은 없다. 그것은 지는 싸움이요, 더 중요하게는 빤한 미끼다. 이제는 우리가 이 전술을 재검토해야 할 때다. 더 나은 할 일들이 있다. 우리에게는 옮겨야 할 관들이 있다. 이스라엘의 영안실에는 우리가 반드시 장사를 치러주어야 할 우리의 피붙이들이 있다.

6

놀이방의 『나의 투쟁』

바보가 말을 걸면 대답하지 말라.

—알샤피

메노라 앞에 앉은 이스라엘 대통령이 BBC에 북가자의 "어느
아이들 방에서" 보병대가 찾아낸 "특종거리"를 보여준다.[1] 『나의
투쟁』 한 권. 물론 아랍어판이다. 그것은 [이스라엘 대통령]
이츠하크 헤르초그와 그의 식민단이 치르고 있는 '진짜 전쟁',
아이들이 아니라 그들의 지탄받아 마땅한 독서 취향을 상대로 한
전쟁의 증거였다.

당연히 이 "아이들 방"은 "군사 작전 기지로 쓰이고" 있었다. 바로
거기에, 훤히 보이는 곳에 숨겨져 있었다. 보통은 레이저 센서와
비상 버튼 뒤, 지하 금고에 넣어두는 책이. 이게 무슨 징조란
말인가. 아무튼 이것은 "영국이 맞서 싸웠던, 인류 최악의 참상으로
이어진" 책이다. 그가 영국인 앵커에게 거의 꾸짖는 투로 그렇게
말했다. 그 책의 주인인, 혹은 아이들의 코뮌에서 그 책을 빌린
"테러리스트"가 "[책에 이런저런] 표시를 하기까지" 했다고
일러주는 헤르초그의 목소리는 사뭇 엄숙해져서 더는 거슬리지도
않았다. 그때가 정신이 번쩍 들어야 하는 순간이었을 것이다.
그렇다, 펜을 든 테러리스트들. "그가 메모를 달았다! 표시를 했다.
표시를 해가며 배우고 또 배웠다"라고 헤르초그가 외쳤다.[2]
패러다임 전환이다. 테러리스트들이 글을 읽을 줄 알다니.

이 일은 장안의 화제였고, 익살꾼들은 제각기 하나씩 농담을 했다.
국록을 먹는 선전가들과 무급 대변인들이 너 나 할 것 없이
달려들어 이 '습득물'을 다른 설명은 없다는 듯이 인종학살을
정당화하는 구실이 되는 무기로 삼았다. 팔레스타인인들이
유대인의 절멸을 획책하고 있다고, 그러니 그들을 절멸해야
마땅하다고. 그리고 우리에게는 이 광대들과 이들의 서커스에

    놀이방의 『나의 투쟁』

대응해 헤르초그의 주장을 꼼꼼히 논파하려는 충동이 일었다.* 책을 심어둔 것이다! 그가 들고 있는 책을 보라, 새것이다! 한 번 펼쳐보지도 않은 책이다! 게다가 『나의 투쟁』은 하이파대학교 책장에도 꽂혀 있다! 텔아비브대학교에도! 책 주인은 아마도 그저 궁금해서 히틀러의 악에 대해 조사해보려 했을 것이다! 취미도 가지면 안 된단 건가!

그런데 우리는 왜 그런 충동을 느끼는가? 이처럼 반사적으로 논박하려 드는 것은 팔레스타인인의 신체에서 뗄 수 없는 부위가 되어버린, 극도로 잘 훈련된 근육 때문이다. 저 시온주의 단체는 암살당한 여학생들 옆에 과도를 가져다놓는 식으로 수십 년간 무기를 심고 증거를 조작해왔다. 하지만 언제부터 책이 무기였단 말인가? 대체 언제 책이 범죄의 증거가 되어버렸단 말인가? 왜 우리는 터무니없는 소리에 진지하게 대응해야 하는가? 무엇을 읽고 무엇을 믿는지에 대한 추측만으로 우리를 사상범으로 만드는 이 필승의 논리에 항복할 게 아니라, 설령 그 새것 같은 『나의 투쟁』이 아이 놀이방에서 옛날이야기같이 읽히던 책이라 해도 그것이 우리 땅을 점령하고 식민화하는 시온주의 체제에 우리를 절멸해도 된다고 허락하는 것은 아니라고 말해야 하는 게 아닌가? 내 성격이나 책장이 어떻든, 설령 무시무시할지라도, 그것이 내 생사를 결정해서는 안 된다. 내 이념이 어떻든, 설령 격분을 살 만한 것이더라도, 내 성향이 어떻든, 설령 상스럽대도. 그것이 내 생사를 결정해서는 안 된다.

<hr>

* 헤르초그는 뮌헨안보회의(Munich Security Conference)에서 비닐로 포장된 『유대인의 종말』이라는 책을 들어 보이며 그것이 하마스 지도부 원로인 마흐무드 알자하르(Mahmoud al-Zahar)가 쓴 것이라고 거짓 주장을 하기도 했다. 《뉴욕 포스트》를 비롯한 대형 국제 언론사들은 제대로 된 확인 없이 그 이야기를 보도했다. 그 책은 실은 아부 알피다 무함마드 아레프(Abu al-Fida Muhammad Aref)라는 이집트 저자가 쓴 것이었다. Centre for Combating Disinformation – Palestine, #Palestine.

한때는 속도 없이 우리가 '존경할 만한 존재'가 되기만 하면 우리의
증언이 믿을 만하다 여겨지리라고 믿었다. 식민의 논리는 우리의
해방을 가로막는 것이 식민주의 자체가 아니라 우리의
부족함이라고 믿도록 우리를 가스라이팅한다. 그렇게 우리는,
불가능한 속죄를 향한 길을 빙 돌아가느라 한세월을 보낸다. 우리는
이야기를 '다음으로'에서 시작하는 것을 받아들인다. 하지만 사실,
당연한 말이지만, 그 무엇도 나를 죽여도 되는 존재로 만들지
않는다. 내가 돌을 던지기 전에 그들이 내 땅을 훔쳐 갔다. 내가
소총을 들기 전에 그들이 내 사랑하는 이들을 쏘았다. 내가
어찌어찌 로켓탄을 만들기 전에 그들이 나를 철창에 가두었다. 내가
내 서재를 사이코패스들이 쓴 책으로 가득 채우고, 『나의 투쟁』과
힐러리 클린턴의 『힘든 선택들』을 번갈아 꽂아둔다 해도, 내가
무엇을 읽는지가 나를 죽일 구실이 될 수는 없다.

프로파간다는 아동 도서다. 훌륭한 선전가는 사태를
단순화하면서도 일관성 없는 논점을 잡는 데 성심을 다한다. 선명한
단순성은 손쉬운, 열광적인 반복을 불러오고 이는 일종의 노래 같은
것이 되어 미련퉁이까지도 합창단의 리드 싱어로 만든다.
비일관성은 끊임없는 논박을 불러온다. 핵심은 당신이 벽에 머리를
찧고 싶게 만드는 것이다.

북가자에서 나온 히틀러의 선언문은 다른 어떤 시온주의
클리셰와도 모든 면에서 공통된다. 빤한 논리적 오류들에
기반한다는 점에서 그렇다. 처음에는 그렇게나 터무니없는
이야기가 그렇게나 강력하고 효과적이라는 것이 충격적으로
느껴질지도 모른다. 하지만 당신이 인신공격을 방어하느라(아니,
우리네 남자들은 다정한 아버지들이야!), 혹은 허수아비 논증이
부추긴 피해망상을 진정시키느라(아니, "강에서 바다까지"는
인종학살의 비밀 구호가 아니야!), 혹은 미끄러운 경사로 논증에
대응하느라(아니, 팔레스타인 해방은 제2의 홀로코스트로 이어지지
않을 거야!), 혹은 딴소리에 이야기를 멈추느라(아니, 병원 밑에는
땅굴이 없어!), 혹은 권위에 호소하느라(이스라엘 학자들도 이게
인종학살이라는 데 동의해!), 혹은 개념 혼동을 반박하느라(아니,
반시온주의는 반유대주의가 아니야!) 얼마나 많은 시간을
허비했는가? 바로 그런 프로파간다의―비논리적인―속성이야말로
그 최대의 강점이다. 주의를 딴 데로 돌리기 때문이다.

무엇으로부터 주의를 돌리는가? 핵심, 즉 식민주의, 포위,
군사점령으로부터다. 신발 상자에 모아 담은 우리 아이들의 잔해,
강제수용소라고 할 수밖에 없는 구금 시설에서 우리 남자들이
당하는 고문, 총구 앞에서 강간 위협을 당하는 여성들, 무너져버린
집들, 무너져버린 꿈들, 대대로 미래를 빼앗긴 이들, 천막에서 산
채로 불태워지는 이들로부터다. 그런데, 생살이 타들어가는 와중에
지엽적인 이야기를 할 여유가 있단 말인가?

질문을 바꿔보자. 이스라엘 지도자들은 왜 "이스라엘은 존재할 권리가 있다"라거나 "아랍어에는 P가 없다"* 같은 자기들 사이에서나 통할 말을 여기저기 퍼뜨리는가?[3] 왜 네타냐후는 국제 무대에 나서서 예루살렘 대율법관이 홀로코스트를 부추겼다는 터무니없고 몰역사적인 주장을 하는 것인가?[4] 그런 부조리함이 공격의 핵심이기 때문이다. 그것은 그의 동맹들이 우리를 조롱하는 유치한 합창을 할 수 있게 해주며, 우리를 현혹해 논리적 사유로 부조리에 맞서 싸울 수 있다고 믿게 만든다. 모든 말이 정말로 그렇게 믿어서 하는 말은 아니다. 신화를 논파하려는 충동, 날조를 논박하려는 반사작용—뭐라고 부르든—은 프로파간다란 주의를 돌리기 위해 설계된 것이라는 점을 잊게 만들곤 한다. "설령 그렇다 해도"는 이 사실을 잊지 않는다. "설령 그렇다 해도"라는 후렴구는 정신을 차리게 해준다.

또한 "설령 그렇다 해도"는 논리를 버리지 않는다. 팔레스타인 저항 투사들이 민간인을 인간 방패로 쓴다는 인종주의적 비유를 마주하게 되면, 이스라엘 병사들이 우리 몸뚱이를 바로 그렇게 쓰는 영상이나,[5] 인구가 밀집해 북적대는 텔아비브 한복판에 자리 잡은 이스라엘군 본부를 보여주는 지도를 들이밀고 싶어진다. 그러나 애초에 문제의 전제를 받아들일 이유가 무엇인가? 설령 인간 방패 의혹이 사실이라 하더라도, 뒤에 '테러리스트들'이 숨어 있다면 민간인으로 분류되는 이들을 살해해도 된다는 논리를 받아들일 이유가 무엇인가? 예를 들어 강도가 당신의 어머니를 인질로 붙잡고 그 뒤에 숨는다면, 현장에 있던 경관이 강도를 제압하기 위해

---

* [역주] P는 팔레스타인의 영문명인 Palestine의 첫 글자를 가리킨다. 아랍어에는 P에 대응하는 발음이 없으며 따라서 팔레스타인 민족/국가 개념 자체가 허구라는 주장이다. 참고로 팔레스타인의 아랍어 국명 발음을 반영한 로마자 표기로는 Falasteen(팔라스틴)이 쓰인다.

　　놀이방의 『나의 투쟁』

당신의 어머니를 살해하기로 했을 때 아무 책임도 지지 않게
되는가?

의식적으로 강도와 경관의 비유를 썼다. 시온주의자들은 자신들은
정당하게 침입자를 무찌르는 선한 힘이라는 서사를 만들어왔다.
현실은 물론 그 반대다. 식민주의는 강도이자 경관이다. 범죄를
저지르고 그것을 합법화한다.

시온주의자들은 자신들의 체제적이고 정책 주도적인 행동들이
유감스럽지만 어쩔 수 없는 일이라고 한다. 마치 자신들의 통제를
벗어난 일인 양, 우리가 그들로 하여금 우리 아이들을 죽일 수밖에
없게 만드는 불가피한 숙명인 양 군다. 이것은 [1969년부터
1974년까지 이스라엘 제5대 총리를 역임한] 골다 메이어의 비열한
구호였고, 그 후로 지금껏 줄곧 메아리치고 있다.* 하지만 골다
메이어는 우리 아이들을 살려둘 수도 있었다. 누구도 그녀를 떠밀지
않았다. 그녀가 우리 아이들을 죽이기를 선택했다. 그녀는 사전에
꼼꼼하게 학살 계획을 세웠고 피도 눈물도 없이 계획을 수행했다.

* "평화가 오면 그때는 우리 아들들을 죽인 아랍인들을 용서할 수 있겠지만, 우리로
  하여금 그들의 아들들을 죽일 수밖에 없게 만든 것은 용서하기 더 어려울 것이다."
  Meir, *A Land of Our Own*, 242.

시온주의자들이 라파에서 천막에 있는 우리 사람들을 산 채로
불태웠을 때—이런 문장을 쓰게 될 줄은 몰랐다—대량학살은 오직
광고 시간에만 끊어졌다.* 그들은 교본이라도 있는 듯 늘 하던 대로
입을 모아 말했다. 처음에는 부정했고 다음으로 오발이라고 했으며
이어서 (민간인 사이에 숨어 있던) 군사 수뇌부를 정밀 타격한
것이라고 했다. 그다음에는 순교자 수가 조작되었다고, 다음에는
비극적인 실수였다고 했다.

목격자들의 절규가 커져가는 동안, 우리 중 많은 이들은 무슨 일이
일어났는지를 토론하고 이스라엘의 주장이 '헛소리임을 밝히려'
애썼다. 언제나 이렇게 주의를 돌리는 것이 목표였다. 앞에서도
언급한, 이스라엘 경관들이 얼굴에 다윗의 별 모양 낙인을 찍은
오르와 셰이크 알리를 예로 들어보자. 경찰은 한 경관의 신발
때문에 생긴 자국이라고 주장했다. 실상 속기사에 지나지 않는
언론인들은 재빨리 그 공식 발표를 퍼뜨렸다. 그리고 안타깝게도,
우리 중 많은 이들이 미끼를 물고 신발 끈이 피부에 그런 기하학적
문양을 남길 수는 없다고 주장하기 시작했다. 이미 우스우리만치
명백한 것이 아니라는 듯이, 정착자 경찰관이 팔레스타인인의
얼굴을 짓밟는 행위 자체가 격노할 만한 일은 아니라는 듯이
그랬다. 하지만 그렇게 혼란을 일으키는 것이 핵심이다. 대화의
주제는 잔혹 행위를 당한 팔레스타인 청년에서 완전히 상관없는
일로 바뀌었다.

이스라엘 저격수가 시린 아부 아클레를 살해했을 때도, 팔레스타인
총기 소지자가 그녀를 쏜 피의자로 지목되었을 때도 같은 교본이
쓰였다.[6] 이스라엘 체제가 알아흘리 병원을 폭격했을 때도, 병원이
무너진 것은 아군의 포격 탓이라는 주장이 나왔을 때도 같은 교본이

---

* 2024년 5월 26일, 이스라엘 점령군은 라파의 텔 알술탄 난민촌 내에 있는 '쿠와이트
평화' 피란촌을 조준 폭격해 최소 50명을 살해하고 최소 249명에게 부상을 입혔다.

쓰였다.* 이스라엘 점령군이 실제로 병원을 폭격하지 않았음을 증명하는 것이 아니라 좌절과 혼란으로 이어지는 대중적인 논쟁을 일으키는 것이 목적이었다. "저들은 사람을 죽이고 그의 장례식에서 행진한다."† 우리가 왜 그들이 멋대로 굴도록 두어야 하는가? 우리가 그들의 말(가자에 무고한 이는 없다. 팔레스타인인들은 테러리스트다)을 내면화해버렸는지 우리의 적들과 동맹들에게만이 아니라 우리 스스로에게조차 그들의 말이 틀렸음을 증명하려 애쓰는 것만 같다.

예의 질문으로 돌아가보자. 생살이 타들어가는 와중에 지엽적인 이야기를 할 여유가 있단 말인가? 반사적으로 논박하게 하는 근육을 위축시키자는 것이 아니다. 우리의 운동이 사람들의 정치적 여정을 포용하지 않아도 될 여유가 있다고 순진하게 가정하는 것도 아니다. 프로파간다를 논파해야 하는 것은 분명하다. 사람들을 움직이려면 그들이 있는 곳으로 가야 한다는 것도 분명하다. 지금까지 몇 쪽에 걸쳐 시온주의 프로파간다를 논하면서 마치 누구나 그것이 지어낸 이야기이자 날조임을 안다는 듯이 일축하지 않았다. 『나의 투쟁』에 대한 헤르초그의 주장을 그냥 쳐내지 않았다. 그의 혐의 제기가 고의적인 기만임을 알지만 그럼에도 독자를 위해 그 방에 책이 있었던 이유를 설명해줄 여러 시나리오를 늘어놓았다. 심지어는 이스라엘 도서관에서도 쉽게 구할 수 있는 책임을, 병사들이 직접 심어둔 것일 수 있음을 상기시켰다.

항상 방 안의 코끼리—프로파간다—를 지목하면서, 존엄을 지키며 '논파'하자는 것이다. 나의 임무는 거짓 혐의에서 내 이름을 지우는

---

* 《뉴욕 타임스》를 비롯한 주류 언론들은, 심지어 폭격을 보도했던 곳은 기존 보도를 철회해가면서, "아군의 포격"을 주장했다. 다음을 보라. Kingsley and Boxerman, "Hamas Fails."
† 아랍 속담(بيقتل القتيل وبيمشي بجنازته).

것이 아니라 내게 혐의를 씌우는 이들의 기만과 이중성을 폭로하는 것이다. 그러지 않고 비논리에 논리로 맞서는 것은 근시안적이다. 부지중에 교활함을 정당화하고, 반응함으로써 중요해 보이게 만드는 일이기 때문이다. 내가 *팔레스타인 해방*이라고 말하는데 누가 홀로코스트라고 듣는다면, 그건 기껏해야 아포페니아(apophenia)요, 최악의 경우에는 고의적으로 왜곡하는 것, 시급한 현실—문자 그대로 불타고 있는 우리 민족의 살—을 외면하는 것이다.

아침에 이 글을 쓰고 있는데 간호사이자 언론인인 유세프 메마가 북가자에서 살해당해 부패해가는 팔레스타인인들의 시신—두개골, 흉곽 뼈, 청바지 속에서 불거진 발 뼈—사진을 올렸다. 이스라엘이 가하는 격렬한 폭격과 지상 공격으로 "구급대원들이 순교자들에게 다가가지 못하고" 있어 시신들이 80일째 혹독한 환경에 노출되어 있다고 설명했다. 그리고 이 모든 일이 일어나는 동안, 미국의 어린 팔레스타인인들은 백인 우월주의자들의 총에 맞거나 칼에 찔렸다.* 한편, 별세계의 시온주의자 대학생들은 학내 팔레스타인 지지 시위가 위협적이라며 욕하느라, 곧이어 의회에서 그 위협을 증언하느라 바빴다. 처음에는 그들이 악어의 눈물을 흘리는 줄

---

* 와디아 알파유미(Wadea al-Fayoume)는 일리노이주 플레인필드 타운십에 사는 여섯 살 난 팔레스타인계 미국인이었다. 2023년 10월 14일, 그는 백인인 집주인에게 스물여섯 번을 찔렸다. 반팔레스타인 혐오 범죄였다. 히샴 아와르타니(Hisham Awartani), 킨난 압달하미드(Kinnan Abdalhamid), 타흐신 알리 아흐마드(Tahseen Ali Ahmad), 세 명의 대학생은 2023년 11월 25일 버몬트주 벌링턴에서 한 백인 남성의 총에 맞았다. 젊은 팔레스타인계 미국인이자 아버지였던 자카리아 도어(Zacharia Doar)는 2024년 8월 2일, 텍사스주 오스틴에서 한 백인 남성의 칼에 찔렸다. 팔레스타인청년운동(Palestinian Youth Movement)에서 공개한, 대학 교정에서 비질(vigil)을 하며 낭독한 글에 히샴 아와르나티는 이렇게 적었다. "이 끔찍한 범죄는 진공 속에서 홀로 벌어진 일이 아닙니다. [……] 저는 이 훨씬 더 커다란 갈등 속에서 겨우 한 명의 피해자일 뿐입니다. 제가 어린 시절을 보낸 서안에서 총에 맞았다면, 여기서 제 목숨을 구해준 그런 치료를 아마도 이스라엘군에 의해 받지 못했을 것입니다."

알았다. 무서운 척을 하는 줄 알았다. 하지만 그게 다 그저 연기일 수는 없다. 핵도 가졌고 약속의 땅도 가졌지만, 그들의 공포는 아이비리그 복도에 게슈타포를 만들어낼 만큼 절절하다.[7]

오늘날 팔레스타인인으로 사노라면 열병으로—다른 사람의 망상 속에 갇혀—헛것을 보는 기분이 든다. 이스라엘 정치인들은 신문이며 인터뷰에서 가자 인종 청소를 자랑해대는데 우리는 구호 속에 숨은 교활함을 심문당한다. 한 번도 백린탄에 화상을 입거나 미국의 겨울보다 혹독한 일을 겪어본 적 없는 아파트에서 안전하게 지내면서 제 목숨이 걱정된다는 이들이 소리를 질러대며 우리의 말소리를 덮어버리고, 그 순간에 지구의 다른 한쪽에서는 사람들이 완전히 무너진 건물 잔해에 깔린 사랑하는 이들을 찾아 땅을 파헤치고 있다. 서구에서 팔레스타인에 관한 대화들은 줄곧 시온주의의 의미이니, 말의 위협 수위이니, 현실적으로 말도 안 되지만 말도 안 되게 임박한 유대인 인종학살이니 하는 샛길로 빠진다.*

이런 세부적인 것들은 사소하지 않다. 홀로코스트를 역사 바깥에 놓음으로써, 그것을 단지 과거가 아니라 영원한 미래로 만듦으로써, 오늘날의 시온주의는 지금 벌어지고 있는 홀로코스트보다 두 번째 홀로코스트의 가능성이 중요하게 여겨지는 현재의 상황을 야기했다. 분명 이 몇 줄의 문장이 불편하거나 심지어는 불쾌한 독자들도 있을 것이다. 하지만 바로 그것이, 시온주의자를 나치에 빗대는 언어가 그런 비유를 하게 만드는 정부 정책과 군사 행동보다도 더 엄격한 심의를—심지어는 처벌을—받는다는 것이 핵심이다. 이 같은 현재의 상황이 이어지는 한, 팔레스타인인들이 식민 폭력과 말살하에 있는 한, 우리는 마땅히 치욕 속에 존재하기를 거부할 수 있고 그래야 한다. 우리 자신과 우리의 염원을 쪼그라뜨리기를, 침묵당하고 억박당하기를, 우리 식민자들의 망상을 달래기를 거부할 수 있고 거부해야 한다.[8]

* 이 단락을 처음 발표할 당시 내가 홀로코스트 부정론자가 아님을 분명히 밝혀달라는 요청을 받았다. 그래서 "듣자 하니 내가 홀로코스트를 실제로 일어난 일로 믿는다고 밝혀야 하는 모양이다"라고 적었다. El-Kurd, "What Does It Mean."

미끼를 뱉어내고 비난에 대고 침을 뱉자는 것이다. 완벽한
피해자이자 완벽한 투항자가 되라는 그들의 요구를 폭로하고
거부하자는 것이다. 늘 외는 통계나 항변보다, 우리가 그런 비방에
대응할 때 드러나는 정동과 몸짓이 대개 더 울림과 흡입력이
강하다. 특정 주장에 깔려 있는 악의적인 맥락을 밝히면 (혹은 그저
조롱이나 묵살, 일축을 통해 폭로하면) 그 주장을 무력화해 청자의
사고를 심리적으로 완전히 장악하지 못하게 할 수 있다. 앞서도
말했듯, 비난 앞에서 몸을 낮출수록 오히려 그 비난을 벗어나지
못하게 된다. 우리를 비난하는 이들이 제 비난이 자명하다고 여길
때엔 특히나 그렇다.

반팔레스타인 인종주의나 이슬람 혐오라는 비판을 받고 황급히
사과문과 해명문을 쓰는 이를 본 적이 몇 번이나 있는가? 엉뚱한 데
힘을 빼게 만들어 자유로 향하는 우리의 길을 가로막는 이들이 언제
우리의 안부를 궁금해하던가? 정말로 "하마스가 미니마우스
운동복을 입은 일곱 살 여자아이를 곧장 [이스라엘 군사 장벽]
앞으로 보냈다"라고 하더라도 그것이 어떻게 방아쇠를 당긴
저격수의 죄를 묻지 않을 이유가 되는가?[9] "그 아이가 원한
거야"라는 이상성욕자나 하는 주장이 아니던가? 알시파 병원
아래에 실제로 땅굴과 벙커가 있다 하더라도 그것이 어떻게 병원을
폭파하고 건물 내에 피신해 있던 이들을 살해해도 될 이유가
되는가? 그들이 인간 방패라 부르는 이들은 실은, 죽는다 할지라도
헤어지지는 않으려는 가족들, 서로의 품에서가 아니라면 눈도 감을
수 없는 가족들이다.

7
기적적인 깨달음

내가 목말라 죽거든 다시는 비가 내리지 않기를!
　　　　　　　　　—아부 피라스 알함다니 글, 움 쿨툼 노래*

돌 던지면 닿을 거리—물의가 일었다. 그가 이스라엘 경비초소에
돌을 던졌다. 감시탑이었을 수도 있다(출처에 따라 말이 다르다).†
그가 나중에 말하기로 그것은 "조약돌"이었다. 팔레스타인
지식인이자 학계의 거인인 에드워드 사이드는 2000년 7월에 레바논
남부를 방문했다가 학자라면 동참할 수 없고 오로지 분석만 할 수
있는 일을 벌였다. 아이비리그 등지에서 격노가 번졌다. 그의
행동을 "무도한 말썽"이라 칭한 것도 자제한 것이었다. 충격을 가눌
길이 없었다.

사이드가 해당 국경을 방문한 것은 헤즈볼라가 이스라엘군을
격퇴해 레바논 땅에서 몰아내고 스물두 해에 걸친 점령을
종식하면서 남부 전역이 축제 분위기에 싸인 지 40일가량이 된
때였다. 그러나 당시 예순넷이었던 이 학자는《워싱턴 포스트》에
따르면 "이스라엘 병사들에게 돌을 던지기에는 좀 너무 풍채 좋고
너무 저명"했다. 이 이름난 컬럼비아대학교 교수가 "팔레스타인
투석대에 가세한" 걸까? 수사적인 질문이 아니었다.《워싱턴
포스트》는 바로 다음 문장에서 답을 내린다. "그런 듯하다."[1]

이 일이 알려지고 한 주가 지난 시점에,《컬럼비아 데일리
스펙테이터》는 1면에 그가 돌—나로서는 조약돌이 아니라 커다란
돌멩이였기를 바라는 그것—을 던지는 사진을 「에드워드 사이드,
레바논 남부에서 투석(stoning) 혐의」라는 제목으로 실었다.[2] 투석.

* 　「아라카 아시야 알담」(Araka Asiya al-Dam), 서기 960년경에 쓰인 글이다.
　움 쿨툼(Umm Kulthum)이 작곡가 세 명의 도움을 받아 세 가지 버전으로 노래했다.
　리아드 알순바티(Riadh al-Sunbati)가 작곡해 1964년에 공연한 버전이 가장 유명하다.
　　　　　　　　　　　　　　　"إِذا مِتُّ ظَمْآناً فَلا نَزَلَ القَطْرُ!"

† 　무엇을 경비하는가? 누구를 감시하는가?

무언가를 연상시키는 바가 있어서, 이슬람 혐오적인 함의가 있어서 택한 말일 것이다.* 성공회 신자 아랍인의 아들에게 그런 말을 썼다는 점에서 특히 인종주의적이다. 하지만 스무 해가 지나 이 제목을 읽고 있자니 인종주의를 중의적인 어구에 미묘하게 새겨 넣는 솜씨가 인상적이기까지 할 정도다. 특히 요즘 기사 제목들은 어쭙잖은 눈속임밖에 모르니 말이다. 예를 들면 2024년에 《워싱턴 포스트》에서 이스라엘이 가자의 한 병원에서 팔레스타인 아동들을 살해한 일을 다루며 쓴 단어들이 그렇다. 「연약한 네 생명이 [……] 다한 채로 발견되다」.[3]

사이드에 관한 기사들은 비난 일색이었지만, 아무래도 성에 차지 않았던 모양이다. 두 달 후, 사이드의 동료 몇 명은 《컬럼비아 데일리 스펙테이터》에 이런 글을 기고했다.

> [《워싱턴 포스트》 기사의] 첫 문장은 당혹스러웠다. 국경 너머로 이웃 국가의 생면부지 민간인과 병사를 향해 돌을 던지는 행위가 그다지 풍채가 좋지 않고 유명하지 않은 평범한 젊은이가 한 일이라면 받아들일 수 있거나, 적어도 이해는 할 수 있다는 말 같아 보였기 때문이다. [……] 그의 이유 없고 무분별한 폭력 행위는 [그 자체로도] 혐오스럽고 미개하지만 [……] 세계 최고의 사립대학에서 수학하는 특권을 누린 동료가 그런 일을 저질렀다니 더더욱 당혹스러웠다.[4]

---

* 쿠란에 투석형을 뜻하는 라즘(rajm)은 전혀 언급되지 않는다. 태형만 나온다, 그러니까아아……. [여기서 언급되는 영어 단어 stoning은 원래 석살형, 즉 사형 방식으로서의 돌팔매질을 뜻한다. 한국어의 '투석'은 시위대의 투석전이든 투석형이든 돌팔매질 전반을 가리켜 쓰일 수 있지만 영어에서 일반적인 돌팔매질에는 주로 stone throwing이나 rock throwing 등의 표현이 쓰인다. 앞 단락에 나오는 "투석대"(投石隊)는 stone throwers를 번역한 것이다.]

광적인 정착자 식민체를 "이웃 나라"라고 부르는 것과 정착자
식민지를 향해 돌을 던지는 것을 "이유 없고" "미개하"다고 하는 것
중에 어느 쪽이 더 우스운지 모르겠다. 물론 둘 다 역사상 최악의
"이유 없고 무분별한 폭력 행위[들]"은 대개 "최고의 사립대학에서"
배운 이들이 행했다는 사실만큼 웃기지는 않다.

다음으로는 동료가 아니라 사이드의 학생이었던 이가 훈계에
나섰다. 저 멀리, 1977년에 베이틴 마을과 두라 알카리 마을 땅에
지어진, 피점령지 서안 지구 내 이스라엘 식민지인 벳 엘에서였다.
벳 엘의 정착자들은 수년 동안 벳엘의미국친구들 같은 유대계
미국인 재단*이나 후일 도널드 트럼프가 행정부 요직에 기용한
재러드 쿠슈너, 데이비드 프리드먼 같은 후원자들이 주는 비과세
기부금 수백만 달러를 만끽했다.[5]

사이드의 정착자 학생은 "커피를 마시고 있는데 이스라엘 지역
신문에서 옛 교수님 사진이 튀어 나왔다"라고 적었다.[6] 우리에게서
훔쳐 간 땅의 어디에서 이 정착자 학생이 그런 깊은 트라우마를
겪었는지 궁금하다. "그가 [……] 반응하지 않을 것을 알면서 제복
입은 유대인들을 향해 울타리 너머로 돌을 던지고 있었다."[7]
처음에는 오바마, 다음으로 이 남자.[8] 사이드가 끔찍한 학생들이
꼬이는 저주라도 걸린 것 같다. 어떻게 다름 아닌 *이스라엘
병사*들을 어떤 아이러니도 없이 해를 끼치지 않는, "반응하지 않을
[……] 제복 입은 유대인들"이라 말하는 걸까?

* 정착지 확장에 매달리는 유명한 미국 비영리 자선 단체를 몇 개만 더 꼽아보면,
  어빙모스코위츠재단(Irving Moskowitz Foundation), 아테렛코하님의미국친구들
  (American Friends of Ateret Cohanim), 이스라엘중앙기금(Central Fund of Israel) 등이
  있다. 다음을 보라. Shamas, "Tax Breaks for Colonization?"

이 무슨 망상인지. 이 젠체하는 정착자 수기가 쓰인 것은 서구가
사랑해 마지않는 '평화의 군인' 이츠하크 라빈이 제1차 인티파다
당시 이스라엘군에 투석대와 평화시위대를 가리지 않고 팔다리를
부러뜨리라고 지시한, 이른바 라빈의 뼈 부러뜨리기 정책이
행해지고서 13년이 지난 후였다. 이 어찌나 근시안적인지. 그 글이
발행된 지 겨우 몇 주 만에 이스라엘 저격수들은 제2차
인티파다에서 돌을 던지는 어린이들에게 고무 코팅이 된 강철
탄환을 쏘았다. 그로부터 17년 후인 2018년, 귀환 대행진에서는
차세대 이스라엘 저격수들이 도둑맞은 고향을 향해 행진을
감행하는 시위대에게 그들을 불구로 만들기 위한 총격*을 가해
포위당한 가자 지구에 절단장애인 인구 집단을 만들어냈다.
팔레스타인사에는 이스라엘 제복을 입은 유대인들—그리고
드루즈인과 무슬림들—이, 노골적으로 인종학살을 하려 들지는
않는다 하더라도, 걸핏하면 방아쇠를 당겨댄다는 것을 보여주는
사건이 너무도 많다. 그들의 핵무기의 유령이 우리를 내려다본다.
그들의 전투기가 우리의 가족을 조준하고 산 채로 불태운다. 그래도
사이드의 돌멩이는! "건너편에서 누가 맞았으면† 어쩔 뻔했어?"[9]

* [역주] "불구로 만들기 위한 총격"(shot-to-maim)이란 치명상은 피하고 장애가 생길
  만한 부상을 입히려는 의도로 가해지는 팔다리 조준 사격을 가리킨다. 뼈 부러뜨리기
  정책과 마찬가지로 부상자를 양산한다. 그럼으로써 투쟁과 일상생활에 지장을
  주면서도 사망자 수는 낮게 유지해 국제적인 비난을 피하고자 이스라엘군이 채택한
  전술이다. 부상 자체도 크지만, 이스라엘의 봉쇄로 인해 적절한 치료를 받기 어려운
  가자 지구의 상황상 많은 부상자들이 (살아남는다면) 결국 절단 수술을 받게 된다.
† 그랬다면 좋았을 텐데.

몇 달 후 빈의 '지그문트프로이트학회'는 예정되어 있던 사이드의
강연을 취소했다. 《뉴욕 타임스》는 취소 소식을 「프로이트적
실수는 돌 던지면 닿을 거리에」라는 제목으로 보도했다. 당시
학회장은 《뉴욕 타임스》에 많은 학회원들이 "이스라엘 병사들에게
돌까지 던진, 싸움 중인 팔레스타인인을 초청한 걸 용납하지
못한다"라고 말했다. 기사에 인용된 사이드의 입장은 자신의
행동이 그저 이스라엘의 레바논 침공 종식에 대한 "기쁨을
나타내는 상징적인 몸짓"이라는 것이었다. 그는 "그곳에는 아무도
없었다"라고, "초소가 적어도 반 마일은 떨어져 있었다"라고
말했다.[10] 이 학자가 자신의 "이유 없는" 행동을 설명해야 한다고
느낀 것은 물론 서구에서 팔레스타인 학자들이 겪는 적의와
떼어놓을 수 없다. 하지만 그 돌이 사실은 "조약돌"이었다고 강조한
것은 눈에 걸린다.

아마도 앞에서 인용한 "그곳에는 아무도 없었다"라는 말을 통해
사이드가 그런 단어를 고른 이유를 이해할 수 있을 것이다.
"조약돌"은 소위 이 충돌 속에서 벌어지는 폭력 행위들의
비대칭적인 성격을, '충돌' 자체의 비대칭성을 드러내려고 쓰인
말일 게다. 돌멩이 대 탱크, 다윗 대 골리앗 등등. 아마도 그 말은
이스라엘 군사·안보 장치에 돌을 던지는 행위가 미치는 하찮은
영향을 강조하고, 대신에 그 행동의 은유적인 가치—"기쁨"이든
반항이든 혹은 "탱크에 돌을 던지고 [이스라엘 점령군의] 기관총과
폭격 세례를 마주하는 팔레스타인인들과의 연대"든—를 중심에
놓기 위한 것이었을 테다.[11]

사이드가 자신의 원칙을 분명히 밝혀야 한다고 느꼈을 가능성도
있다. 그는 "이스라엘의 아랍 국가 점령이건 이라크의 쿠웨이트
점령이건 혹은 다른 어느 경우이건, 모든 종류의 군사점령에 강력히
반대"한다고 말했다. 보다 냉소적으로 읽자면 사이드의 발언을 이

세상에서 자신의 지위를 지켜려는 충동으로, 안쓰럽게도 사태
수습을 시도하는 것으로 해석할 수도 있다. 그는 조약돌을 던졌고,
투석대나 타이어 방화대, 메하블림*과, 일체의 폭력과 거리를 둘 수
있기를 바라며 그렇게 개념을 구분했다. 그는 끝내 평화적인
사람이었다. 그는 성명을 내어 "제게는 이스라엘인 친구가 여럿
있습니다. 이스라엘에서 강의를 했고 지금도 연락하는 이들이
있습니다"라며 "이스라엘을 증오해서 그런 것이 아닙니다"라고
밝혔다.[12]

이 해명은 사람들의 분노를 조금도 누그러뜨리지 못한 것 같다.
이런 유의 부인은 우리를 제기된 혐의에 더욱더 얽혀들게 하고,
아니 땐 굴뚝에 연기가 나게 하곤 한다. 많은 이들의 눈에 "풍채
좋"고 "저명"한, "최고의 사립대학"에서 수학한 이 지식인은 더
이상 한때 여러 기관에서 그를 품어주었던 이들과 같은 언어로
말하고 있지 않았다. "버스나 카페에서 자폭을 하는 것과 똑같지는
않지만 그런 일과 겨우 몇 발 떨어져 있을 뿐인 일종의 관문
행동이라고들 했다."[13] 테러리즘이라는 장르를 벗어나는 것은
불가능한 일 같다. 더없이 출세길에 오른 호감 가는
팔레스타인인이라도 말이다. 사이드는 더는 말을 할 수 없게
되었다. 그는 '테러리스트' 대열에 끼게 되었고, 그다지도 공교한
솜씨로 깎아온 대리석 천사를 잃었다.

---

* 메하블림(mekhablim, 단수형은 메하벨[mekhabel])은 아랍인에 대한 인종주의적
비어다. 이스라엘 특유의 어휘로, 가장 가까운 말은 '파괴행위자'(saboteur)이지만
흔히 '테러리스트'로 번역된다. 비난받는 범주에 속하는 이들, 즉 팔레스타인인 전원,
레바논인, 아랍인 등 이스라엘 정부, 언론, 군대에서 죽여도 된다고 여기는 이들을
가리켜 쓰인다. 예를 들어 이스라엘 경찰에 체포된 팔레스타인인들은 체포 정황에
상관없이 메하블림이라 불린다. 이스라엘 언론은 개개인뿐 아니라 팔레스타인계와
아랍계 마을 및 도시 전체를 가리켜, 그리고 어떤 혐의든 따지지 않고 팔레스타인인
수감자 전부를 그렇게 칭한다.

누가 팔레스타인을 위해 말하는가? 누가 수십 년의 악마화, 불법화, 인종차별 속에서도 그 권리를 유지하는가? 누가 테러리즘이라는 장르에서 벗어날 수 있는가? 우리 중 가장 말쑥하고 세상을 잘 아는 이도 조약돌 하나 못 들게 하는데 세련되지 못한 이들에게 마이크를 들려줄 리가 있겠는가?

나는 에드워드 사이드와 (훈장으로 여기는, 반명예훼손동맹*의 비난을 받는다는 점 말고는) 공통점이 거의 없다. 나는 변변찮은 집에서 태어나 변변찮은 기관들을 거쳤다. 가난이 역사적으로 변함없이 실질적인 단점이긴 하지만 그 사회적 함의는, 특히 학계에서는 달라졌다. 배경이 변변찮다는 것은 그의 시대에는 '영락한' 것이었지만 요즘은 대학 입시 지원서에 힘주어 적곤 하는 훌륭한 자산이 되었다고 말할 수도 있을 것이다. 나는 또한 도무지 믿기지 않을 불합리 속에서 어린 시절을 보냈다. 내 집의 절반에서 자랐는데, 나머지 절반은 롱아일랜드 출신 유대인 정착자들이 훔쳐 갔다. 벳엘의 정착자들과 마찬가지로 그들의 식민적 노고는 미국발 비과세 자선기금의 지원을 받았다. 일찌감치 무단 점유의 도슨트 노릇을 하는 법을, 우리의 '연대 천막'에 앉아 우리 차를 마시며 우리의 재앙을 '목격'하는 외국 외교관들과 언론인들에게 안 되는 영어로 그 불합리들을 종합하고 설명하는 법을 배웠다. 우수성과

---

* '아파르트헤이트옹호동맹'(Apartheid Defense League)이라는 애칭으로도 불리는 반명예훼손동맹(Anti-Defamation League, ADL)은 1913년에 설립되었으며 '세계 제일의 반혐오 단체'를 자임한다. 이 '민권' 단체는 역사적으로 진보 운동들을 염탐하고 인종주의적이고 군사적인 치안을 지지하고 흑인 및 무슬림 활동가들을 중상모략하고 팔레스타인의 권리를 억압하고 식민주의 비판자들을 반유대주의자로 매도하고 편협한 이들과 동맹을 맺어왔다. 2020년 8월, 여러 진보 단체들이 연대체를 꾸려 "ADL은 [사회정의 활동의] 동맹이 아니다"라고 주장하며 "ADL 퇴출" 캠페인을 개시했다. 잘 알려진 연명 단체로는 미국민주사회주의자들(Democratic Socialists of America), 흑인의생명을위한운동(Movement for Black Lives), 평화를위한유대인의 목소리(Jewish Voice for Peace), 헌법권리센터(Center for Constitutional Rights), 미국-이슬람관계위원회(Council on American–Islamic Relations) 등이 있다.

계급적 배경이 사이드에게 주었던 그것을, 바로 이런 상황과 말들이 내게도 주었다. 이야기해도 된다는 허가를.

말하자면 나의 비극이, 그리고 내가 그것에 관해 기꺼이 (그리고 잘)* 말한다는 것이 나를 독특한 위치에 있게 한 것이다. 한편으로 나는 언론인이자 작가다. 이따금 CNN에 초대받는다. 그래, 한 번 초대받았다. 같은 채널에 두 번 초대받지는 못하는 것 같다. 다른 한편으로는 강제로 쫓겨난, 정확히 말하자면 아주 널리 알려지며 강제로 쫓겨난 피해자다. 이 일로 국제적인 주목을 받았다. 왜 내게 마이크가 주어졌을까? 몇 년이나 연습한 미국식 억양 덕일까? 내가 멀끔하게 생겨서일까? 아마 내게 마이크를 쥐여준 것은 형식적인 비중을 맞추기 위해서, 대개 우리는 지워지는 국제적인 대화를 공정하고 공평한 양 치장하기 위해서였을 것이다. 때로는 도리 없이, 나나 사정이 비슷한 다른 이들이 전문가로서가 아니라 그저 구색 맞추기용으로 연단에 오르고 카메라 앞에 서는 것이 아닌가, 다만 눈요깃거리일 뿐인 것은 아닌가 하는 생각이 든다. 그게 아니면, 내가 송곳니를 뽑힌 것일까?

지금은 나름의 답을 갖고 있다. 내 동네, 셰이크 자라를 찍는 다큐멘터리의 주인공으로 뽑혔던 열한 살 시절에는 매우 다른 답을 갖고 있었다. 내가 특별해서 그런 거라 믿었다.

---

* 누구나 옹호가 노릇을 할 수 있는 것은 아니다. 특히나 비탄에 빠져 있거나 끼니를 챙기기도 힘든 상황이라면 더더욱 그렇다. 또한 누구나 아직 낫지도 않은 상처를, 그것을 부정하고 싶어 안달하는 외국 외교관들과 언론인들 앞에 내보이려 하는 것도 아니다.

이곳에 무엇을 낳을 텐가?

아이를 [······] 아니면 범죄를?*

—아말 둔쿨[14]

연단에 오른 어린이들—예수살렘 야파 거리에서, 14년 전에,
똑똑해 보이려고 처방전 없이 살 수 있는 안경을 찾아다녔던 것이
기억난다. 미국과 벨기에로의 비행이 며칠 안 남은 날이었다. 미국
의회와 유럽 의회에서 셰이크 자라에서의 (언론에서는 "퇴거"
[evictions]라 부르는) 강제 추방에 대해 연설할 예정이었다. 가짜
안경을 쓰고 연단에 올라 암기해둔 이야깃거리들을 읊었다. 내가
이야깃거리인 줄은 몰랐다. 회의장이 냉랭했다는 것 말고는 잘
기억나지 않는다. 눈살을 찌푸리는 이도 있었고 드문드문 박수를
치는 이도 있었다. *우와, 다들 내가 엄청 성숙하고 아는 것도 많다고
생각하는구나,* 하고 생각했다.

10년 후, 우리 동네가 다시 조명받았다. 우리는 이웃 주민 수백
명과 함께 다시 한번 인종 청소로부터 우리의 집들을 구하기 위해
캠페인을 벌이던 중이었다. 동네 사람들이 강탈에 반대하는 구호를
외치는 것으로 시작했는데 팔레스타인의 대의를 국제 언론 보도의
중심으로 만든 일제 봉기로 이어졌다. 그렇게 정치인들도 모이기
시작했다. 척 슈머를 비롯한 미국 상하원 의원들의 사무실에서
연락이 왔다.

그들은 그들로서는 늘 예루살렘의 '상황'이라 칭하는 것—
나는 피점령지 예루살렘이라 부르고 그들은 반으로 갈라
'동예루살렘'이라 부르는 것—에 관해 팔레스타인인들과 이야기를

*

"ماذا تل دين الآنَّ؟

طِفلًا ...

أم جريمة؟"

하고 싶어 열을 올렸다. 아무 팔레스타인인과 이야기하고 싶지는
않은 것 같았다. 그들은 내게 "평화의 의미에 관해 꿈꾸는 바를
들려줄 수 있는 팔레스타인 어린이를 대줄" 수 있느냐고—이것은
직접 인용이다—물었다. 이 요청을 번역하면 이런 말이 된다.
그들이 자신들의 탁자에 기꺼이 앉혀줄 팔레스타인인은
어린이뿐이다.[15] 충분히 안전하다 여겨지는 팔레스타인인은 아직
송곳니가 날카로워지지 않은 팔레스타인인뿐이다. 그렇지 않으면
여론은 지역구 전체를 공격하고 선거에 나오지도 못하게 하려 든다.
나는 어린이라는 것의 가치를 잘 알았다. 내가 어린이라는 내
지위를 통화로 주조했으니까, 혹은 그러도록 떠밀렸으니까 말이다.

서구의 청중은, 그리고 갈수록 아랍 국가들의 청중도, 그쪽
정치인들이 그렇듯 시온주의 단체와의 관계를 정상화했고, 이제
팔레스타인 성인들과는 마주하려 하지 않는다. 분노에 찬 혹은
경멸에 찬 팔레스타인 성인은 말할 것도 없다. 그에 응하여, 우리의
정치적 권리 박탈과 인종적 예속은 '무고함'이라는 틀을 통해
표현되고 점점 더 이 틀에 의존한다. 이는 우리의 '분석'을 '술회'로
만든다. 맥락이 삭제된, 중화된, 한없이 개인주의적인 '술회'로.
이런 틀에서 우리는, 우리 아이들에게 가해진 확연한 위해를
보여주어야 할 뿐 아니라 우리를 규정하고 제약하는 확연한 무해함
또한 확실히 밝혀야만 한다. 우리는 우리 아이들을 설득력 있는
이야깃거리로 만들고 아이들이 무심한 이들의 심금을 울려주기를
소망하며, 호소의 정치를 행한다.

"친애하는 오바마 대통령님, 저는 열네 살……."[16] 2013년에
오바마에게 공개 편지를 쓰라고 해서 이렇게 시작했다(나는 보통은
전범에게 연락하려 하지 않지만, 할 때에는 적어도 노벨평화상
수상자인지는 확인한다). 버락 후세인 오바마가 처음 정권을 잡았을
때 사람들이 희망을 품은 데에는 그럴 만한 이유가 있었다. 한
이웃은 대통령의 중간 이름에서 희망을 찾았다. 그녀는 오바마가
숨기고 있지만 실은 무슬림이라고, 그러니 숨기고 있지만 실은
반시온주의자라고 주장했다. 나는 존 매케인이 누군가 오바마가
아랍인이냐고 묻자 한 대답을 빌려 이렇게 말했다. "아니에요,
부인. 그는 건실하고 가정적인 시민이랍니다."*

지난 11년 동안 잊고 살았던 편지가 이 장을 쓰기 시작하면서 문득
떠올랐다. 처음에는 어린이란 NGO와 정치 활동가에게 이상적인
빈 캔버스라는 것을 보여주는 강렬한 사례가 되리라 생각했다.
어린이는 비정치적이고 휘두르기 쉽다는 것을, 당신의 말을 따라
하리라는 것을 보여주는 사례 말이다. 하지만 10년이 지나 그
편지를 다시 읽어보니, 한 문장이 나를 깊이 묻혀 있었던 잊힌
기억으로 밀어 넣었다. "대통령님, 우리는 집을 되찾고 싶습니다.
1948년 이전의 땅도요."[17] 불현듯 그날의 내가, 거실 문간에 기대어
수화기를 귀에 대고 상류층 억양을 쓰는 《가디언》 편집자 두 명의
이야기를 들으며 안 되는 영어로 실랑이를 벌였던 것이 떠올랐다.
나는 편지에 1967년에 점령당한 도시들뿐만 아니라 도둑맞은 땅
전체를, 국제적으로 식민지의 일부로 적법성을 인정받는 땅까지도
전부 돌려받고 싶다고 쓰겠다는 고집을 굽히지 않았다.
편집자들로서는 글에 남겨두기 곤란한 문장이었다. 완전한 식민
종식을 요구하는 것이었다.

---

* 매케인은 2008년에 미네소타주 레이크빌 주민 간담회에서 한 참석자에게
  이렇게 답했다.

그러나 나는 한창때인 10대답게 최후통첩을 했고, 그들은 초고를 고치지 않고 실었다. 편지는 이렇게 끝난다. "한 가지 소원을 이룰 수 있다면, 저는 모두의 권리를 되찾겠습니다. 그들이 골목에서 노는 꼬마에게서 훔쳐 간 작은 공부터 노인에게서 훔쳐 간 너른 농토까지." (나는 3년 뒤에 오바마의 암묵적인 답장을 받았다. 당시 미국 역사상 일괄 원조로는 최대 규모였던 380억 달러의 군사 원조를 이스라엘 정권에 제공했던 것이다.)

이 기억은 내가 아동 옹호가에 대해, 그리고 어린이 전반에 대해 받아들여왔던 것들을 상당 부분 해소해주었다. 어린이임은 어떻게 정의되는가? 어린이에게는 제 주변의 세계에 관해 어떤 할 말이 있는가? 내 여동생 마하가 막 일곱 살이 된 무렵에 어느 정착자가 다섯 살 에나스 칼릴*을 차로 치어 살해했다. 마하가 등하굣길에 그 길을 건너면서 에나스를 생각하는지 종종 궁금했다. 예루살렘이나 레바논 남부에 사는 일곱 살짜리들이 뉴욕에 사는 일곱 살짜리들과 비슷한 방식으로 자랄까? 트라이베카와 사우스 브롱크스의 일곱 살짜리들이 똑같을까? 칼란디야 군사 검문소에서 껌을 파는 소년과 스위스에서 기숙학교를 다니는 소년에게 어떤 공통점이 있을까? 텔아비브의 소녀는 툴카렘의 소녀에게 무슨 말을 할 수 있을까?

---

* 에나스 칼릴(Enas Khalil, 2009-2014)은 라말라 북쪽 신질 마을에 사는 팔레스타인 소녀였다. 2014년 10월 19일, 한 정착자가 함께 집으로 걸어가고 있던 에나스와 친구 툴린 아스푸르(Tulin Asfour)를 차로 치어 에나스를 살해하고 툴린에게 심각한 부상을 입혔다.

어린이들은 어떤 영역에서 서로를 알게 될까? 무함마드 알두라를 처음 본 것은 두 살 반 때, 텔레비전 화면에서였다. 그는 모르겠지만 내게 '순교자'라는 말을 가르쳐준 것이 바로 아버지 뒤에 웅크리고 숨어 있던 그였다.* 15년 후에는 휴대전화 화면에서 아흐마드 마나스라를 마주쳤다.† 그 역시 차에 치였는데 내가 다닌 학교에서 15분 거리에 있는 정착촌에서였다. 머리에서는 피가 흐르고 다리는 뒤로 꺾인 그를 둘러싼 군중이 히브리어로 외쳤다. 죽어, 이 개자식아!

바로 그날, 마라 바키르‡는 열여섯 살, 나는 열일곱 살이었다. 우리는 각자 집에 가는 길이었다. 셰이크 자라에 가까워질 무렵 우리의 하굣길이 교차했다. 버스 승객들의 고개가 일제히 왼쪽으로 돌아갔다. 창밖을 보니 마라가 제 피가 고인 웅덩이에 누워 있었다. 경찰이 총을 쏜 것이었다. 평소와 같은 혐의를 씌웠다. 내가 그녀의 이름을 알게 된 것은 몇 시간 후였다. 마라가 감옥에서 6년을 보낸 무렵, 내 이웃이자 여동생과 동급생인 누푸즈 함마드**가 학교에서

---

* 무함마드 알두라(Muhammad al-Durrah, 1988–2000)는 제2차 인티파다 초기 가자 지구에서 점령군에 의해 살해당한 열두 살 팔레스타인 소년이다. 그는 2000년 9월 30일에 아버지 자말(Jamal) 뒤에 웅크리고 숨어 있다가 총에 맞았다. 이 살인은 전 세계에 생중계되었다. 2023년 10월 15일, 이스라엘의 가자 지구 공습으로 자말 알두라의 형제들이 살해당했고, 무함마드를 살해하고 23년이 지난 2024년 1월 18일, 이스라엘 점령군은 가자 부레이즈 난민촌에서 그의 형제 아흐마드(Ahmad)를 살해했다.

† 아흐마드 마나스라(Ahmad Manasra)는 피점령지 예루살렘 베이트 하니나 출신의 팔레스타인 정치수다. 열세 살이었던 2015년에, 피점령지 예루살렘에 있는 이스라엘인 정착촌 피스갓 제브(Pisgat Ze'ev)에서 정착자들을 찌른 혐의로 체포되었다. 9년 6개월 형을 선고받고 이스라엘 감옥에 수감되었으며 2021년 11월부터 독방에 갇혀 있다. 시온주의 국가가 그에게 가한 신체적·심리적 고문은 국제적으로 널리 보도되었다.

‡ 마라 바키르(Marah Bakir)는 피점령지 예수살렘의 베이트 하니나 출신으로, 팔레스타인 정치수였다. 바키르는 2015년 10월 12일에 이스라엘 점령군의 총에 맞았다. 예루살렘 셰이크 자라에서 이스라엘 경관을 칼로 찔렀다는 혐의였다. 바키르는 수감자 교환 협약의 일환으로 2023년 11월 24일에 석방되었다.

** 누푸즈 함마드(Nufooz Hammad)는 셰이크 자라 출신 정치수였다. 열네 살이었던

경찰에 체포되었다. 혐의는 평소와 같았다. 누푸즈는 마라 이야기를
들은 적이 있었을까, 아니면 감옥에 가서야 알게 되었을까.*

어린이들은 감금을 어떻게 생각할까? 왈리드 다카†는 인질로 잡혀
있었던 오랜 시간 동안 딸 밀라드에게 자신이 사는 곳에 관한
이야기를 하면서 "감옥"이라는 말을 쓰지 않았다고 적었다.[18]
당시에 겨우 두세 살이었을 밀라드는 "감옥이라는 말의 뜻을
배우기 한참 전부터 감옥이 어떤 곳인지 잘 알게 되었다. 그녀에게
감옥이란 문이 없는 곳이었다". 그런 곳에 잡아먹힌 어린이들은
어떻게 될까?‡ 왈리드는 "감옥 세계에서 어린이라는 것은
짐"이라고 말했다. "간수들의 잔인함 앞에서" 어린이들은 제
취약한 면모들을 버리려 애를 쓰게 된다는 것이다. 다카는 자신에게
담배 한 개비를 청한 열두 살 아동 수감자—"아동 수감자"라니 이게
대체 무슨 말인가—와 만난 일을 이렇게 썼다.

> 감옥 담장 바깥, 정상적인 상황에서였다면 안 된다고 했을
> 것이다. 아이들이 담배를 피우기를 원치는 않으니까. 하지만
> 이곳에서 아이들이 이런 부탁을 하는 것은 닥쳐온 갇혀 지낼
> 세월에 더 잘 맞설 수 있도록, 혹은 체포당하면서 겪은 폭력에서
> 회복할 수 있도록 얼른 자라고 싶어서라는 생각이 스쳤다.

2021년에 길 건너 알가위(Al-Ghawi) 가족의 집에 사는 정착자들을 찌르려 했다는
혐의를 받았다. 2008년에 정부 지원을 받는 정착자 단체에서 강탈한 집이었다.
그녀는 이스라엘 구금 시설에서 가장 어린 팔레스타인 여성 수감자였다. 마라
바키르와 같은 수감자 교환 협약으로 석방되었다.
* 누푸즈와 마라 둘 다 2023년 11월 하순에 정착자 국가와 하마스가 맺은 수감자 교환
협약으로 석방되었다. 여성 및 아동 구금자 117명이 석방된 협약이었다.
† 왈리드 다카(Walid Daqqa, 1961–2023)는 이스라엘 감옥에 최장기간 수감된
팔레스타인 정치수다. 작가, 소설가이자 철학자다. 2019년에 감옥에서 정액을
밀반출해 외동딸 밀라드(Milad)를 낳았다. 같은 방식으로 태어난 10대 소년이
주인공인 청소년 소설 『올리브유의 비밀 이야기』를 출간하고 딱 한 해 만이었다.
‡ 2024년 6월 현재, 팔레스타인 아동 240명이 이스라엘 감옥에 있다. 다음을 보라.
Zhang, "Israel Is Currently Imprisoning."

담배를 피우면서 "봐, 나 어른이야" 하고 선언하는 것 같았다.
그래서 한 개비를 건넸다.[19]

4년 형을 받은 지 얼마 안 된 참이었던 이 아동 수감자는 담배를
피우고 싶은 것이 아니었다. 간수들의 눈에 더 세 보이게 해줄, 담배
피우는 행동을 원한 것이었다. "그는 빨리 어른이 되고 싶었다."[20]
서둘러 남자가 되고픈 소년에게 무슨 말을 할 수 있을까? 라미 함단,
타미르 라이스, 카시우스 터비를 닮은 이들은, 그들을 사냥하는
세상에서 어떤 끝을 맞게 될까?* 그들은 어디로 도망할까?
"교회로"? "다른 게토들로"?† 아니면 "위스키나 주삿바늘"로
가나?[21] 그런 세상에서 소년들은 남자다. 소녀들도 남자, 여자들도
남자다.[22] 남자일 뿐 아니라 투사다. 저격수의 세계관에서는 전부,
저격수의 죽음을 획책하는, 투사들이다.

간수가 [그 아동 수감자]에게 담배를 버리라고 소리를 지르고는
아이가 담배를 피우는 광경을 한탄하며 히브리어로 혼자
구시렁댔다. 그러나 그 작은 손이 수갑을 찬 모습에는 별 감정이
안 드는지 지체 없이 수갑을 채웠다. 하지만 아이의 손목이 너무
가늘어서 수갑을 채우느라 애를 먹었고, 결국 발목에다
채우기로 했다.[23]

---

* [역주] 2024년 3월, 이스라엘 경찰은 피점령지 예루살렘에서 불꽃놀이용 폭죽을 갖고
  있던 열두 살 팔레스타인인 라미 함단(Rami Hamdan)을 사살했다. 2014년 11월, 미국
  오하이오주 클리블랜드 경찰은 장난감 총을 갖고 있던 열두 살 흑인 타미르 라이스
  (Tamir Rice)를 사살했다. 총을 쏜 티머시 로먼(Timothy Loehmann)을 비롯해 이
  사건에 연루된 경관들은 기소되지 않았다. 2022년 10월, 잭 브리얼리(Jack Brearley)
  등은 열다섯 살 오스트레일리아 원주민 카시우스 터비(Cassius Turvey) 일행을
  폭행했고, 카시우스 터비는 열흘 후 결국 사망했다. 가해자로 기소된 네 명 중 두 명이
  고의적 살인, 한 명이 우발적 살인으로 징역형을 선고받았다.
† 제임스 볼드윈은 이렇게 적었다. "나는 열 살이었고 확실히 그보다 나이 들어 보이지는
  않았다. 경관 두 명이 내 몸을 수색하고 내 혈통과 그에 따라붙는 성적인 능력을 두고
  웃긴 (그리고 무서운) 상상들을 늘어놓았다. 놀이 삼아 즐겼다. 그걸로도 모자라 나를
  할렘 어느 공터에 눕혀놓았다." Baldwin, "Letter from a Region in My Mind."

다카는 겁에 질린, 연약한 열두 살짜리가 아들같이 느껴졌다. 그의
아비가 되어주고 싶었다. 그를 보듬어주고 그가 겪은 부정의에
눈물이라도 흘리고 싶었지만, 소년이 무엇을 바라는지를 생각했다.
"나는 감정을 숨겼다"라고 했다. 어린이에게 주체성이 있는가?
그래서 흑표당은 어린이들에게 정치 교육을 해야 한다고 했던
것일까?[24] 그래서 다카와 카나파니가 각각 『히카얏 시르
알자이트』와 『알킨딜 알사히르』를 써서 그들에게 말을 건넸던
걸까?[25] 다카가 만난 아동 수감자는 자신이 감옥의 캄캄한
수용실보다 더 크다는 것을 스스로와 남들에게 증명해 보이려
아슬아슬한 줄타기를 했다. 그는 담장 안에서 자신이 움직일 수
있는 여지를 마련하려 했다. 감옥은 자유를 찾기에는 이상한
곳이지만, 어쨌거나 감옥에 가면 자유를 원하게 된다.* "그가
되고자 하는 남자의 상을 깨고 싶지 않았"던 다카는 "그에게 다가가
동지로서, 그리고 맞수로서 악수를 하고 안부를 물었다. *어떻게
지내시나, 투사여!*"

어린 소년들이 투사가 될 수 있는가? 우리는 인터넷상의 이미지들
속에서 그들을, 햇볕에 그을린 얼굴을 찡그린 채 자그마한 몸으로
무거운 소총을 메고 있는 모습을 보곤 한다. 열두 살 남짓한 그들은
"지난 봉기에 참여한 연장자들의 이름을 외고", "그 영웅적인
죽음을 떠올리면 여전히 눈물이 흐르"게 하는 영웅을 꿈꾼다.[26]
우리는 방글라데시에서 글을 읽을 줄 모르는 소년들이 찻집
노동자로 위장해 적의 억류자 수용소를 폭파하고 뜻도 발음도
모르는 말이 적힌 상을 받았다는 이야기를 읽는다.† 아이들은

---

* "감옥은 자유를 찾기에는 이상한 곳이지만 나는 그곳에서 난생 처음 자유를 찾았다."
  Newton, *Revolutionary Suicide*, 99.
† 샤히둘 이슬람 랄루(Shahidul Islam Lalu)는 1971년 방글라데시 해방 전쟁 때
  방글라데시 저항 단체 무크티 바히니(Mukti Bahini)에서 활동한 아동 게릴라
  전투원이었다. 열두 살 나이에 방글라데시 탕가일의 고팔푸르 우파질라에서 파키스탄
  벙커 두 곳을 폭파하는 전략적 공격에 핵심적인 역할을 했다. 그 용기를 높이 산

영웅이 될 수 있을까? 아이들이 제닌에서 자전거를 타고 폭발물과
잔해 사이를 지나 난민촌에 갇혀 있는 부상자들에게 음식과 약을
날라주었다는 이야기를 읽는다.* 예리코로 가는 길에 차창 너머로
마지막 남은 휴지 한 상자만 사달라고 부탁하는 그들의 지친
목소리를 듣는다. 그들이 세계 최연소 언론인이 되었다는 소식을,†
바다 건너에서 캐묻는 어른들에게 자신들의 활동은 "책임 [……]
마땅히 해야 할 일 [……] 의무"라고 말했다는 이야기를 듣는다.‡
도둑맞은 집과 도륙당한 형제자매, 닥쳐온 죽음, 그리고 소생에
대해 보도하는 것을 듣는다. 그들이 영웅이 되어야 하는 것일까?

그들은 우리에게 말을 걸지만 우리는 그들에게 답하지 않는다.
우리는 3인칭으로 그들에 관한 이야기를 하고, 우리를 좇는 그들의
시선을 외면한다. 그들을 우리 시야의 가장자리에서 벌어지는
불운으로 여긴다. 하지만 그들은 썩은 세상의 징후, 우리가 어떤
세상을 만들었는지를 알려주는 지표다. "아이가 담배를 피우는
광경을 한탄하"는 간수와 별다를 것 없이, 우리는 아동 전투원을
생각하며 진저리를 친다. 입을 앙다물고 화염병을 던지는 소녀를
보고 싶은 이가 어디 있겠는가? 그러나 우리는 계속해서 그들을 숨
막히는 낭떠러지로 떠민다. 저 간수와 마찬가지로, "그 작은 손이
수갑을 찬 모습에는 별 감정이 안 드는" 채로.

방글라데시 정부에서 그를 비르 프로틱 무공상 최연소 수상자로 선정했다. 랄루는
고팔푸르의 가난한 농민 가정에서 태어났고 글을 몰랐다. 이렇게 공로를
인정받았지만 전쟁이 끝나고도 그는 자신이 상을 받았다는 것을 알지 못했다. 암나
알리(Amna Ali)와의 대화에서 인용.

* 2024년, 제닌에 최대 규모 수준의 습격이 벌어졌을 때의 일이다. 알 자지라에 실린
자라르(Jarrar)의 인터뷰를 보라.

† 2016년, 당시 열 살이었던 잔나 지하드(Janna Jihad)는 "팔레스타인 최연소 언론인"으로
칭해졌다. 2023년에는 "당당히 기자 조끼와 헬멧을 갖추고 어른 아이 할 것 없이
인터뷰를 하는" 아홉 살 라마 자무스(Lama Jamous)가 "가자에서 이어지고 있는
인종학살을 보도해 국제적으로 알려지게" 되었다. 다음을 보라. Sarkar, "Janna Jihad";
New York War Crimes, "Lama Jamous' Reporting."

‡ "The Future of Gaza."

나도 아이에게—어떤 아이라도—수류탄을 들리는 데 반대한다.[27]
하지만 세계가 직시해야 하는 사실이 있다. 피억압자의 맥락에서
어린 시절이란 알아볼 수도 없을 지경으로 뒤틀린다는 사실,
식민주의자들이 애용하는 주장대로 문화적 퇴보 혹은 '우리가 우리
아이들에게 증오를 가르치기' 때문이 아니라, 우리 세계에서 아동과
그 가족에게 가해지는 끊임없는 식민적 격하 때문에 그렇게 된다는
사실 말이다.

사람들은 능력이 있고 성실하면 운이나 환경을 이길 수 있다고
주장하곤 한다. 그러나 정말로 계급을 벗어날 수가 있는가? 제임스
볼드윈은 "자신의 상황을 바꾸기 위해 할 수 있는 일이 극히 적다는
것쯤은 그다지 똑똑하지 않아도 알 수 있다"라고 말한 바 있다.
자신을 비인간화하는 이들과 함께 사느라 "쉼 없이 이유 없는
수모를 당하고 위험을 겪다 보면 비상하게 예민하지 않아도 지칠
대로 지쳐 낭떠러지 끝으로 내몰린다"라는 것이다.* 조기 개입과
아동 발달의 연관성에 대한 여러 가지 주장이 있다. 팔레스타인
어린이들에게 절실한 교육과 심리적 지원이 제공된다면 군사점령의
트라우마와 장기적 영향에 더 잘 대응할 수 있을 것이라고 한다.[28]
하지만 검문소, 습격, 정착자와 군대의 폭력에 끊임없이 노출되는
일만이 아니라 그들의 인격에 대한 가차 없는 공격으로도 나타나는
식민 폭력의 참혹한 현실은 팔레스타인에서 식민 지배를 철폐하지
않는 한, 아무리 지원이 많아도 어린이들을 일상의 침식이 남기는,
깊고 오래가는 상처로부터 지켜주지 못함을 보여준다. 「아르나의
아이들」이 떠오른다.†

---

* 볼드윈은 할렘에서 함께 자란 친구들을 생각하며 「내 마음속 한곳에서 보내는 편지」
   (Letter from a Region in My Mind)에 이렇게 적었다.

† 「아르나의 아이들」(Arna's Childeren)은 제닌 난민촌에 거주하는 팔레스타인
   어린이들의 삶과 그들이 아르나 메르카미스(Arna Mer-Khamis)가 연 지역 연극
   모임에 참여하는 모습을 기록한 다큐멘터리다. 아이들 중 일부는 자라서 팔레스타인
   저항 투사가 되었다. 이 다큐멘터리는 연극 모임에서 보낸 그들의 어린 시절을 어른이
   되어 무기를 들고 결국은 순교하는 모습과 교차해 보여준다.

영화 초반에, 여덟 살이 안 되는 팔레스타인 소년 소녀 몇 명이 제닌의 한 극장에서 미술 치료를 받는다. 1990년대 초다.* 한 소년이 고양이를 흉내 내며 여기저기로 뛰어다닌다. "이 아이는 니달입니다. 모임에서 제일 어리죠. 6년이라는 세월이 지나 알아크사 인티파다 때가 되면 니달은 이슬람 지하드 운동에 동참해 이스라엘군에 맞서 싸우다 죽게 됩니다"라는 해설이 나온다. 크레용이, 워크숍이, 비할 데 없는 선의가 있어도, '조기 개입'이 이루어져도, 그들의 공동체와 안전하다는 느낌을 완전히 무너뜨린 식민자의 잔혹성은 아이들을, 적어도 그 대부분을 무장 투쟁으로 떠밀었다. 그들 중 여럿이 제2차 인티파다에서 이스라엘 점령군에 맞서 싸우거나 2002년 제닌 전투에서 주요한 역할을 맡았다.

줄무늬 셔츠를 입은 다른 소년이 니달을 보며 장난스레 짓는다. "이 아이는 니달의 형 유세프입니다. 이 모임의 재담꾼이죠." 내레이터가 말을 잇는다. "5년 후, 2001년 10월, 유세프는 [……] 친구와 함께 이스라엘에서 자살 공격을 감행하게 됩니다."[29]

그리고 이쪽은 아슈라프입니다. 유세프의 가장 친한 친구죠. 우리는 아슈라프를 '환하게 웃는 꼬맹이'라고 불렀습니다. 아슈라프는 알아크사 인티파다 때 제닌 전투에서 투사 그룹을 이끌게 됩니다. 아슈라프를 처음 만난 것은 그가 아홉 살이었을 때, 폐허가 된 그의 집에서였습니다. 이스라엘군이 옆집을 폭파하면서 그의 집도 무너졌죠. 이곳은 그의 친구 알라가 살았던 집입니다. [……] 8년이 지나면, 알라는 제닌 알아크사 여단의 수장이 됩니다.

* 아르나 메르카미스(1929-1995)는 피점령지 팔레스타인의 상부 갈릴리에 있는 로시 피나 정착촌에서 태어난 유대인 교사이자 활동가다. 예술 치료 단체 돌봄과배움(Care and Learning)을 창립했으며, 그 활동을 계기로 2006년에 아들 줄리아노와 함께 제닌 난민촌에 제닌자유극장(Jenin Freedom Theater)를 설립했다. 1993년에 '팔레스타인 아동 보호 및 교육에 대한 열정적인 헌신'으로 바른생활상(Right Livelihood Award)을 수상했다.

영화의 주인공 중 하나는 자카리아 주베이디로, 그는 제닌 전투 때 점령군의 총에 어머니와 형제를 잃었다. 알아크사 순교자 여단 대원이었으며 아르나의 아이들 중 한 명이었다. 2021년, 그는 다른 다섯 명과 함께 철통 보안을 자랑하는 길보아 감옥에서 전설적인 탈옥을 감행했다.[30] 최근에 발굴된 오래전 인터뷰에서 주베이디는 카메라를 보며 이렇게 말한다. "제 아들은 교육을 받기를, 저보다 나은 삶을 살기를 바랍니다. 과학 학위를 따면 좋겠어요. 의사가, 변호사가, 엔지니어가 되면 좋겠어요. 그게 제 꿈입니다. 그렇게 될 수 있도록 노력할 거예요. 하지만 일단은 이스라엘이 제 아들이 자랄 수 있게 허락해주어야겠죠."[31] 그의 아들 모함메드 주베이디는 저항에 합류했다. 2024년 9월 5일, 겨우 스물한 살 나이에, 모함메드는 피점령지 서안의 투바스를 급습한 이스라엘군에 의해 다른 네 명과 함께 살해당했다.[32]

팔레스타인인은 그가 자궁을 나오는 그 순간 "아이가 아니게 된다"(unchilded)—"언제 어디에나 존재하는 기계 장치"에 의해 아동기에서 내쫓겨 아무짝에도 쓸모 없는 존재인 동시에 위험천만한 시한폭탄으로 취급받는다.[33] 팔레스타인인은 처음으로 창살 너머의 삼촌에게 말을 걸거나 고모에게 양철 지붕에 관해 묻거나 거리 표지판에서 지워진 글자들을 해독해보려 할 때 아이가 아니게 된다. 아니면 콘크리트 배관 옆에서 아버지를 껴안고 지금 들리는 폭음은 그냥 불꽃놀이 소리일 뿐이라고 혼잣말을 할 때. 아니면 해변에서 축구를 할 때.* 팔레스타인 아동은 이런 경로를 따라가다 어디에선가, 살해당한 제 또래 친구를 두고 쓰인 "합법적으로 죽임당한 아동"이라는 말과 마주치게 될 것이다. 어느 예일대 교수는 《애틀랜틱》에 어떻게 "아동을 합법적으로 죽이는

---

* 2014년 7월 16일, 아홉 살부터 열네 살 사이의 소년 네 명—이스마일 바크르(Ismail Bakr), 자카리아(Zakaria) 바크르, 아헤드(Ahed) 바크르, 모하메드(Mohamed) 바크르—이 가자시의 한 해변에서 축구를 하다가 이스라엘의 함포에 살해당했다.

것이 가능한지"에 관한 칼럼을 쓸 것이다.[34] 그리고 저격수는
명령을 따른다.

팔레스타인인은 그녀가 처음으로 등굣길에 검문소를 통과하다 셔츠
아래로 들어오는 낯선 이의 손의 무게를 느낄 때, 처음으로
동급생의 빈 책상 옆에 앉아 또 한 송이의 장미를 바칠 때, 아이가
아니게 된다. 아니면 버스를 타고 집에 돌아가는 길에 차창 너머로
굳어가는 웅덩이 속에 누운 또 한 명의 여학생을 보게 될 때. 그녀는
처음으로 어머니의 사진에 걸린 검은 리본에 관해 혹은 이웃들이
축하를 하면서 우는 이유를 물을 때 어린 시절에서 쫓겨난다.
처음으로 군복색 바다에서 물수제비를 뜰 때 혹은 천조각을 적셔
병목에 밀어 넣을 때, 혹은 무릎 속에서 강철 번데기가 나비로
우화하는 것이 느껴질 때.* 팔레스타인 소년은 처음으로 법봉
휘두르는 소리를 듣거나 가녀린 손목에 닿는 차가운 쇠를 느낄 때
강제로 어른이 된다. 침이 고인 웅덩이에 비친 제 모습을 본다.
흰머리가 보인다. 심문실 형광등 달빛 아래서 자라며 성인식을
맞는다.

---

* 확장탄(혹은 덤덤탄[dum-dum bullet]), 통칭 '나비탄'은 착탄 시 펼쳐지거나
  부서지도록 설계된 탄환으로 조직을 찢고 뼈를 부스러뜨리며 여러 개의 상처 통로를
  만든다. 탄환이 조각나면서 몸 곳곳으로 퍼져나가 심각한 내부 손상을 일으킨다.

팔레스타인을 지지하는 외교적·문화적 호소는 대다수까지는 아니더라도 상당수가 아동기를 착취해 우리의 인간성을 입증하려 든다. 이 전술을 지지하는 이들은 악의적이건 의도는 좋건 간에 갖은 수를 써서 이를 합리화한다. 어떤 이들에게 그것은 이렇게나 적대적인 정치적 분위기 속에서 실행 가능한 몇 안 되는 정치적 전략 중 하나이고, 또 어떤 이들에게 그것은 정치가 아니라 보편적 가치에 관한 것이다. 그러나 이 같은 논리 중 어떤 것도, 이 현상의 핵심에 있는 인종주의를 공격하지는 않는다. 우리를 이리로 끌고 온 것은 팔레스타인인에 대한 비인간화, 차례차례 이어진 나크바다. 우리 민족에 대한 악마화, 차례차례 이어진 인티파다. 특히, 팔레스타인 남성에 대한 악마화가 우리 스스로 우리 인간성을 아동기에, 정치와는 동떨어진 것으로 여겨지는 상태에 배치하도록 몰고 왔다.

하지만 많은 이들이 아이들조차 저격수의 피의 충동을 피하지 못한다는 것을 간과한다. "잠깐만요, 가자에서 어린이들이 저격수의 총에 맞고 있다는 말씀인가요?" 한 CBS 뉴스 기자가 이제 막 가자에서 돌아온 정형외과 전문의 마크 펄머터에게 묻는다. "바로 그렇습니다." 그의 답이다. "총알이 너무도 완벽하게 가슴에 명중한 아이 두 명의 사진을 갖고 있습니다. 제가 청진기를 쓸 때도 그렇게 정확하게 심장에 갖다 대지는 못합니다."[35] 우리는 어째서 시온주의의 탄환도 피하지 못하는 어린이가 아무튼 나이 덕에 우리의 학자들을 깎아내리고 언론인들을 악마화하는 시온주의 장치의 비인간화와 인종주의는 피할 수 있다고 믿는가? 저격수는 우리 집 옥상만이 아니라 회의실과 기자실에도, 대학 교정과 병원 복도에도 도사리고 있다.

2023년 2월, 런던의 첼시·웨스트민스터 병원은 시온주의 단체인 이스라엘을위하는영국법조인들(UKLFI)의 압력에 굴복해 병원에

전시 중이던 팔레스타인 학생들의 작품을 철거했다. 그 결과에
'흡족해한' UKLFI에 따르면, 그들이 병원에 항의한 것은, 우습게도,
분노스럽게도, "전시로 인해 취약해지고 피해를 받는 기분이
들었다고 말한" 유대인 환자 몇 명을 대신해서였다.[36] 월급을 받는
어른들이. 그 무엇도 시온주의의 반발을 피해 가지 못한다.
순하디순한 아동 도서도, 가자의 어린이들이 만든 채색 도자기도.
훈장까지 받은 학자도, 나 역시도.

나는 이제 어린이가 아니다. 어린이다움은 이제 내 논의의 에토스가
되어주지 않는다. 모든 팔레스타인 남성이 그렇듯, 나는 내가 하는
말이나 내 성격이 아니라 근본적으로 인종주의적인 렌즈를 통해
보아진다. 어느 대학을 가든 물론 따뜻한 환대를 받지만, 점령
문제를 대변하는 나의 신뢰도를 깎아내리려는 전단, 신문 논설,
성명 또한 나를 맞이한다. 내 평생이 점령당한 주체인데도 말이다.*
이처럼 나도 항상 마이크를 잡지는 못한다면, 누가 잡을 수 있을까?
에드워드 사이드가 마이크를 잡지 못한다면, 우리네 어린이들이
마이크를 잡지 못한다면, 누가 잡을 수 있을까? 대체 누구에게
서술이 허락되는가?

* 프린스턴대학교에서 열린 '완벽한 피해자' 첫 강연은 경찰로 둘러싸이고 가득 찬
  강당에서 진행되었다. 시작도 하기 전부터 이 강의에 항의하는 여러 기사, 성명,
  전단이 나왔다.

특히 당시에는 많은 책이 그랬다 [……] 내 어깨 너머에서
화자가 다른 누군가에게, 백인인 누군가에게 말을 거는 것이
느껴졌다. 내게 말하는 것이라면 설명할 필요가 없는 것들을
설명하고 있었기 때문에, 모를 수가 없었다.

―토니 모리슨[37]

기적적인 깨달음―이따금 시온주의자 하나가 나서서 이야기한다.
아마도 "이제 우리는 가자 나크바를 시작할 것이다"* 혹은
"베이루트는 불바다가 되어야 한다"†라며 떠벌리거나, 병사가
팔레스타인 수감자를 강간할 권리를 옹호하는‡ 정치인이다.
이스라엘 공인이나 정부 기관의 인종학살적·인종주의적·
확장주의적 수사는 깊이 파볼 것도 없이 너무도 쉽게 찾을 수 있다.
이스라엘 방송을 보거나 소셜 미디어의 히브리어 게시물을
아무거나 번역해보거나 시온주의 언론을 읽는 것으로 충분하다.
그런 발언들이 그토록 무례하고 오만한 것만은 아니다. 내부자가
조심스레 밝히거나 얼떨결에 고백하면서 우리가 줄곧 말해왔던
것을 확인해주기도 한다.

가끔가다 한 번씩, 자유주의적인 시온주의 신문에서 "이스라엘은
정착자 식민 국가"라고 공언하는 헤드라인을 내거나,[38] "우리는
점령지에 아파르트헤이트 체제를 확립했다"라고 확언하는 전직
법무장관의 기명 논설을 싣는다.[39] 자신들의 정착자 식민지가
걱정되어 이스라엘의 정책이 폭력적이고 전제적이며 무엇보다도

---

* 이스라엘 농업부 장관 겸 안보 국무위원인 아비 디히터(Avi Dichter)가 2023년 11월
11일에 채널 12(Channel 12)에 한 발언.
† 전직 장관 요아즈 헨델(Yoaz Hendel)이 2024년 9월 이스라엘 공영방송 칸(Kan)
텔레비전에 한 발언.
‡ "사람 항문에 막대기를 삽입하는 게" 정당하냐는 질문에 크네세트 의원 하노흐
밀비츠키(Hanoch Milwidsky)는 "[하마스 전투원]이라면 무슨 일을 하든 정당하죠,
무슨 일이든!"이라고 답했다. Cordall, "'Everything Is Legitimate.'"

지속 불가능하다고 비슷한 경고를 하는 전직 장관들도 있다.*
시온주의의 아버지들이 남긴 일기와 선언문에는 비슷한 인정이
넘쳐난다. 시온주의가 반유대주의를 무기로 삼는다는 것을
보여주려 할 때 우리는 헤르츨†을 인용한다. "반유대주의자들은
우리의 가장 의지할 수 있는 친구가, 반유대주의 국가들은 우리의
동맹이 될 것이다."[40] 우리의 저항을 정당화하려 할 때에는 그래도
자각이 있던 자보틴스키‡를 인용한다. 그는 러시아어로
팔레스타인인들은 "아즈텍인이 자신의 멕시코를 보고, 수족(族)이
자신의 대초원을 볼 때처럼, 본능적인 사랑과 참된 열정으로
팔레스타인을 본다"라고 쓴다. "원주민 민족의 동의하에 시행된
식민화"는 전례가 없으며 "문명화되었든 아니든 원주민 인구는 늘
식민지 이주자들에게 완강히 저항했다".[41]

때로 이런 뜻밖의 말을 끌어내는 것은 도덕적 긴급성이라는
감각이다. 어떤 아우슈비츠 생존자는 그 누구에게도 다시는 없어야
할 일이라고 말할 것이다. 어떤 젊은 리퓨즈니크**는 공개적으로
점령에 반대할 것이다. 도덕적 우월성 때문일 때도 있다.

* "언젠가 두 국가 해법이 무너지는 날이 오면 우리는 평등한 투표권을 요구하는
  남아프리카공화국식 투쟁을 맞닥뜨리게 될 것이며, 그렇게 되면 이스라엘 국가는 곧
  끝장날 것이다." 전 총리 에후드 올메르트(Ehud Olmert)가 2010년에 《하아레츠》
  (Haaretz)와 한 인터뷰.
† 테오도르 헤르츨(Theodor Herzl, 1860-1904)은 헝가리 페스트 태생으로 시온주의의
  가장 중요한 선구자들 중 하나다. 1896년에 낸 『유대국가』(Der Judenstaat)와
  1897년에 만든 세계시온주의기구(World Zionist Organization)로 잘 알려져 있으며,
  이를 통해 팔레스타인 식민화를 도모했다.
‡ 블라디미르 자보틴스키(Vladimir Jabotinsky, 1880-1940)는 1946년에 예루살렘의
  다윗왕호텔을 폭파하고 1948년 4월에 데이르 야신 학살을 일으킨 시온주의 군사 조직
  이르군(Irgun)의 공동 설립자다.
** [역주] 영어 리퓨즈(refuse)와 슬라브어 어미 니크(nik)의 합성어로 '거부자' 혹은
  '거절자'로 옮길 수 있다. 원래는 소련에서 이스라엘로 이주하기 위한 출국 허가를
  거부당한 유대인을 가리키는 말이었으나 현재는 이스라엘군 복무를 거부하는
  병역거부자를 가리키는 말로 널리 쓰인다. 이들은 (이스라엘이라는 국가나 군대의
  존재 자체에 반대하기보다는) 계속되는 점령과 영토 확장에 반대하며, 직접적으로는
  가자 지구, 서안 지구 등 점령지에서의 복무를 거부한다.

    기적적인 깨달음

팔레스타인의 어떤 정착자는 더 나쁜 정착자들에 관한 영화를 만들 것이다. 탄투라에서 우리 선조들을 집단 무덤에 묻어버렸다고 증언하면서 웃음을 터뜨리는 이들에 대해, 우리가 영화로, 소설과 노래로, 구술사로 애끓는 기억을 수십 년간 이야기해온 바로 그 대학살에 대해서 말이다. 회한에 젖어 고해실로 들어가는 경우도 있다. 어떤 병사는 긴 세월 재미 삼아 아이들을 불구로 만들고 시위대를 사냥한 끝에 양심의 가책에 괴로워하다 침묵을 깨기로 한다. 물론 그렇게 우리네 마을과 난민촌에서 저지른 극악한 행위를 실토해도 그는 법적으로 면책받는다. 그는 잠을 이루지 못한다. PTSD를 겪는다. 그래서 자연스레 대학 순회 강연에 나서 박수를 받고 케케묵은 말들을 듣는다. 그는 환히 밝힌 무대를 고해실 삼아 죄를 고백하고, 조금의 상처도 입지 않고 여흥을 즐긴 청중이 그의 남은 죄를 모두 사한다. 대단한 용기다.

우리는 그런 독백에 집착한다. 문학과 언론에서, 여러 활동가 모임과 시민사회 모임에서 우리는 얼른 그런 이들을 인용한다. 시온주의의 선구자들, 말버릇 고약한 정치꾼들, 총을 쏘고 눈물 흘리는 병사들을. 이스라엘 인권 단체들의 뒤늦은 기적적인 깨달음을, 우리가 오래도록 제기한 혐의의 증거를 제공하는 전직 장관들의 깨달음을 서둘러 들먹인다. 사람들은 '내부자의 입'으로 듣기를 좋아하지만, 그 입이 항상 믿을 만한 것은 아니다. 이스라엘 관료들은 가식에 능하고 고도로 훈련되어 있다. 위선과 반쪽짜리 진실의 거장들이다. 생방송 중에 격노해 곧잘 말실수를 하기도 하지만 분위기를 읽을 줄도 안다. 행간에서 살인과 절도를 정당화하는 법을, 아찔하리만치 강고한 언어로 전쟁을 숭배하는 법을 안다. 수십 년을 그래왔다. 최루탄 연기로 가득 찬 부엌에서 평화와 공존에 관한 연설을 숱하게 들었다.

그러면서도 베잘렐 스모트리치*가 "팔레스타인 민족 같은 것은 없다"라고 주장하면 말을 막는다. 심지어는 백악관도 한마디 한다.[42] 그의 부정론적 발언은 국제사회에 대한 모욕으로 간주되지만, 실질적인 팔레스타인 민족 뿌리 뽑기는 평소대로 진행된다. 정책과 절차를 통해 우리가 비가시화되는 것, 우리의 과거도 미래도 부정당하는 것이 표준 규약이다. 외교적으로 문제가 되는 것은 현실을 분명히 언어화하는 것이지 현실 자체가 아니다. 말이 뭐라고, 그들의 말이 뭐라고, 그렇게나 대단한지.

자보틴스키가 인정하든 인정하지 않든 나는 예루살렘 토박이다. 헤르츨을 읽어야만 시온주의자들이 팔레스타인을 식민화했음을 알 수 있는 것이 아니다. 사람이 사라지고 폐허만 남은 무수한 마을들을, 불도저와 새로 세운 깃발들을 보기만 해도, 사방 어디에서나 당신의 얼굴을 바라보고 있는 인종 청소의 증거를 찾을 수 있다. 나는 시온주의자들과 반유대주의자들이 전우임을 알고 있다. 네타냐후와 존 헤이기†가 포옹을 할 때마다 그 사실을 상기한다. 당신에게 내 조부모가 겪은, 나 스스로가 겪은 나크바에 대해 생생하게 들려줄 수도 있다. 레바논인이라면 사브라와 샤틸라에 관해, 1982년 침공에 관해, 내가 지금 이 글을 쓰는 동안 행해지고 있는 침공에 관해 들려줄 수 있는 것과 다름없이. 이집트인이라면 1969년의 소모전, 1970년의 바르 알바카르 초등학교 폭격에 관해 들려줄 수 있는 것과 다름없이.

---

* 별에 탄 얼간이. 이스라엘 재무장관이자 서안에서 정착촌 확장 및 팔레스타인 마을 파괴 옹호 활동을 하는 정착자 단체 레가빔(Regavim)의 공동 설립자다. '파시스트 동성애혐오주의자'를 자처한다. 우크라이나 출신 집안이다.

† 존 헤이기(John Hagee)는 미국의 목사이자 방송 설교자다. 기독교 시온주의 단체인 이스라엘을위한기독인연합(Christians United for Israel)의 설립자이자 의장이기도 하다. 설교를 하며 신이 "유대인들"을 "사냥"하라고 히틀러를 보냈다고 말한 적 있는 헤이기는 자주 시온주의 단체들의 초대를 받아 친이스라엘 시위에서 연설한다. "유대인은 지옥에서 영원토록 고통받을 것"이라고 말한 바 있지만 네타냐후 같은 이들은 그를 끌어안는다. Mathis-Lilley, "Critics Question."

이라크인이라면 1950년대에 수차례 이어진 바그다드 폭격에 관해 들려줄 수 있는 것과 다름없이. 내게는 우리 도시들을 집어삼키는 그들의 불길이 보인다. 더없이 변태적인 유의 폭력을 당하고 있는 우리 정치수들의 오랜 시간 무시되어온 절규가 들린다. 이스라엘 특파원들이 팔레스타인 언론인들이 이미 한 번, 두 번, 너무도 여러 번 터뜨린 특종을 '터뜨리기'를 기다린다. 그 희박한 죄책감이 솔직함을 뜻할 리가 없는데도 우리는 왜 우리를 살해하고 쫓아낸 이들에게 서술의 권위를 부여하는가? 멍든 우리의 몸이 진실을 낱낱이 말하고 있는데, 우리는 왜 몽둥이를 든 이들이 고백하기를 기다리는가?

시온주의 이데올로기에 내재하는 이런 끔찍함을 말할 때, 우리는 기껏해야 격정적이라고, 자칫하면 화와 증오로 가득하다고 받아들여진다. 하지만 실은, 우리는 그야말로 믿을 수 있는 화자들이다. 우리가 팔레스타인인이라서 그렇다는 것이 아니다. 서술할 권위를 우리가 차지해야 하는 것은 정체성에 기반해서가 아니다. 오히려, 억압해온 자들, 폭력을 독점하고 제도화해온 자들은 책임지고 해명하기는커녕 결코 진실을 말하지도 않을 것임을 역사가 알려주기 때문이다.[43] 다시 말해 "이스라엘은 아파르트헤이트 국가"라고 말하는 법무장관이 한 명 있으면, 이스라엘은 "중동 유일의 민주국가"라고 주장하는 이들이 십수 명씩은 있다는 뜻이다. 리퓨즈니크 한 명이 있으면, 신이 나서 점령군에 자원입대하는 유럽 젊은이가 한 명 있다. 가자에서 벌어지는 인종학살에 반대하는 이스라엘인 홀로코스트 생존자가 있으면, 굶주리고 포위된 수용소에서 살육극을 벌이러 집을 떠나는 손주를 안아주는 생존자도 있다.

팔레스타인인들이 말하거나 대변될 수 있는 경우는 오직 매끈한
수사적 장치, 영합, 호의적인 보증을 통할 때뿐이다. 이런 관행은
수십 년 동안 서구 제도권을 지배하며 담론의 입을 틀어막고 존엄을
빼앗아 갔으며, 옹호 활동에 둘러맨 목줄을 단단히 조여왔다. 또한
주류는 팔레스타인인들에게 적대적이기에, 팔레스타인에 대해
말하려는 이들도 정형화된 접근법을 취하게 된다. 예컨대 작가나
영화 제작자는 자주 글이나 다큐멘터리를 반유대주의 비난으로
시작한다. 요령이 좀 더 있으면 보다 미묘한 전술을 택한다.
관객에게 슈트라이멜과 케피예를 걸친 네투레이 카르타 구성원을
소개하거나 독자의 여정을 야드 바셈에서 시작하는 식이다.* 이런
기획들은 습관적으로 자유주의자 이스라엘 특파원이나 서구
논평가의 분석을 참고하고, 이스라엘 학자가 집필한 역사를
인용한다. 우리가 혐의와 주장을 제기할 때, 그들은 확인하고
뒷받침하고 입증한다. 우리가 제공하는 원자료에서 검증된
보고서를 추출하는 것이다.

내가 몸소 배운 바요, 학교를 마치고 집에 돌아올 때 매일같이
경험한 바다. 현장 연구자들, 인권 조사관들이 끊이지 않고 셰이크
자라의 우리 집을 찾아왔다. 금요일마다 우리 식탁에서 마클루바를
먹으며 열띠게 사진들을 보았다. 대개 포스터용 판지에 인쇄된
것으로, 내 할머니를 공격하는 병사들, 최루탄을 맞은 이웃들,
들것에 누운 나의 이모 등을 찍은 사진들이었다. 그들은
군사점령하에서 살아가는 데에서 오는 심리적 피해를 아귀같이
알고 싶어 했고, 우리가 정착자들에게 당하는 언어 폭력과 성적
괴롭힘에 관한 이야기를 악착같이 들으려 했다. 하지만 내가 뭐라도

*   [역주] 슈트라이멜(shtreimel)은 율법을 중시하는 하레디파 유대교도 남성들이
    유대교 기념일에 착용하는 털모자이며, 네투레이 카르타(Neturei Karta)는 시온주의와
    이스라엘국에 반대하는 하레디파 유대교 단체다. 케피예(keffiyeh)는 아랍권 남성들이
    머리에 쓰는 면직물로 팔레스타인 연대의 상징물로도 쓰인다.
    야드 바셈(Yad Vashem)은 예루살렘에 있는 이스라엘 국립 홀로코스트 추모관이다.

분석을 제시하려고 하면 더는 듣지 않는 것 같았다. 분석은 '진짜 전문가들' 몫이었다. 그들만이 우리의 트라우마를 평가하고 해석할 자격이 있었다. 그들만이 틀을 만들고 추상화할 자격이 있었다.

이 공식은 매체를 가리지 않았다. 너무 흔해서 우울해질 지경으로. 팔레스타인 작가가 쓴 것을 포함해, 책을 읽기 전에 인용 문헌 목록부터 보는 것이 습관이 되었고, 참고 문헌은 대개 빤했다. 정치 성향에 따라 일란 파페나 베니 모리스, 이르 아밈, 침묵을깨자, 예시 딘, 국제앰네스티 및 인권감시, 《하아레츠》와 《+972》, 《예루살렘 포스트》와 《타임스 오브 이스라엘》, 그리고 서구 언론 약간. 운이 좋으면 죽은 팔레스타인 학자 두엇도 끼어 있었다. 이 같은 청사진은 나쁘고 지루한 글을 예고했다.

물론 피를 묻혀본 적 없는 리퓨즈니크와 피에 젖은 채 회개하는 병사 사이에는 중대한 차이가 있다. 일란 파페와 베니 모리스 사이에는 이데올로기적 차이도 있다. 앞서 언급한 인물과 조직의 질이나 쓸모를 따로 논평하지는 않을 것이다. 내 관심은 이 호소의 정치의 동력을 심문하는 데 있다. 유대인들, 이스라엘인들, 서구인들이 덜 편향적이거나 보다 진실되다는 전제에는 전혀 근거가 없다. 그들이 이해 당사자가 아니라고 상정하고 있기 때문이다. 계속 그쪽을 인용하고 싶어 몸이 근질대는 것은, 토론 용어로 말하자면, 권위 논증(argumentum ad verrecundiam)이다.

여기서 이 설득 기술은 그들의 인권 단체로서의 권위가 아니라 유대 (혹은 유럽 혹은 미국) 기관으로서의 권위에 최우선적으로 호소한다는 점에서 오류가 있다. 방송에서 어느 인기 진행자가 이렇게 묻는다. "유대계 이스라엘인들이 활동하는 명망 있는 이스라엘 인권 단체 브첼렘이 이스라엘이 '아파르트헤이트 체제'를 구축했다고 비난했다고 해서 반유대주의 단체가 되나요? 그러면

마찬가지로 유대계 이스라엘인들이 활동하는 또 다른 이스라엘
인권 단체 예시 딘은 어떤가요?"⁴⁴ 여기서 체계적인 인종 지배를
통해 전개되는 아파르트헤이트라는 범죄는 뒷전이다. 논쟁은 요즘
같은 시대에 아파르트헤이트보다도 더 잔혹하고 더 파괴적인 범죄,
즉 유대 민족에 대한 선입견을 갖는 일을 저지르지 않으면서 이
정착자 국가를 아파르트헤이트 체제로 규정할 수 있는지를 살피는
데로 수렴된다. 그런 걸만 그럴듯한 추론이 '전략적'이라손
치더라도, 그것이 우리의 세계에 대해 무엇을 밝혀준단 말인가?

한 가지 가능한 설명은, 저자(혹은 다큐멘터리 제작자 혹은 발표를
맡은 고등학생)가 수용자들로 하여금 팔레스타인인의 증언을
소화하지 못하게 하는 의식적 혹은 무의식적 선입견이 있음을
인식하고 있으며, 저자가 스스로의 판단에 따라 독자들을
인종주의자로 여긴다는 것이다. 이럴 때, 관객에게 거울을 보게
하는 것은 어려운 선택이다. 그들을 어르는 쪽이 보다 대중적인
선택이다. 그러나 비(非)팔레스타인인의 목소리를 애용하는 전략도
독자의 반팔레스타인 편향을 그다지 피해 가지 못한다. 오히려
팔레스타인인의 목소리는 의심스럽거나 수준이 낮다는 인상을 굳혀
그런 편향성과 그것을 만들어내는 권력 구조를 강화할 뿐이다.

이런 기획들에서 팔레스타인 지식 생산자가 부재하는 것은
팔레스타인 지식 생산의 열등함을 보여주는 표지가 아니라, 산업
분야를 막론하고 지속되어온 삭제—아레프 알아레프, 살만 아부
시타, 로즈마리 재닛 사이드 잘란 같은 팔레스타인 역사학자들과
이야기하지 않으려 하고, 알하크, 아다미어, 아달라 같은 조직들을
배제하는 삭제—를 고발하는 증거다. 이스라엘 공직자들을 먼저
인용하고 팔레스타인인인들에 대해서는 서사시적 규모의 비극을 겪은
생존자들만 연단에 올려주면서 끝없이 양해하고 끝없이 부인하기를

요구하는 인종주의, 우리를 참고 문헌 목록에서 지워버리는
인종주의를 나타내는 것이다.

팔레스타인인들이 마침내 이런 작업들에, 스크린이나 지면에
도달할 때면 우리는 주인공이나 복잡한 캐릭터가 아니라 피해자로
재현된다. 우리가 역사를 만드는 것이 아니라 역사가 우리 몸을
짓밟는다. 우리의 저항은 흐릿해지고 우리의 계보는 지워진다.
우리는 저자의 논지를 뒷받침하기 위해 피와 멍을 증거로 내밀며
논평 없이 우리의 재난을 보고한다. 우리는 그들의—맥락 없는
전시품으로 큐레이션되는, 이해할 수 없게 나뒹굴도록 편집되는—
물건이 된다. "범례표도 설명도 없이." 1983년 팔레스타인 문제에
대한 제네바 국제 회의 당시 로비에 팔레스타인인들의 사진을
걸자는 에드워드 사이드의 요청에 UN은 이렇게 답했다. 당시 UN
자문위원으로 일하고 있었던 사이드에게 그의 생각에는 동의하지만
"범례표도 설명도 없이, 아무런 글 없이 [사진만] 전시할 수
있다"라는 조건을 걸었다.[45]

우리가 이런 수사적 장치들—찬란한 서구의 전문 지식이든
송곳니를 뽑힌 팔레스타인인의 증언이든—에 의지하게 되는 또
하나의 근본적인 이유는 아마도 단순히 그게 팔린다는 사실일
것이다. 모든 것이 그러하듯, 팔레스타인을 옹호하는 일은 자본주의
속에서 자본주의에 따라 행해진다는 것을, 우리의 고통이 거래되는
시장이 있다는 것을, 많은 이들에게는 이미 자명했을 그 사실을
깨닫자 한편으로는 정신이 번쩍 들기도 했지만 갈피를 잃게 되었다.
이런 현실 속에서 팔레스타인의 문화적·민족적 상징들이 상품화될
뿐 아니라 팔레스타인인 자체가 하나의 상품이, 청중이, 그리고
물론 소비자가 되어버린다. 이 시장은 우리에게 말끔하게 손질된
버전의 팔레스타인인을 제조하라고 요구한다. 그 목적은 다른
무엇도 아닌, 여흥을 주는 것이다. 이 상품화된 옹호의 산업은 저

자신의 지속을 위해, 우울해질 지경으로, 이미 효과가 검증된
비유들에, 신화 만들기에, 음란하다고 말해도 좋을 소비자들의
욕구를 충족하는 선정적인 스펙터클에 의지하게 된다.

이스라엘인들과 팔레스타인인들이 공동 제작한 영화라는 장르를
생각해보자. 팔레스타인 제작자들은 보호자와 함께 영화제에
참석한다. 권위 있는 보증인의 카리스마적인 조수로 무대에 오른다.
그 누구도—영화제 제작자도, 비평을 쓰는 칼럼니스트도—영화의
내용에는, 좋은 영화인지 쓰레기인지에는 관심이 없어 보인다. 가장
중요한 것은 영화가 공동 연출작이라는 것, 그로써 관객들의
리비도적 충동을 만족시켜준다는 것이다. 그들은 금지된 대화를,
살인자와 피살자 사이의 자극적인 화해를 엿듣는다. 영화에 대한
논의와 비평, 홍보 방식, 우리가 열을 올리며 나누는 소감, 이 모든
것이 영화를 이스라엘인과 팔레스타인인의 협업작이라는 사실로
환원하고, 아무리 봐도 참담한 비극인 이야기가 해피 엔딩이길
바라는 관객의 환상을 채워주는 자위가 된다. 우리는 그것을
페티시로 만든다.

우리네 시인들은 가끔 이러한 게임의 법칙을 무너뜨리고 그 어떤
대변인도, 그 어떤 학자도 이르지 못한 곳에 가닿는 듯도 하다.
하지만 그들도 순전히 장식적인 기능을 한다. 팔레스타인 시인들은
학자들의 저술을 꾸미는 데 쓰인다. 이스라엘 및 서구 학자들에게
크게 의지한 논픽션 도서의 제사로 쓰인다. 가장 많이 인용된
팔레스타인 시인이자 가장 빼어난 이 중 하나인 마흐무드
다르위시를 분명한 예로 들 수 있겠다. 우리가 식민자들에게 이렇게
말하는 다르위시를 보는 일은 드물다. "날벌레처럼 우리 사이를
지나지 말라 [……] 네 망상일랑 폐광 갱도에나 처박고 꺼지라
[……] 어디든 가서 살되 우리 사이에서 살지 말라 [……] 어디든
가서 죽되 우리 사이에서 죽지 말라."[46] 이렇게 경고하는

다르위시도 마찬가지다. "내가 굶주리거든, 나를 강간한 이의 살을
뜯어 먹으리라." 사실 이 구절은 종종 오역되기까지 한다. 그들은
그를 낭송하기 전에 그의 송곳니를 뽑는다. 왜곡되고 조작된 상을
보며 자기 이미지를 만들 때 치르게 되는 심리적 대가는 어떤
것일까?

저자가 겪는 난제를 마주할 때 오는 중대한 위험 하나는 손쉬운
해법이나 정체성주의적인 지름길을 찾고 싶은 유혹에 사로잡히는
것이다. 그런 접근법들은 명확한 답처럼 보일 수 있지만, 다양한
변수들을 제거하고 방정식을 과하게 단순화해 종국에는 문제를
풀기가 훨씬 더 어려워진다. 지겹게 똑같은 대본만 외워댄다면
팔레스타인 출연자들이 다 무슨 소용인가? 기사 작성 지침에
팔레스타인이—지역으로서든 반식민 투쟁으로서든—존재하지
않는데 보도국에 팔레스타인인이 있으면 무슨 의미가 있나? 실제로,
팔레스타인인들이 식민 프로파간다와 인종주의적 논지를
주워섬겨대고 있을 때에는 그것을 반박하기가 더 너저분해진다.
팔레스타인인을 재현하는 것, 특히 재현에 관한 문제를
자유주의적으로 환원하는 것과 팔레스타인인을 페티시 혹은
명목상의 존재로, 곧 다시 한번 비인간화된 주체로 재생산하는 것은
한 끗 차이다.

다른 맥락들에서 볼 수 있듯, 더 나쁜 것은 정체성 정치를 오해하는
일이다. 필연적으로 엘리트들이 제 잇속만 차리는 데로 흐르는
미끄러운 경사로를 만들어내기 때문이다.[47] 진보라는 탈을 쓴
피상적인 포용은 이미 뿌리박고 있는 권력이 현 상태에 대한
통제권을 유지하며 영원히 이윤을 취할 수 있게 해준다. 우리
운동의 급진적 요구들과 우리 민족의 기본적 욕구들은 희석되어
서구의, 심지어 팔레스타인 엘리트들의 이익에 복무하는 이빨 빠진
개혁이 되어버린다. 가자에서는 사망자 수가 치솟고 서구에서는
팔레스타인 및 친팔레스타인 지식 생산자들이 갈수록 더 많은
검열과 범죄자 취급을 받지만, 그럼에도 팔레스타인이 사회적
자본의 통화로서 부상하는—제한적이지만 실재하는—틈새가 남아
있다. 영악하고 사악한 이라면 손쉽게 그런 현상을 이용할 수 있다.
구조적 변화나 집단적 해방을 요구하기 위해서가 아니라, 그런

식으로 제도를 가지고 놀 수 없는 특권 없는 계급들을 갖다 바쳐
개인적인 승리를 이루기 위해서 말이다.

저자성의 문제와 맞붙으려면 팔레스타인의 거리에 충실해야 한다.
"팔레스타인의 거리에 충실" 같은 표현을 쓰는 것이 포퓰리즘에
호소할 위험, 그리고 방금 비판한 것과 다를 바 없는 정체성 정치에
빠질 위험을 감수하는 일이라는 점은 모르는 바 아니다. 그러나
내가 여기서 요구하는 것은, 팔레스타인 문제에 대한 물질적 분석에
헌신하는 일이다. 뉴스 속보가 벌어지는 바로 그 거리들, 살해당한
시신으로는 다큐멘터리나 신문 기사에 대문짝만하게 실리지만 그
경험과 전문성은 서구의 출처를 앞세우느라 열외로 밀려나는 바로
그 사람들에 근거해 깊은 이해에 이르는 것이다.

확성기 노릇을 하며 우리의 적들에게 협조하는 언론 및 고등교육
기관을 비판하고, 필요하면 보이콧도 하는 것은 그 과업의 일부에
지나지 않는다. 언론과 학술 영역에서 우리 스스로 주도권을 잡는
것이 과제다. 물론 부패, 게이트키핑, 절대적인 자원 부족 같은
문제들이 있다. 하지만 우리의 기반을 설명할 말이 '저개발'만 있는
것은 아니다. 우리의 기반은 창의적이다. 강고하다. 독립적이다.
예컨대 포위당한 가자 지구의 시민 언론인들—국제 언론
동료들에게서 대개 '해결사'* 취급을 받는 이들—은 세계에
유통되는 서사의 논조를 바꿔왔으며 주로 기관의 뒷받침 없이
그것을 해냈다. 첫째, 기성 언론의 관료주의적 장벽을
우회함으로써, 둘째, 기사의 대상, 기자, 소비자 사이의 심리적
거리를 줄임으로써 말이다. 우리는 존엄에 뿌리내린 실천을

---

* [역주] 해결사(fixer)는 정보 제공, 인터뷰 주선, 통역 등으로 특파원의 취재를 돕는
인물을 가리키는 말이다. 현지 사정과 언론 운영 방식을 다 잘 알아야 하므로 현지
언론인이 이런 역할을 하는 경우가 많다. 여기에서는 가자 지구 시민 기자들이
독자적으로 중요한 활동을 하고 있음에도 언론인이 아니라 해외 언론을 위한
취재원이나 조수 정도로 여겨지는 상황을 비판하고 있다.

만들어낼 수 있고 그리해야 한다. 지난 수십 년간 해온 대로
학살자에게 칼을 내려놓으라고 설득하려 애쓰지 않는 실천,
비판적인 시청자와 비판적인 독자가 절대 빠지지 않는 실천,
팔레스타인인이 그저 영화나 논문의 전략적인 소재가 아니라 해외
청중이 어떻게 받아들이든 자신의 진짜 이야기가 정확하게
보도되는 주권적 주인공이 되는 그런 실천을 만들어낼 수 있고
그리해야 한다. 이스라엘 웹사이트에 게시되건 되지 않건 우리의
증언에는 무게가 있다. 우리의 비극은 방송에 나가건 말건
현실이다. 무엇보다도, 팔레스타인의 해방 투쟁은 영웅적이다.
여기엔 그 어떤 단서도 필요치 않다. 우리가 오래전부터 공통의
진리라 불러온 것을 《하아레츠》나 《뉴욕 타임스》가 기적적으로
깨달을 때까지 기다려서는 안 된다. 우리가 마음속에서 이들에게
부여하는 위신을, 어떤 목격담에 대한 《뉴욕 타임스》의 언급을
목격담 자체보다 더 가치 있는 것으로 만드는 그 위신을 떨쳐내야
한다.

이런 요구는 다른 여러 방식으로 기술될 수 있다. 언론을
탈식민화하거나 생산 수단을 통제하는 일이기도 하다. 이것이
"우리 없이 우리에 관해 말하지 말라"(Nothing about us without
us)라는 환원주의적이고 정체성 중심적인 접근법이라고 할 이도
있겠지만, 내게는 그보다 훨씬 더 간단한 문제다. 자기 자신에 대한,
자기 민족에 대한, 자기 기술(技術)에 대한 존중에 기반해 지식
생산에 참여하는 것이다. 예술가들과 옹호자들이 국가의 비서가
되기를 거부하는 문제다.[48] 이야기꾼들이 지루한 공식을 깨고
식민적 시선에서 벗어나는 문제다. 우리가 서로에게 이야기하는
것이다.

말하려는 바를 분명히 해두자면, 우리가 더는 서구에서 나온 자료를 활용하지 말아야 한다는 것도 아니고, 팔레스타인인이 아닌 작가는 팔레스타인에 대해 쓰지 말라는 것도 아니다. 이스라엘 공인들의 느닷없고 광기 어린 폭언이나 시온주의 개척자들의 인종학살 기록이 얼마나 매력적인지는 나도 알고 있다. 이스라엘 언론인들과 영화 제작자들은 때로 훔쳐 간 팔레스타인 문서까지 포함해 팔레스타인인은 들여다볼 꿈도 못 꿀 아카이브를 너무도 쉽게 이용할 수 있으며, 우리가 인터뷰를 요청하면 비웃어 넘길 인터뷰이들도 너무나 자유롭게 만날 수 있다는 것을 인정한다. 그들이 속한 공동체가 실제 팔레스타인인들의 이야기를 듣기에는 너무 반팔레스타인적인 경우가 많다는 점을 생각하면, 반시온주의 유대인들이 시온주의를 주입당한 경험담을 나누는 것의 호소력 역시 이해 못 하는 것은 아니다.

그러나 그런 공동체들의 인종주의에는 정면으로 맞서야 한다. 그들 자신의, 혹은 그들이 다루는 대상의 인종, 종교적 정체성, 혹은 국적을 통해 신뢰를 확보하려는 의도라면, 그런 정체성 정치를 무기화하는 합당한 이유를 분명히 밝힐 정치적 의무가 있다. 노골적으로 말하면 우리가 정착자들의 깨달음을 인용하는 것은 그것이 기적 같아서가 아니라 청중이 팔레스타인인들과는 유의미한 대화를 하기는커녕 그들의 말을 듣지도 않으려 하기 때문이다. 우리가 가자의 막대한 순교자 수를 기념하듯 말하는 토크쇼 진행자를 인용하는 것은 미국 시민, 미국 대통령 할 것 없이 팔레스타인 보건부의 신뢰도를 깎아내리기 때문이다. 여과 없이 말하자면, 우리는 접근력 저널리즘(access journalism)*을 통해 얻은 영상을 도구로 활용하는 것이다. 우리의 인종적 특권에 도박을 거는

* [역주] 접근력 저널리즘은 현지 취재나 당사자 취재를 통해 소식을 전하고 기자의 비판적인 분석을 제기하기보다 유명하고 유력한 인사와의 인터뷰 등 기자나 언론사가 특권적으로 접근할 수 있는 취재원에 의존하는 방식의 언론 활동을 뜻한다.

것이다. 우리가 이스라엘 인종학살 학자를 인용하는 것은 그가
학자이기 이전에 이스라엘인이라서다. 내가 말하는 정치적 의무란,
순전히 정체성을 기반으로 특정 증언을 다른 증언보다 우위에 두는
인종주의적 구조를 철폐하는 것—그 구조를 명명하고 그에 이의를
제기하고 그 영속화를 거부하는 것—을 포함한다.

쉽게 말해, 약간의 겸손을 요청하는 것이다. 서구의 지식 생산자들
혹은 서구의 목소리를 활용해 지식을 생산하는 이들이 자문해야 할
것이 몇 가지 있다. 이 작업에서 팔레스타인인들의 자리는
어디인가? 그들은 주체성이라 할 만한 것을 지녔는가, 아니면
논지를 제시하기 위한 도구인가? 내가 착취적으로 영화를 만들고
있지는 않은가? 어떻게 책임 있는 저자성을 실천할 수 있는가? 나의
기획에 관객이 그것을 비판적으로 소비하도록 독려하는 단서를
충분히 넣었는가, 아니면 그저 내 등을 토닥이고 있는가? 저녁
식탁에서 시온주의자인 고모를 붙들고 말을 꺼내고 편견에 가득 차
설전을 벌이는 나의 공동체와 이야기를 나누는 힘들고 하기 싫은
일을 하고 있는가, 아니면 성가대를 향해 설교하고—실상
굽실거리고—있는가? 내가 정말로 가서 '직접 확인해야' 했던
것인가, 아니면 한 세기에 걸친 팔레스타인 문헌들을 무시한
것인가? 현지의 풀뿌리 지식 생산에 관여하기를 거부하는 것이 세계
무대에서 그 지식의 가치를 계속 깎아내리고, 팔레스타인 서사의
가치와 권위 또한 깎아내리는 일임을 나는 인식하고 있는가? 내
작업에 계급 분석이 있는가? 학생 운동이 범죄화되고 정학과 검열을
당한 원인이었던 말들과 비슷한 것을 말하고서 나는 상을 받는다는
사실을 인정하는가? 내가 받은 제도적 지원을 명시하는가? 내가
증폭하는 목소리의 주인들이 처한 물질적이고 금전적인 조건은
어떤가? 내가 죽은 이들만 참고하고 있지는 않은가? 내 참고 문헌
목록은 어떤 모습인가?

8
정말로 우리 모두 팔레스타인인인인가?

이런저런 이야기를 나눌 시간이었다 [……]
이제 해가 지고 주인이 돌아갔으니

—조라 닐 허스턴[1]

속기사들의 파티가 열렸다. 맨해튼의 어느 으리으리한
건물에서였다. 참석자들은 송아지 고기를 뜯으며 서로를
다독였으리라. 나는 100명이 넘는 다른 작가들, 언론인들과 함께
밖에서 기다렸다. 식은 9시 반엔 끝났어야 했지만 아마도 우리가
있다는 것을 알고 있었을 귀빈들이 늑장을 부렸다. 뉴욕시경
테러진압반이 우리와 함께 있어주었다. 10시가 조금 지나,
턱시도와 드레스를 차려입은 이들이 마지못해 나오기 시작했다.
우리는 몇 가지 구호로 그들을 맞았다. 내가 제일 좋아하는 구호도
있었다. "할 일을 하라! 진실을 말하라!"

2023년 언론인보호위원회 국제언론자유상 시상식을 《뉴욕
타임스》에서—그날 시위 당시까지 이스라엘 점령군이 팔레스타인
언론인 서른일곱 명과 레바논 카메라맨 한 명을 살해했는데(이 글을
쓰는 현재는 175명이다)[2] 가자 휴전에 반대하는 논설을 실은 그
기관에서—주관했다. 기이했다. 결국은, 기이한 것이 아니라
헛웃음만 나오긴 해도 서구 언론에 대한 합리적인 은유라는 결론에
이르렀다. 딱 봐도 무슬림인 언론인 몇몇이 연회장을 드나드는
모습을 보고 있자니 그 은유는 한층 확장되었다. 백악관의
오바마처럼 그들의 존재가 《뉴욕 타임스》의 체제적 인종주의를
부정하기라도 하는 듯했다. 그중 몇 명을 빤히 바라보았다. 몇 명이
나로서는 어색하다고밖에 할 수 없는 미소를 지어 보이며 자리를
피했다.

그들이 우리에게 가세하지 않은 이유를 두고 어떤 판결을 내리고
싶지는 않다. 아마도 신경 반사 같은 것이었거나 체면 때문이었거나

        정말로 우리 모두 팔레스타인인인가?

우리가 따뜻하게 초대하지 않은 탓일 테다. 그들은 아마도 다른 곳에 있을 것이다. 정치적으로 말이다. 어쩌면 몇몇은 시위에 참여하고 싶었지만 《뉴욕 타임스》 편집부를 비난하는 피켓을 들고 우리와 함께 구호를 외치는 것이 보기 좋지 않다는 결론에 이르렀을 것이다. 누가 알랴. 저항 운동은 그 급진적인 요구들이 고리타분한 규범이 되고 나면 과거형으로 떠받들리곤 한다. 하지만 실시간으로는, 때와 장소를 가리지 못하고 흥을 깨고 난동을 부리는 이들이나 하는 짓이다.

《뉴욕 타임스》에서 초대할 무슬림 손님을 정할 때 그들의 종교적·인종적 정체성과 직업적 공로에 똑같은 비중을 두었으리라고 믿기는 어렵지 않을까? 언론 기업에 대한 불신이 고조된 그런 시기, 그런 만찬에서 무슬림의 존재는 인종주의와 공모에 관한 구호들에 근거가 없다는—그런 비난에 일말의 진실이라도 있다면 필시 무슬림들과 아랍인들이 그 속기사 파티를 보이콧했으리라는—인상을 줄 수 있다. 이제 그런 파티는 성난 언론인들과 합리적이고 진지한 언론인들—때로 《뉴욕 타임스》를 비판할지언정 예를 갖출 이들—을 가르는 잣대가 된다.

나도 물론 케이크를 갖기도 하고 먹기도 하고 싶다. 하지만 어떤 기관들의 편향과 공모를 비판하면서 그들이 하고 싶은 대로 하게 두는 것은 언행불일치, 신뢰를 깎아 먹는 언행불일치다. 우리 가운데 원칙적인 입장을 고수하는 이들, 누락과 조작을 그만두지 않는 한, 수동태로 억압자들의 방종을 돕기를 멈추지 않는 한, 비인간화하는 기준들을 폐기하지 않는 한, 우리를 신뢰할 수 있는 동등한 존재로 대하지 않는 한 당신들과 함께하지 않겠다고 말하는 이들을 철없는 10대처럼 보이게 만드는 일이다. 황금 티켓을, 인정과 상투적인 빈말을 거부할 만큼 철없어 보이게 만든다. 부장들이 우리의 목소리를 알아볼 수도 없을 정도로 난도질하긴

하지만 수백만의 독자가 생기는 것을 거부할 만큼 철없어 보이게
말이다. 주류로 받아들여지는 것의 유혹은 잘 알고 있다. 그저
주목받는 게 다가 아니라, 월세도 나오고 어쩌고 한다는 것은.

우리는 출세하고 싶은 야망 때문에 속기사 파티에 가는 게
아니라고, 내부에서부터 바꾸고 싶은 것뿐이라고 되뇐다. 연회장에
들어가 테이블의 자리를 잃을세라 서로에게 굽신거린다. 우리를
보이지 않게 만드는 세계에 동화되려 거죽을 벗는 데에는 다 그럴
만한 이유가 있다. 위엄과 보호를 확보하고 나면 마침내 본색을
드러낼 것이다. 하지만 금세 속이 이미 썩어 있음을, 우리 역시
당장이라도 부패할 수 있음을 알게 된다. 제도의 보호를 받게 되면
계속 보호받고 싶어진다. 돈을 좀 받게 되면 더 큰 부를 얻고
싶어진다. 한참을 걸린 출세 끝에 자기 자신에게로 돌아가 옷장을
뒤져 한때 입었던 거죽을 찾아도 이미 쪼그라들고 빛이 바랜 후다.
피차 맞지 않는다. 혹자는 이것을 전략적이라고 말할 것이다.
하지만 우리는 주인의 연장이 무엇을 하지 않는지 알고 있다.

우리가 그렇게나 절박하게 인정받고 싶어 하는 주류 언론 기관들은
결코 우리를 일원으로 받아주지 않을 것이다. 우리를 사면하지 않을
것이다. 미시적 차별과 검열을 가하고 우리가 잠든 사이 우리를
편집할 뿐만 아니라, 기회만 있다면 우리 이야기의 악역들을 엄호할
것이다. 이미 그래왔다. 이스라엘군이 레바논 남부에서 활동하던
기자 이삼 압달라*를 살해했을 때 언론은 늘 그렇듯 앵무새처럼
이스라엘 국가의 공식 발표를 되풀이하면서 목격자들과 현지
언론인들이 전한 내용은 덮어버리다시피 했다. 압달라의
고용주였던 로이터마저 그가 살해당하고 몇 주가 지나도록

* 이삼 압달라(Issam Abdallah, 1986-2023)는 레바논의 영상 기자였다. 2023년 10월
 13일, 업무 중에 레바논 남부에서 이스라엘 탱크의 포격에 살해당했다.

     정말로 우리 모두 팔레스타인인인가?

이스라엘 군대가 범인임을 언급하지 않았다.* 직원 명단이나
발행인란에서든, 따옴표 사이에서든 우리의 피상적인 공통점은
정체성을 악용하는 이 세계에서 하나의 화폐다. 그것은 이 제도권
공범들이 정당성을 확보하고 다양성을 내세우는 데, 편향과
인종주의에 대한 비난에 맞서 그들을 비호하는 한편, 상황이
악화되거나 우리 손목에 수갑이 채워지면 우리를 저버리는 데에도
이용된다.

제도에 가까이 있는 것이 그래도 좀 낫다고 말할 이들도 있을
것이다. 신망 있는 발행처나 자본 있는 조직과 연이 있으면
박해로부터 조금은 더 보호받을 수 있다는 주장도 틀린 것은
아니다. 하지만 그 대가가 무엇인가? 우리가 감옥에 갇혀도 서구의
기준에 대단한 사람이어야만—식자층이 보는 잡지의 필진이고,
이력서를 구미의 인정을 받는 일로 가득 채운 사람일 때에만—
시끄러워지는 세상에 살고 싶은가?

* 로이터에서는 10월 29일에 국경없는기자회(Reporters Without Borders)의 조사
  결과를 인용해 압달라가 "이스라엘 국경 쪽에서" 날아온 포탄에 사망했다고 밝혔다.
  "RSF Initial Report: Reuters Journalist Was Killed in Lebanon in 'Targeted' Strike,"
  Reuters, October 29, 2024.

그들은 내 친구 오마르를 공항에서 체포했고, 그가 말하기로 그것은 "불행 중 다행"이었다. 그들이 찾아오리라는 것은 알고 있었지만, 그는 그들이 침실에 쳐들어와 자신을 잡아갈까 봐 두려워했다. 텔아비브에 도착할 때마다 받게 되는, 통상적이지만 모욕적인 심문 과정에서 체포되는 것이 침실에서 잡혀 가는 것보다는 충격이 덜하기 때문이다. 오마르는 기소나 재판 없이 행정 구금 처분을 받고 앞으로 넉 달을 갇혀 지내게 된다. 엄밀히 말하면 '최소 넉 달을'이라고 써야 한다. 감금 명령은 무한정 갱신될 수 있기 때문이다. 하지만 그런 끔찍한 가능성은 생각만 해도 견딜 수 없다. 그들이 그에게 했을, 지금도 하고 있을 짓들은 더더욱.

석방 촉구 캠페인을 제안하자 다른 친구들은 "할 수 있는 일이 없다"라고 했다. 행정 구금에 처해지면—다시 한번 말해, 기소나 재판 없이 인질로 잡히게 되면—여론이 제 아무리 압박해도 군 지휘관이 결정을 철회하게 만들 수 없다. "헤이그[조차]도."³

게다가 그라면 오로지 자신을 위한 피켓, 시위, 소셜 미디어 게시물 같은 것들에 진저리를 칠 것이다. 그는 그런 캠페인으로서는 불가피한 개인성을 혐오하는 사람이다. 다만 서구 청중의 연대를 끌어내는 데 필요한 자격이라면, 특별한 이야기, 존경스러운 이력, 성자 같은 성품까지 빠짐없이 갖추기는 했다. 그러나 시온주의의 지하 감옥들에서 수천 명이 똑같은 미지의 운명을 마주하고 있다. 지난 몇 달간 수많은 이들이 자유뿐만 아니라 삶을 통째로 잃었다. 분쇄당했다. 대부분 이름조차 알려지지 않았다. 대부분 아무런 주목도 받지 못했다. 단수형의 이야기는, 특히 충분히 생각하지 않고 말하면, 개인을 신성화하고 집단을 악마화하면서 둘을 가르곤 한다. 단수형의 이야기는 인간이 만든 참상을 불가해한 자연재해로 고쳐 써서 정치 바깥에 놓곤 한다. 오마르가 감옥에 갇힌 것은 바로 이런 단수성을 거부했기 때문이다. 감옥의 규약에 따라 그의 혐의는

     정말로 우리 모두 팔레스타인인인가?

공개되지 않으니, 그저 시위나 구금자 지원 활동을 하면서 거리에 결연히 나섰다가 적의 눈에 띄었으리라 짐작할 따름이다.

라말라가 잠을 자는 동안 혹은 약물이나 마취제를 주입당해 정치적 마비에 빠져 있는 동안 잠든 도시에서 깨어 있으면서 구호를 외치고 소리를 지르고 간절하게 봉화를 올려 가자를 향해 *여러분은 혼자가 아닙니다*라고 말했던 몇백 명 중에 오마르가 있었다. 난도질당한 우리 땅의 지리도 그를 (그리고 그와 함께한 이들, 그가 함께한 이들을) 나머지 우리 민족과 갈라놓지 못했다. 그의 눈은 늘 가자를 살폈다. 오직 눈길을 돌리는 이들을 노려볼 때에만 잠시 눈을 뗐다.

그는 사료로 연명하거나 사랑하는 이의 팔다리를 도둑맞은 몸뚱이에 꿰어 붙이는 이들을 두고 한눈 파는 법이 없었다. 그가 체포된 것은 훨씬 더 위협적인 상황의 한 가지 징후에 지나지 않는다. 그 또한 불행 중 다행이었다. 이렇게 믿고 이 도덕적이고 정치적인 선명성을 소화하는 것이 자신의 무력함을, 더 나쁘게는 자신의 추악한 비굴함을 받아들이는 것보다 속에 덜 부대낀다.

몇 년 전 라말라의 거리에서였다. 온 도시가 일촉즉발의 경계 태세였는데, 내가 소름 끼치는 농담을 했다. 반체제 정치 지도자쯤 되는 니자르 바나트가 팔레스타인 자치정부 보안군 특수부대*에 살해당한 참이었다. 우리는 수천 명씩 모여 시위를 벌이고 팔레스타인의 몽둥이에 얻어맞았다. 자치정부군이 라말라에서 쓴 최루가스는 아프게도 이스라엘 경찰이 예루살렘에서 우리에게 뿌리는 최루가스를 떠오르게 했다(두 군대의 연관성은 물론 상징적인 것이 아니다. 바나트를 죽인 특수부대는 이스라엘의 허가를 얻어 라말라의 'A 구역'에서 그가 살았던 헤브론의 'C 구역'으로 건너가 그를 살해했다. 미국과 몇몇 유럽 국가에서 재정을 지원하고 훈련시키는 경찰, 정보부, 민방위대와 별반 다를 것 없이, 이 자치정부 부대는 이스라엘 측과 협력해 임무를 수행한다. 마흐무드 압바스는 식민자와의 수치스러운 협력, 그가 하는 말로는 "안보 협조"를 가리켜 "성스럽다"라는 말을 썼다).

"높여라, 높여라, 목소리를 높여라! 구호를 외치는 자는 죽지 않는다!" 함께 구호를 외치다 말고 친구에게 "아이러니하게도, 그가 죽은 건 구호를 외쳤기 *때문이잖아*" 하고 말했다. 그 잔혹함에 웃음밖에 안 나왔다. 친구는 웃지 않았다. 니자르가 죽은 건 혼자였기 때문이야. 그녀가 나를 나무랐다. 내가 한 말은, 어떻게 보면, 아말 둔쿨의 문장을 저속하게 원용한 것이었다.

> 나는 아침의 교수대에 매달리고
> 죽음이 내 이마를 끌어내리네
> 살아 있기에, 나는 이마 낮추지 않았노라.[4]

* 팔레스타인 자치정부의 보안군은 1990년대 중반에 오슬로 협정의
  일환으로 설치되었다.

둔쿨은 교수형 집행인이 모래에 머리를 파묻은 이들만
살려두리라고 말하는 것 같았다.

"우리를 다 죽이지는 못할 거야." 그녀가 말했다. 만인이—변호사,
의사, 식료품점 주인, 사업가, 교수, 경비원, 자동차 판매상, 마약상
할 것 없이—구호를 외치면 그 무엇도 우리를 죽이지 못하리라는,
자치정부 보안군이 던져대는 미제 최루가스도, 군복에 다윗의 별을
단 군인들이 쏘는 역시나 미제인 총알도 그러리라는 것이었다. 그
말—"단결한 민중은 패배하지 않는다"—이 사실인지는 아직 두고
볼 일이다. 두렵게도, 우리의 난제는 승패의 문제가 아님은 의심의
여지 없는 사실이다. 우리의 형제자매들이 도륙당하는데 우리가
안전한 침묵 속에 숨을 핑계가 없다는 단순한 사실의 문제다. 고독
속에서만 살아남을 수 있다면 그 얼마나 가혹한 일인가. 그 얼마나
수치스러운 일인가.

정말로 우리 모두 팔레스타인인인가? 뉴욕과 런던의 거리에서
우리가 외치는 그 말대로 우리 수천 수백만 모두가?* 끊임없이,
강박적으로 자문해왔다. 두 해 전이었다면 이스라엘 군사 장벽의
콘크리트는 그저 콘크리트일 뿐이며, 그것이 받치는 무게는 그저
상징적인 것일 뿐이라고 말했을 것이다. 공표까지도 했을 것이다.
그들이 기를 쓰고 식민 국경을 그어도 고립된 우리네 마을들을
하나로 이어주는 사회적·민족적 유대는 끊어지지 않고 끊어질 수도
없다고. 우리의 갖가지 서류들—여행 증명서, 여권, 통행증, 혹은
서류 미비—은 그저 종이 위에 적힌 글자일 뿐 우리를 갈라놓지는
못한다고.

장벽과 가시 철망 너머에 흩어져 있는 이들도 여전히 마음으로
하나가 될 수 있다고 말했을 것이다. 하지만 나는 이런 대도시들을
돌아다니며 시위를 하고—억압은 있지만 아직 최루가스는 없다—
오마르는 10월 7일 이후로 적어도 예순 명의 팔레스타인 정치수가
순교한 점령의 감옥에 갇혀 있다.[5] 칸 유니스에서는 운동복 차림의
남자들이 가슴에, 머리에, 생애 마지막 행동의 용기—장갑을 두른
메르카바†를 향해 달려들든 비교적 안전한 곳을 찾아 달려가든—에
총을 맞는다. 베이루트의 샤틸라 난민촌에서는 노인이 바다
냄새까지도 맡을 수 있을 듯 생생한 바닷가 옛 집의 환시에
시달리며 살다 죽는다. 예루살렘에서는 내가 가족의 집을, 출퇴근을
하는 형제를, 그리고 걸핏하면 총질을 하는 경찰을 걱정한다. 다른
곳들은 다른 행성이라고 해도 될 정도다. 주요 사망 원인이 각기
다르다.

---

* 이 시위 구호 자체에는 불만이 없다. 오히려 아름답다고 생각한다.
† 메르카바(Merkava)는 히브리어로 전투용 마차 혹은 권좌를 뜻하며, 이스라엘
 점령군 전용 주력 전차다. 전 세계 전쟁 무기 가운데 최고의 장갑차 중
 하나로 여겨진다.

나캅에서는 팔레스타인 베두인족의 뿌리를 뽑고 독일산 소나무를 심는다. 실완에서는 점령군이 가옥을 허물고 성경 판타지를 실현한다. 셰이크 자라에서는 인종 청소가 '부동산 분쟁'의 탈을 쓴다. 베이타에서는 정착자들이 병사들을 대동하고 언덕 꼭대기에 전초기지를 짓는다. 마사페르 야타에서는 어느 이스라엘 대법관— 그 역시 피점령지 서안의 정착자다—이 팔레스타인인 수천 명을 조상 대대로 살고 경작해온 땅에서 쫓아내는 판결을 내린다. 온갖 약탈품 중에서도 언제나 땅이—따져볼 것도 없이—으뜸이다.

이스라엘 체제에서 추방을 설계하는 방식은 여럿이지만 목적은 하나다. 바로, 국제사회의 경종을 울리지 않으면서 최소한의 팔레스타인인만 남겨놓고 최대한의 땅을 통제하는 것이다. '부동산 분쟁'을 만들어내든, '허가 없이' 지은 가옥을 철거하든, "군사 지역", "고고학 유적지", "환경 보호 구역", "국유지" 등으로 선포해 땅을 훔치든, 그냥 팔레스타인 공동체들을 고립시키고 이웃 마을과 사회적·경제적으로 단절시켜 성장을 막든 간에 말이다. 시온주의 기획은 늘 원주민을 정착자로 대체하는 것을 합법화하고 정당화하는 서사를 지어낸다.[6]

멍투성이가 된 우리 땅에서 길게 차를 몰고 가다 보면 곳곳에서 폐허들을 마주하게 된다. 어떤 때는 예루살렘에서 지난 몇십 년 사이 한 번 혹은 그 이상 철거당한 집을, 또 어떤 때에는 1948년에 주민들이 쫓겨나고 지금은 유대민족기금에서 심은 소나무 숲 아래에 대강 숨겨져 있는 스러진 마을을. 1967년 침략에 무릎 꿇은 점령당한 시리아 골란 고원에서 총알 세례를 받은 가옥의 폐허일 때도, 포위된 가자 지구에 가해진 언젠가의—2008년, 2009년, 2012년, 2014년, 2019년, 2021년, 혹은 오늘의—공습에 폭격당한 아파트일 때도 있다. 당신이 이 책을 몇 년 후에 읽고 있다면 아직은 북적대지만 위협받고 있는 실완, 마사페르 야타, 나캅 마을들의 잔해일 수도 있을 테다.

이 풍경을 돌아다니다 보면, 담장에 우리 순교자들의 초상이 담긴
벽보가 빼곡히 걸려 있는 마을과 난민촌을 만나게 될 것이다. 적혀
있는 날짜를 알아보기 어려운 사진도 있겠지만 상태를 보면 언제
붙인 것인지 짐작할 수 있다. 깨끗하고 생생하다면 갓 인쇄된
것이다. 비와 먼지, 유탄에 바스러지고 바래고 상했다면, 벽에서
떨어져나가는 중이라면, 어느 정도 된—제2차 인티파다나 그
이후의 어느 인티파다 때 붙은—것일 테다. 여러, 아마도 대부분의,
얼굴들이 당신에게는 낯설 것이다. 국제 언론 유통망 바깥에서
살해당했기 때문이다. 그들의 죽음은 그저 지역지에만 잠깐의
흔적을 남겼다. 걸음을 멈추고 찬찬히 살펴보면 담벼락 하나에
아버지와 아들의, 삼촌과 질녀의 얼굴이 때로는 같은 해에, 때로는
몇 세대 간격을 두고서 붙은 모습도 보일 것이다.

팔레스타인인들에게 나크바는 가차 없고 되풀이된다. 현재형으로
벌어진다. 그리고 지도상의 모든 곳에서 벌어진다. 우리 지역의
어느 한 귀퉁이도, 1940년대 이후의 어느 한 세대도 피해 가지
않는다. 내 가족에게 나크바는 할머니가 1948년에 하가나*에 의해
하이파에서 쫓겨난 일이었다. 그러나 나 역시도 피하지 못할
운명을, 2009년에 브루클린 억양을 쓰고 뒤에 군대가 버티고 있는
정착자들에게 셰이크 자라의 내 집을 절반 넘게 빼앗기게 될 것임을
경고하는 이야기이기도 했다. 다른 가족들의 나크바는 사랑하는
할머니가 야파에서 쫓겨나 가자로 피신하는 것으로 시작된다.
그곳에서 나크바는 미어터지는 난민촌에 폭탄을 떨어뜨리는
전투기의 굉음을 타고 이어져 그녀의 손주들에게 각자의 첫

* [역주] 하가나(Haganah)는 '방위'(防衛)라는 뜻으로 1920년부터 1948년까지 활동한
시온주의 군사 조직이다. 1940년대 들어 군사 활동을 확대하며 팔레스타인 점령에
핵심적인 역할을 했다. 이스라엘 건국과 함께 사병 조직에서 공식적인 군대로
전환되었으며, 그 이름은 이스라엘 방위군의 히브리어 명칭—츠바 하가나 르이스라엘
(Ts'va Haganah L'Israel)—으로 계승되었다.

번째(어쩌면 세 번째나 여섯 번째) 전쟁을 선사한다. 아직 인쇄되지 않은 벽보에 그들의 얼굴이 있다.[7]

파편화는 그저 상징적인 것이 아니다. 우리를 제각기 다른 나라에 살게 만들었다. 우리 중에는 굶는 이도, 잘 먹는 이도 있다. 일자리를 구하지 못하는 이도, 승진하는 이도 있다. 근년에 우리 사회의 한쪽은, 어떻게 됐든 그쪽에 남아 있는 이들은, 다른 이들보다 크고 피에 젖은 대가를 치르고 있다. 그냥 묻어두고 넘어갈 수는 없는 이야기다. 한때 나는 오래도록 경멸하고 질투했던 계급들, 엘리트들, 부르주아들, 팔레스타인을 미적 은유로 쓰는 이들과 쉽게 거리를 둘 수 있었다. 하지만 가자 지구라는 좁다란 아수라장에 새로운 계급 하나가 등장했다. 바로 굶주리는 계급, 반복적으로, 가차 없이, 무자비하게 빼앗기는 계급이다. 멍들지 않고서는, 희생당하지 않고서는 무력한 구경꾼 이상이 될 수 없다. 그 계급에 속할 수 없다.

죄책감을 내버려두고 싶어진다. 그쪽이 편하기까지 하다. 식탁 위의 음식을, 머리 위의 지붕을 보고 있노라면 더더욱 그렇다. 하지만 이런 건 비생산적인 감상이다. 혁명의 도화선이 아니다. 죄책감은 통증이 가시지 않는 충치처럼 존재감을 드러낸다. 충치를 줄곧 의식하면서도 이가 썩어 없어질 때까지, 스스로를 파괴할 때까지 입에 단것을 쑤셔 넣는다.

요즘은 보다 미묘하지만 더 섬찟한 어떤 생각이, 원치 않는 자각이 계속 찾아온다. 가자에게는 우리를 저버릴, 우리를 결코 용서하지 않을, 우리 얼굴에 침을 뱉을 권리가 있다. 가자는 몇 번이나 되는 전쟁을 마주했던가? 얼마나 많은 이들을 순교자로 내어주었던가? 아버지의 품에서 뜯겨 나간 시신들을 얼마나 많이 도둑맞았던가? 그리고 우리 중 얼마나 많은 이들이 저항에 관한 질문을 받고는

말을 더듬거나 우리에게 저항할 권리가 있음을, 우리에게는 저항할
필요가 있음을 한사코 부정하는가? 얼마나 많은 이들이 일족을
버리고 경력을 택하는가? 얼마나 많은 이들이 무언가를, 무어라도,
할 수 있었음에도 하지 않았던가?

10월 7일 이후로, 팔레스타인인 여럿을 포함해 많은 공인들이,
특히 서구에서, '팔레스타인 불도저들'이 가자를 둘러싼 이스라엘의
울타리를 무너뜨리는 모습을 보며 느낀 카타르시스를 재고한다.
아예 부정하기도 한다('팔레스타인 불도저들'에 따옴표를 친 것은
믿기지 않는 말이기 때문이다). 많은 이들이 패러글라이더를 타고
수용소를 탈출하는 이들을 축하한 것을 후회한다. 이 잠재적인
사과들이 계산된 사업 수완인가 싶기도 하다.

서구 세계는 저명한 문화 및 학술 기관들을 동원해 포위에 맞선
가자의 봉기를 부정하고, 우리의 인텔리겐치아들에게도 그에 맞게
행동할 것을 요구했다. 우리는 우리의 자리를, 접근권을, '좋은
사람'이라는 평판을 유지하려면 현 상태를 지지하라는 명령을
받았다(우리 중 많은 이들은 현 상태라는 것을 담론적으로 비판하며
이력을 쌓았다). 억압받는 이들의 폭력을 비방하고 억업자의
폭력에는 눈을 감는 식민 논리에 굴복하는 것이 입장료가 되었다.
어떤 이들은 주저 없이, 어떤 이들은 괴로워하면서 입장료를
치렀다.

어쩌면 이 현상이 출세제일주의보다는 무고한 것일 수도, 그저 겁을
먹어서 그런 것일 수도 있다. 우리 주위는 온통 공포다. 보도국과
대학을 가득 채우고 우리의 아파트나 예배당에도 쳐들어왔다.
우리가 구호로 외쳐야 할 말들을 숨죽여 중얼거리게 만든다. 우리가
'어둠의 자식들' 편에 서면 협박당하고 블랙리스트에 오른다. "우리
편 아니면 테러리스트 편이야." 상관들과 세계 지도자들은 이렇게
말하며 자신의 말을 듣는 사람들의 가슴에 공포를 심는다.

이런 불안이 실질적인 위협에 근거한 것인가? 아니면 적이 공포
조장 정책으로 대중을 짓누르는 데 성공한 것인가? 어떻든 간에,
굶어 죽는 두려움, 탱크에 밟히고, 잔해에 깔려 질식하고, 가족

중에서 홀로 살아남고, 가슴이 수백만 번 무너지는 두려움에 비하면
그깟 공포가 대체 무어란 말인가? 호들갑이 아니면, 대체 무어란
말인가?

나도 무섭다. 오마르의 소식을 들었을 때 많은 이들이 집으로
돌아가지 말라고, 그랬다가는 나도 수갑을 차게 될 거라고 말했다.
그러나 이런 온실에 있어도, 분명히 말할 수 있다. 겁내거나 침묵할
여유는 없다.

우리가 지금 최후의 순간에 와 있다는 뜻이다. 그런 게 있기나
하다면 말이다. 어려운, 혹은 규정하기 어려운 임무가 놓여 있다.
나는 지금 설교단에서 설교를 하는 게 아니라, 무겁게 짓누르는
스스로의 무력함에 목이 졸린 채로 말하고 있다. 내가 무엇을 해야
하는지를, 내가 하고 있는 게 *어떤* 일인지를 이해해보려 애쓰면서
말하고 있다. 인터뷰나 대학 교정에서 종종 팔레스타인 해방
운동에서 문학의 역할이 무엇이라고 생각하느냐는 질문을 받는다.
질문 자체야 전복적이지 않지만, 느낌만은 확실히 그렇다. 문학의
역할은 *무엇인가*? 여기 영어권에서, 근사한 호텔 로비나 근사한
대학 강당에서, 난민촌의 엉성한 소총과는 머나먼 이곳에서, 문학은
누구에게 봉사하는가? 잘라 말하기 어렵다. 총구 속에서 시가
무엇을 할 수 있을지 상상하기 어렵다.

지금까지 꽤 오랜 시간 동안, 친구들을 나의 딜레마에 관한 힘
빠지는 논쟁에 끌어들이곤 했다. 해방 투쟁에서, 정확히는 우리의
해방 투쟁에서 문화 생산의 역할은 무엇일까? 정치 조직가인 한
친구는 "예술이 예술을 위해 존재할 수는 없다"라고, 투쟁 속에서
더 큰 목적에 봉사해야 한다고 말했다. 가수인 다른 친구는
예술가란 그가 "추상화된 대의의 구호들"이라 칭하는 것보다는
개개인의 서사를 전달할 때 더 효과를 발휘한다고 주장했다. 또 한
친구는 소총을, 오직 소총만을 믿는다고 말했다. 내가 오늘도
주억거리는 말들을 지은 위대한 시인과 작가 몇몇을 언급하며 내게
어떻게 냉소가이면서 동시에 앵무새일 수 있느냐고 묻는 이들도
있었다.

보통은 늘 하는 이야기를 꺼낸다. 라시드 후세인은 이스라엘의
1960년 토지법과 1950년 부재자재산법을 비트는 시 「신은
난민이다」를 썼다. 각각 (1948년에 전체 토지의 93퍼센트가
장악당한 상황에서) '국유' 토지의 거래나 이전을 금지한 법, 그리고

이스라엘 정부가 팔레스타인 난민들이 나크바 중에 빼앗긴 재산을 가로챌 수 있게 한 법이다. 그의 시는 시온주의의 토지 절도를 기록했을 뿐 아니라 농부들과 지주들이 총파업을 벌이는 데 촉매 역할을 했다. 운운. 쉬운 답을 꺼낸다. 예술가는 세계적으로는 의식을 고양시키고 지역적으로는 대중에게 기름을 붓는다.

시온주의의 경우에는 확실히 그렇다. 가산 카나파니의 말을 빌리자면, 시온주의는 "프로파간다 활동을 위해서만이 아니라 정치적·군사적 캠페인에도 [문학을] 폭넓게 활용했다".[8] 시온주의 문학의 "소설 하나하나, 이야기 하나하나를 거치며 점차 고조되는, 정치 운동의 리듬에 맞춘 절도 있는 행진"은 확실히 팔레스타인 식민 기획에 봉사했다.[9] 예술가들, 작가들, 지식인들, 외교관들, 언론인들, 학자들, 공적 영역에서 활동하는 이들은 역사 속 여러 국면에서 국제적인 여론에 영향을 미칠 수 있고 그래왔다. 하지만 때로, 다르게 말하고 싶은 마음이 든다. 전부 눈속임일 뿐이라고, 그 많은 시, 수필, 연설에도 현 상태에는 흠집조차 생기지 않는다고 말하고 싶은 마음이 든다.

그런 마음에 저항하기가 갈수록 어려워진다. 내 글쓰기에 붙는 수식어가 많아질수록, 그런 수식어들이 과장되어 있고 무의미하다는 생각이 든다. 다른 이들은 창살 뒤나 병상에서 고통받고도—그리고 계속해서 고통받으면서도, 팔다리를 혹은 목숨마저 잃고서도 그런 인정을 받지 못하니 더더욱 그렇다. 공허한 "존재가 저항이다" 감성이 여전히 유행이라 더더욱 그렇다.*
착각하지 말라. 불도저 앞에서 자신의 올리브 나무를 껴안고 버티는 마흐푸사 슈타예흐의 존재가 저항이다. 실완, 셰이크 자라, 마사페르 야타에서 추방을 마주하는, 레바논 난민촌들에서 말살을

---

* 여기서 말하는 바는 존재가저항이다(Existence Is Resistance)라는 단체와는 무관하다.

　　　　정말로 우리 모두 팔레스타인인인가?

마주하는 팔레스타인인들의 존재가 저항이다. 그런데 우리 중 계급 상승의 가능성이 열려 있고 쓸 수 있는 자원도 더 많은 이들은 어떠한가? 어떻게 하면 우리의 기여가 상징적인 정체성주의적 언사를 넘어설 수 있을까? 이번에도, 총구 속에서 시가 무엇을 할 수 있을지 상상하기 어렵다.

우리는 반드시 우리의 순교자들을 기려야 한다는 말을 듣곤 한다.
그런데 진정으로 그들을 *기린다*는 것은 과연 어떤 것인가? 목격은,
이 말을 무슨 뜻으로 쓰건 간에, 적어도 그것만으로는 부족하다.
잠만 오는 장황한 말이나 공허한, 급진적인 체하는 구호로 기리는
것도 마찬가지다. 고 바셀 알아라즈의 "지식인이 되고 싶다면
참여해야 한다"라는—다만 '참여하다'(engage)로 옮긴 아랍어
무슈타비크(mushtabik)는 훨씬 더 호전적인 함의를 지닌다고
역설하고 싶다—말이, "참여할 생각이 없다면, 억압을 마주할
생각이 없다면, 지식인이라는 당신의 자리는 아무 의미도
없다"라는 말이 줄곧 떠오른다.[10]

우리 모두가 팔레스타인인이다라는 시위 구호는 은유를 버리고
실질이 되어야 한다. 팔레스타인인이든 아니든 우리 모두가 각자의
일상이나 주위 사람들과의 관계에서 팔레스타인이 처한 조건,
저항과 거부라는 조건을 체현해야 한다는 뜻이다. 이 유혈 사태에의
공모를, 그 모든 피 앞에서의 타성을 거부해야 한다는 뜻이다. 가자
홀로 희생할 수는 없다는 뜻이다.

하지만 이것은 어려운 과업이다. 우리가 시온주의를 꺾고 그
무시무시한 군림을 끝장낼 수 있을까? 규정하기는 더더욱 어렵다.
파편화되어 있다는 것은 우리에게 각기 다른 현장에서 각기 다른
것이 요구된다는 뜻이다. 우리 앞에는 서로 다른 과제들과 상황들이
놓여 있다. 우리가 이 파편화의 효과를 되돌릴 수 있을까?
초자본주의, 초감시사회에서 집단적 투쟁은 불가능해 보인다.
양심을 저버린 논리는 우리에게 정치적 규율은 효과적이지 못한
무기라고, 우리의 노력은 수포로 돌아갈 것이라고 말한다. 그리고
개인적 희생(일 그만두기, 분신, 그리고 그 사이 갖가지 것들)은
소용없다는 기분이 들기도 한다. 그런 희생은 개인을 으스러뜨릴
뿐, 현 상태에 이렇다 할 흠집조차 내지 못하니까.

     정말로 우리 모두 팔레스타인인인가?

하지만 이것은 그들의 현 상태에 관한 문제가 아니다. 우리의 현 상태에 관한 문제다. 우리 자신과, 우리 공동체와 맺는 관계에 관한 문제다. 잠들기 직전에 잠시 반추하면서, 아침에 잠깐 거울을 마주하면서 우리는 자문한다. 우리는 무슨 핑계를 대며 역사에 참여하지 않는 스스로를 용서하는가?

이렇게 우리는 서로 다른 행성에, 서로 다른 현실 속에 있다. '해야 한다' 혹은 '해야만 한다' 같은 표현이 들어가는 언명에는 폄하로 흐르거나 멀리 내다보지 못할 위험이 따른다. 그럼에도 이 중대한 순간이 우리에게 허용되는 운신의 폭을 넓히기를 요구한다는 생각, 우리가 다시금 진실에 몸을 던져 당당하게, 뻔뻔하게, *영리하게* 진실을 내뱉기를, 어느 회의장에서든 누구 면전에서든 그리하기를 요구한다는 생각을 하지 않을 도리가 없다. 우리 순교자들의 무덤 위에 정원이 지어질 때, 잔해를 그러모아 추모비를 세울 때, 스러진 우리 언론인들의 피에 젖은 기자 조끼가 진열장 속에서 영면에 들 때가 아니라, 바로 지금, 그런 용기를 내야 한다. 발언 기반이 있는 우리, 어느 정도 보호책이 있는 우리, 일정한 사회적 자본이나 실제 자본이 있는 우리가 용감히 나서서 문화를 바꿔야 한다. 그저 문화를 바꿀 필요성을 말하기만 하지 말아야 한다. 가자 혼자 제국과 싸울 수는 없기 때문이다. 내 할머니가 저녁 뉴스를 보며 중얼거리곤 했던 노기 어린 격언이 하나 있다. "그들이 파라오에게 '누가 당신을 파라오로 만들었소?' 하고 묻자 그가 이렇게 답했어. '아무도 나를 막지 않았네.'"

9

"이스라엘인들을 바다에 던져버리고
싶은가요?"

거부의 편에서, 아름다운 아침이 동트리.

—마흐디 아멜[1]

1973년, 크리스토퍼 메이휴라는 영국 하원의원이 이집트의 제2대 대통령 가말 압델 나세르가 실제로 "유대인들을 바다에 처박아버리겠다"라고 천명했다는 증거를 가져오면 포상금으로 5000파운드를 주겠다고 공언했다.[2] 얼마 후에는 누구든 책임 있는 아랍 지도자의 인종학살적 발언에 대한 기록 일체로 대상을 확대했다. 그는 접수된 발언들이 모두 허위라고 판단했다. 얼마 지나지 않아 스물두 살 학생이었던 어느 유대인 제보자가 메이휴를 고소했고 분쟁은 고등법원으로까지 이어졌다.[3] 그 학생의 변호인이 그가 제보한 아랍연맹 초대 사무총장의 발언이 "인종학살적인 것이 아니었다"라고 인정하면서 소는 취하되었다.[4]

메이휴는 저 말이 "사실무근"이라고 했다.[5] 하지만 그 말은 사실무근일지 몰라도, 나는 종종 이스라엘인들을 바다에 던져버리고 싶냐는 질문을 받는다. 수십 년 동안 끈질기게 이어지며 팔레스타인인들, 그리고 우리 대의의 동맹들에게 비난을 가해온 물음이다. 연단에 설 때면 거의 항상 당연하다는 듯 찾아오는 불청객이다. 시온주의에 관해 늘 하는 말을 할 때든 객석을 향해 '창작 과정'(즉 각성제와 이완제)에 관한 이야기를 할 때든, 누군가는 벌떡 일어나 기를 쓰며 저 백만 불짜리 질문을 하고는 내 답이 자신의 편견에 확증을 제공할지를 지켜본다. 더 정확히 말하자면, 나는 이스라엘인들을 바다에 던지고 싶은지 여부가 아니라 그 *이유*를 질문받는다. 내게 그런 인종학살의 의향이 있다는 전제가 이미 깔려 있다. 딱히 궁금해서 묻는 것이 아니라 나를 질문자 자신의 세계관에 엮어 넣으려 하는 것이다. 그 세계관 속에서 나는 야만인, 병적으로 흉악한 아랍인이다.

　"이스라엘인들을 바다에 던져버리고 싶은가요?"

저 질문을 하는 이들은 "이스라엘인들"과 "유대인들"을 대개
동의어로 쓰며, 의심의 여지 없이 동의어로 이해하고 있다. 그러면
둘을 깔끔하게 구분할 책임은 내게 떨어진다. 가르쳐야 하는
수고가. 하지만 그중 어떤 말도—"여부", "이유", "이스라엘인들",
"유대인들"—내 관심을 크게 끌지 않는다. 저 중 어떤 말도 문장의
주인공이 아니다. 가장 강렬한 것은 "싶다"라는 말이다. 무언가를
하고 싶다는 것, 원한다는 것은 정책도 지침도 아니다. 현재적인
것도 물질적인 것도 아니다. 소망이요 갈망이다. 식민 논리는 내가
마음속에 순전히 그런 욕망을 품는 것만으로도, 만화 같은 복수를
공상하는 것만으로도 내 정의에의 요구가 부정된다고 말한다.
따라서 내가 목격하고 겪은 부정의들에 대한 그 어떤 증언도 믿을
수 없다고 말한다. 식민주의의 잔혹함, 제도화되고 법제화된 바로
그 잔혹함은, 내가 그런 전개를 *바란다고만* 해도, 용서되고
심지어는 정당화된다. 독심술을 하는 비판가들에 따르면 그런
욕망은 우리의 정신 세계 깊숙이 들러붙어 있으며 팔레스타인인을
믿지 못할 근거가 된다. 우리가 간절하다는 이유로 우리의 역경을
부정한다. 여기서 문제는 우리의 적들이 이 같은 부당한 전술을
쓴다는 것이 아니라(실제로 그렇기는 하다) 우리가 그에 복종한다는
것이다. 우리는 중상모략을 일축하지 않고 반박하려 한다. *설령 내
꿈이 당신에게는 더없이 끔찍한 악몽이라 해도—설령 그렇다
해도!—당신이 무어라고 내게서 잠을 앗아 가는가!* 이렇게 말하지
않고 그 불합리한 논리를 어르고 달랜다.

그저 정착자 없는 팔레스타인을 상상하는 것, 그저 드론 없는
하늘을 상상하는 것. 시온주의자들의 상상 속에서는 그것이
인종학살적이다. '원한다'는 혐의 제기에, 팔레스타인인들은 모든
유대인을 죽이고 싶어 한다는 말에 매달리다 보면, 시온주의가
우리의 미래와 전쟁을 치르고 있음을 알게 된다. 시나 시위 구호를
통해서만이라도 시온주의가 군림하지 않는 미래를 그려낼 수 있는

우리의 능력과 치르는 전쟁 말이다. 지난 100년 동안 시온주의는 우리를 끊임없는 박탈과 이른 죽음의 조건 속에 밀어 넣어왔다. 우리의 나크바는 지금도 이어지면서 갱신된다. 우리는 벗어날 수 없는 영원한 현재형에 갇혀 있다.

하지만 그는 바다를 가까이 두고도 검문소 탓에 바다에서 헤엄치지 못하고 땅에서만 살아가며, 몇 년째 여름이면 부엌에 찾아오는 소금기 머금은 습기에 가슴이 미어지고, 여전히 해변에 서 있는 할아버지 집이 담긴 낡은 사진을 보며 가슴이 미어지는 팔레스타인인이 "이 바다는 나의 것"이라 선언하며 지중해를 헤엄치는 꿈을 꾼다.[6] 그녀는 베들레헴에서 예루살렘까지 아무 방해도 받지 않고 걸어가며 가시배선인장 열매를 따 먹으면서 "이 바닷바람은 나의 것"이라 콧노래를 부르는 꿈을 꾼다.[7] 나는 미래의 팔레스타인으로 돌아가는 꿈을 꾼다.* "내 것이었던 것, 나의 어제./ 내 것이 될 것, 먼 내일"로 돌아간다.[8] 사이렌도, 정착자들도, 가로등 아래에서의 알몸 수색도 없다. 멈춰 서서 이유를 생각해야 할 일도 없다. 그런 것이, 시온주의의 상상 속에서는, 인종학살이다.

* 고 왈리드 다카는 어느 인터뷰에서 이렇게 말했다.
  저는 과거의 팔레스타인으로, 선인장과 석류와 물레방아가 있는 팔레스타인 위임통치령으로 돌아가고 싶지 않습니다. 그런 건 기억 속에만 존재하니까요. 팔레스타인이 낭만화되면 귀환의 권리는 유토피아적인 것이 됩니다. 귀환의 낭만화는 우리를 귀환 자체와는 더 멀어지게 만듭니다. 저는 미래의 팔레스타인으로, 민족 정체성이 고국 땅 전체와 일치하는 그런 팔레스타인으로 돌아가고 싶습니다. 오슬로 협정은 우리에게 국가와 맞바꾸어 고향 땅 일부를 내어주었고, 협정에 참여한 이들은 귀환을 귀환의 이야기로 대체해버렸습니다. 귀환이 민담 같은 것이 되어버린 거죠. [……] 이렇게 부풀려진 언어는 수감자들을 해방시킬 능력이 없다는 것을 보여줍니다. 이런 의미에서, 저는, 우리가 새로 만들 고향 땅을, 혹은 기억을 소망합니다. 미래를, 제가 지을 집을 소망합니다. 제가 정한 곳에서 기억을 새로 쓸 것입니다.
  بيروت حمود، "الأسير منذ ٣٤ عاماً وليد دقة: أوسلو قسّم الفلسطينيين وشعبنا سيحاكم هذه القيادة،"
  الأخبار، ١١/نيسان/٢٠١٩.

    "이스라엘인들을 바다에 던져버리고 싶은가요?"

그런 식민 기획들의 아이러니를 그냥 넘어갈 수는 없다. 텔레비전에 나오는 인종학살을 저지르는 것은 실은 이스라엘인들이기 때문일 뿐만 아니라, 최근 몇 달 사이 이스라엘 당국자들의 무수한 인종학살적 발언들 중 바다를 들먹인 것이 적지 않기 때문이기도 하다. 얼마 전에는 네타냐후가 펜타곤에서 가자 해안에 건설한 임시 "부두"를 팔레스타인인들을 다른 나라로 이송하는 데 쓰는 것을 옹호했다는 보도가 있었다.[9] 그보다 몇 주 전에는 이스라엘의 여성지위증진부 장관이 "저는 가자는 신경 쓰지 않습니다. 말 그대로 신경 쓰지 않아요. 나가서 바다에서 헤엄을 치거나 말거나 제 알 바가 아닙니다. 저는 가자 주위에 널브러진 테러리스트들의 시체를 보고 싶습니다. 제가 보고 싶은 건 그런 겁니다"라고 말했고 TV 앵커는 고개를 끄덕였다.[10] 1992년, 서구가 사랑하는 '평화의 군인' 라빈은 "나는 가자가 바다에 가라앉는 모습을 보고 싶다"라고 말했다.* 비슷한 말들을 인용하는 것만으로 몇 페이지는 가득 채울 수 있다.

모든 혐의 제기가 실은 자기 고백이라고 주장하고 싶은 마음이 치밀기도 할 것이다. 식민자와 피식민자는 서로 다른 규칙의 지배를 받는다는 것을 일목요연하게 보여주고 싶은 마음이 들 수도 있겠다. 마흐무드 압바스가 그런 말을 했다면 어떤 외교적 반응이 돌아올까?† 어느 팔레스타인인이 같은 논조로 말하면 그의 경력과 평판이 어떻게 될까? 언론의 자유는 무슨. 이중 잣대가 선연하다. 하지만 이중 잣대를 지적하는 것은 효과적인 급진화 수단이기는 해도 장기적으로 지속 가능한 정치 방침은 아니다. 애초에 그들의 정책이 그리도 분명한데 그들의 말이 중요할까?

* 이츠하크 라빈이 1992년 9월 예루살렘에서 워싱턴근동정책연구소 대표단에게 한 말.
† 그가 그런 박력 있는 말을 하는 모습은 정말이지 상상하기도 어렵다.

시온주의 수사학은 내게 우선순위가 아니다. 이스라엘 대중의
심리적 허용 범위를 제한하는 데에는 관심이 없다. 그들의 숙면에
도움이 된다면야 뭔들 어쩌랴. 우리의 적들이 제 아이들에게 이웃한
악몽, 즉 우리에게서 살아남는 데 도움이 되는 신화들로 지은
소야곡을 불러준다는 것은 걱정거리가 아니다. 이스라엘 민담에서
내가 "인간 동물"이든 말든, 그들이 나를 지중해에 빠뜨려 죽이는
꿈을 꾸든 말든 신경 쓰지 않는다. 우려하는 바는 그들에게는 제
망상들, 우화들, 그리고 신학을 실현할 힘이 있다는 점이다. 그들은
가자 지구를 포위하고서 해온 일들처럼 스스로를 섬뜩한 현실로
만들 수단을 가지고 있다. 내가 그들의 꿈을 걱정하는 것은 오직,
그들이 그것을 크네세트에 가져가기 때문이다.*

우리는 어차피 그들의 이야기 속 악당, 악몽의 뼈대다. 우리는 서로
정반대되는 우주에 존재하기 때문이다. 우리의 우주에서는 그들이
우리의 집들을 밀어버리고 우리의 마을들을 약탈하고 우리의
사지를 절단하고 우리를 난민으로 만든다. 그들의 우주에서는
우리가 분별 없이 굴며 정착자들을 칼로 찌르고 병사들을 납치한다.
우리가 그들의 번성하는, 울타리를 두른 식민지들에 미사일 세례를
퍼붓는다. 우리의 동기는 더는 문제가 아니다. 번성하는 그들의
식민지가 빈곤에 둘러싸여 있는 이유를 그들이 자신에게든
서로에게든 물어본 적이나 있을까. 정착자는 자기기만적이다.
정착자의 시선은 정착촌이 폐허들 위에 지어졌음을 무시한다.

* "백인 남성이 나를 린치하고 싶어 한다면 그건 그의 문제다. 그가 나를 린치할 힘을
  갖고 있다면 그건 나의 문제다." 그리고 "인종주의는 태도의 문제가 아니다. 권력의
  문제다. 인종주의는 자본주의로부터 힘을 얻는다. 따라서 당신이 반인종주의자라면,
  당신이 그걸 알든 모르든, 반자본주의자가 되어야만 한다. 인종주의를 위한 권력,
  성차별주의를 위한 권력은 태도가 아니라 자본주의에서 온다". 콰메 투레(Kwame
  Ture)가 1968년 10월 연방시대학(현 컬럼비아특별구대학교)에서의 강연 이후 한
  학생의 질문에 답하며 한 말.

    "이스라엘인들을 바다에 던져버리고 싶은가요?"

언제나 정착자의 주변 시야에 머무는 폐허의 잔해는 어디에나 있으면서도 눈에 띄지 않는다. 우리 눈에 코가 그러하듯, 걸러진다.

시온주의의 상상 속에서는 우리가 공격자요 침략자다. 벤구리온*은 제자들에게 "우리의 진실을 무시하지 말자 [……] 정치적으로는 우리가 공격자이고 그들은 자기방어를 하는 것이다 [……] 이 나라는 그들의 것이다"라고 말할 줄 알지만,[11] 그와는 다른 노래를 들으며 자란 대부분의 이스라엘인들은 그들의 진실을 무시한다. 신의 뜻에 따라 팔레스타인은 자신들의 것이라고, 우리 "어둠의 자식들"이 그들에게서 훔쳐 간 것이라고 믿는다. 터무니없고 몰역사적일지언정 이 경구는 진실로 인해 힘을 잃지 않는다. 진실이야 어떻든 사라지지 않는다.

---

* 다비드 그륀(David Grün)이라는 이름으로 태어난 다비드 벤구리온(1886~1973)은 폴란드 유대인으로, 시온주의 국가의 국부 중 한 사람으로 여겨진다. [1948년부터 1953년까지] 이스라엘 초대 총리를 역임했으며 1955년부터 1963년까지도 정권을 잡았다.

팔레스타인인들은 1960년대에 야세르 아라파트가 만들어낸
유대인들의 골칫거리다, 뭐 그런 식으로들 말하기도 한다.
이스라엘은 자기방어를 하는 것이라는 신화적 우화도 있다.[12]
내게는 얼토당토않은 소리지만, 많은 이들에게는 신성한 말이다.
그러니 코웃음 치고 넘어가는 것은 현명치 못해 보이리라. 틀린
신념을 조롱하면 외려 그에 힘을 실어주게 된다고 하는 이들도
있다. 믿는 이에게 그들의 우상에게는 생명이 없다고 말하면 그
우상의 돌이 그들 눈앞에서 살로 변한다고. 억누르면 곪아
터진다고, 침묵시키면 더 시끄러워진다고, 심리적 저항이라는 것이
있다고 등등. 하지만 이런 주장에는 두 가지 허점이 있다. 첫째,
최선의 선의를 갖고 보더라도 믿음은 우리가 바라는 것보다 훨씬 덜
결정론적이며 덜 불편부당하고 훨씬 더 가변적이다. 둘째, 이런
주장은 내가 그런 비방을 해대는 이를 청자로 겨냥해 답한다고
상정한다. 하지만 그런 개개인들, 독심술이 있어 나를
인종학살적이라고 말할 수 있는 이들, 내가 가짜의, 만들어진
민족에 속한다고 믿는 이들은 자신이 틀렸음이 증명되어도 마음을
바꾸지 않을 것이다. 적이 연설하는 강당에서는. 그들이 원하는
것은 화해가 아니라 혼돈이므로. 분명 마음을 바꾸지 않을 것이다.

군중 속의 선동꾼들이 그런 헛소리를 진심으로 믿고서 내뱉을
가능성을 고려한다 해도, 우리는 세뇌당한 이들이 정보를 수용하고
분류하고 견지하는 데 개인적인 불신, 취사선택, 확증 편향이
가하는 왜곡을 지나치게 과소평가한다. 믿음이 진실과는 별 관계가
없다는 것을 잊곤 한다. 사람들은 진실한 것이 아니라 강력한 것,
강렬한 것을 믿는 경향이 있다. 진실, 즉 사실이자 역사적으로
정확한 것은 그들의 진실을 지어내는 지배적이고 제도적으로
주류화된 서사들 앞에서는 아무 의미가 없다. "아들아, 정복자들은
오직 제 스스로 지어낸 것만을 참된 역사로 여긴단다."[13]

       "이스라엘인들을 바다에 던져버리고 싶은가요?"

공적인 무대에서 유도 심문을 당할 때에는 말을 걸어야 할 청중이
있음을 반드시 명심해야 한다. 온갖—호기심 어린, 동정적인,
회의적인, 수용적인, 태도를 정하지 않은—사람이 다 있음을, 말과
몸짓을 모두 써서 말을 건네야 함을 명심해야 한다. 한 가지
선택지는 기소를 받아들이고 재판을 받는 것이다. 무죄 선고를
바라며 무죄를 입증해줄 서류를 한아름 준비해 재판관을 자처하는
이 앞에서 스스로를 변호하는 것이다. 다른 선택지는 그의 사법권을
거부하는 것, 그리고 당신이 피고라는 전제를 거부하는 것, 더는
검증당하는 삶을 살기를 거부하는 것이다.

다시 한번 말하건대, 종종 '이스라엘인들을 바다에 던져버리고' 싶냐는 질문을 받는다. 갈수록 경솔하게, 심지어는 경박하게 답한다. "그렇게나 빠져 죽을까 봐 걱정되면 수영을 배우면 될 일 아닌가요?" 때로는 헉하는 소리가, 가끔은 숨죽이고 킥킥대는 소리가, 또 어떨 때는 여과 없는 폭소가 들려온다. 농담을 던진 후에 논지를 짚는다. 그런 질문은 악의적인 미끼이자 허수아비 때리기다. 나는 모두의 자유와 존엄을 확고히 믿는다, 등등. 정착자들은 *어떻게 되는 거냐*고 묻는 이들은 망명지에서 신음하는 600만 팔레스타인인들의 운명은 생각조차 않는다. 딱히 논쟁을 벌이려는 게 아니라 그저 본 대로, 질리도록 봐온 대로 말하는 것뿐이다. 끝도 없이 반복되는 일이다. 그렇게 딴 데로 주의를 돌리는 질문들은 정착자들이 가정하는 미래를 이미 절멸로 나타나고 있는, 우리가 당면한 현재보다 우선시하는 담론적 악순환을 부추긴다.

스티븐 살라이타가 쓴 대로, "'하지만 이스라엘인들은 어쩌고요?'라는 질문은 무구한 체, 심지어는 핵심적인 체하지만 그 기저에는 음흉한 수사학이 깔려 있다. [……] 청중에게 팔레스타인인이 해방을 말할 수 있기 전에 시온주의부터 긍정되어야 한다는 생각을 불어넣는다."[14] 그렇기에, 샛길로 잡아고는 질문에 답하는 일은 정치적 행위가 된다. 내가 미끼를 물어야 할까? 가상의 불길을 잡기 위해 우리네 마을들을 불태우는 탱크들을, 칸 유니스를 집어삼킨 화염을 건너뛰어야 할까? 그들이 독을 탄 우물들,[15] 상상 속의 갈증을 가라앉히기 위해 그들이 강탈해 간 물[16]은 잊어야 할까? 최근에는 그냥 비웃고 넘어간다.

내 말이 뒤틀리고 뒤집어질 것을 알면서 왜 그런 불쏘시개 같은 질문을 빈정대는가? 수천 명 앞에서, 무의식적인 층위에서 이미 나를 의심하고 있을 많은 이들 앞에서 왜 날 선 말을 하는가? 무엇보다도 재미있어서다. 웃으면, 우스운 것을 웃음거리로 삼으면

          "이스라엘인들을 바다에 던져버리고 싶은가요?"

기분이 좋다. 유머를 대응 기제로 쓴다고, 유머를 통해 안도감을 얻는다는 식으로 말하기도 한다. 프로이트를 인용할 수도 있겠지만 내 할머니가 한 말이 더 멋지다. "웃지 않으면 울게 된다." 그런데 웃음이란, 다른 전염성 있는 행동들과 마찬가지로, 역사적으로 사람들이 사회적·정치적 쟁점들을 어떻게 해석하고 그것들에 어떤 태도를 취하는지에 영향을 미쳐왔다. 억압당하는 이들의 유머가 단순히 '방어 기제'일 뿐이라는 환원주의적 관점을 넘어서면, 그 전략적 이점과 변혁적 잠재력을 드러낼 수 있다.

무대에서, 텔레비전에서 시온주의의 잔혹성과 그것이 팔레스타인인들에게 자행하고 있는 인종학살에 관해 말할 때면 언제든, 당연하다는 듯 *제2의 홀로코스트가 다가오고 있다는*, 그리고 유대인들이 겁에 질려 있다*는 주장이 나온다. 그런 가정들은 함구령, 재갈 노릇을 해서 대화를 귓속말로 만든다. 수많은 사람들이 뻔뻔한 식민주의적 투사 앞에서 심각한 인지 부조화를 겪기는 하지만 대부분은 반박할 언어나 배짱이 없다는 기분에 사로잡힌다. 이러니저러니 해도 '피의 중상모략'(blood libel)† 혐의로 고발당하고 싶은 사람은 없다. 그럴 때 경솔하거나 경박한 응답—정확히는, 불손함 전반—은 가르침을 준다.

그러니 돌을 던지고 손을 숨기는 거짓말쟁이들을 조롱하라. 금기와 비극을 이용해 폭력을 독점하려는, 말재간으로 당신을 황급히 참회하고 고개 숙이게 만들려 드는 이들을 조롱하라. 이 맥락에서

---

* 한편에서는 미국 "유대인 학생의 44퍼센트가 자기 학교에서도 안심이 되지 않는다". 다른 한편에서는 가자에 대학교가 하나도 남지 않았다. 이스라엘 점령군이 모두 파괴해버렸기 때문이다. 다음을 보라. Scholars Against the War on Palestine, "International Actions Against Scholasticide."

† [역주] 허위에 기반한 악질적인 비방을 가리키는 말로 맥락과 관계없이 흔히 쓰이기도 하지만, 어원상 유대인이 의식을 치를 때 기독교인 아동의 피를 쓴다는 비난에서 비롯된 표현이다. 반유대주의를 상징하는 말 중 하나다.

조롱은 당신과 같은 좌절감을 겪는 이들에게 자신에게 강요된
수치심에 떠밀려 뒤집어진 세상을 받아들여서는 안 된다는 것을
알려준다. 외려 청중에게 현 상태를 의문시하고, 풍자하고,
거수기들과 아첨꾼들 앞에서 세상을 적나라하게 드러내도록 힘을
주며, 비판적 사유와 지적 자율성의 촉매 역할을 한다.

여기서 불손은 대화의 조건을 뒤엎고 논의 주제들을 그 도덕적 혹은
정치적 무게에 맞게 재배열한다. 그저 대화의 흐름을 끊는 데
그치지 않는다. 무엇이 분노할 만한 일인지—무엇이 진지한, 중대한
분노를 살 만한 일인지—에 관한 위계를 고쳐 씀으로서 우선순위를
재평가하게 만든다. 바꿔 말하면, 불손은 "기성 권력 패턴을
자리에서 몰아내는 층위에서 기능한다—도덕적으로 사소한 일들이
더는 진정으로 심각한 것들과 동등한 지위를 차지하지 못하게 하는
역할을 한다".[17]

     "이스라엘인들을 바다에 던져버리고 싶은가요?"

어떤 친구들은, 특히 계급 상승의 길이 열려 있는 팔레스타인인들은 내가 이처럼 비꼬아대는 것에 종종 난처해한다. 그들에게는 재미있는 일이 아니라 무서운 일이다. 이유는 알고 있다. 팔레스타인인으로서 우리의 모든 시민적 참여는 공개재판이 된다. 우리의 말 한 마디 한 마디가 인격에 대한 시험대다. 우리는 언제나 실수 한 번이면 테러리스트가 될 수 있다. 언젠가 런던에서 행진을 하다 실언을 했고, 그 단순한 실수가 황색지에 대서특필되어 런던경찰국에서 테러리즘 혐의로 나에 대한 조사에 착수했다. 모호하고 폭넓게 정의되는 '반테러' 법률들은 정치적 옹호, 민족주의적 표현, 반식민 연설에 대한 어마어마한 탄압으로 번역된다. 사실상 무엇이든 '테러리즘에 대한 물적 지원'이나 '선동'으로 해석될 수 있다.*

서구에 사는 아랍인은 추측들을 조심스레 폭파하지 않으면 그 폭발에 휩쓸리고 만다. 우리는 만인 앞에서 우리가 우리에게 가해진 혐의와 거리가 멀다는 것을 확실하게 보여줘야만 한다. 말도 안 되는 적의를 마주하면서 우리가 존경할 만한 민간인, 언론인, 의료인, 교수임을, '하마스와는 다른' 사람임을 증명해야 한다. 딱 한 번의 실수로도, 우리를 놓아주지 않는 소문들은 믿을 만한 말이 된다. 우리가 보고하는 사상자 수? 뻥튀기다. 우리의 비극? "팔리우드"(Pallywood)에서 연출한 것이다.[18] 이스라엘 전투기에 의해 팔다리가 잘리고 불태워진 우리 어린이들? 전쟁 프로파간다용 인형들이다.

---

* "물적 지원에 관한 법률들은 국내 테러리즘 기소의 블랙박스다. 헌법이 보장하는 온갖 활동들이 적어도 혐의로, 심지어 범죄로까지 의심받고 분류될 수 있는 전가의 보도다. 핵심은 모호함이다. 연좌제를 휘두르고 종종 정치적·종교적 신념을 의도와 심리 상태의 증거로 삼는다." Theoharis, "US Citizen's Solitary Confinement."

우리는 우리가 무슨 말을 하든—진지하게든 농담조로든, 심지어는 암시만 해도—그것이 법과 여론의 재판정에서 우리에게 불리하게 쓰일 수 있으며 그러할 것임을 의식하면서 책을 쓰고 영화를 만든다. 서로에게 말할 때도 어깨 너머에 저격수가 서 있는 것처럼 군다. 나도 자기 검열의 충동을 이해한다. 팔레스타인인으로서 우리의 악명이 우리보다 먼저임을, 무죄가 입증되지 않는 한 유죄이며 그 입증은 종종 불가능함을 안다. 아마도 대부분이 상상하는 내 모습은 실제 내 모습과는 전혀 다를 것임을 안다. 하지만 저격수의 시야 바깥에, 식민자의 시계 너머에 광대한 우주들이 있다. 우리가 적들 혹은 동맹들에게 어떻게 보이는지보다 우리가 서로를 어떻게 보는지, 우리가 서로에게 무엇을 불어넣는지가 더 중요하다. 자기 존중을 불어넣는지 아니면 자기 비난을 불어넣는지가 말이다.

연단 위에서의 불손은 당신이 심리적·정동적 허용 범위가 끝없이 쪼그라드는 심문받는 어느 집단, 어느 민족의 일원임을 상기하게 한다. 노동계급, 지칠 대로 지친 이들, 가진 자원이 없는 이들, 아이비리그에 갈 여력이나 겉과 속이 다른 말을 하는 재주가 없는 이들에 속함을 상기하게 한다. 그리고 그 불손을 상연하면서 당신은 스스로를 그들의 복잡성에 얽어 넣는다. 공적 담론 속에 그들의 자리를 만든다. 그들이 자기 생각을 어떤 식으로 표명하는지는 중요치 않다. 당신은 피해자에게 가해지던 비난을 가해자에게로 옮긴다. 그러지 않으면 우리는 약한 이들을 때리게 된다. 다른 이들을 희생양 삼아 스스로를 구하고 경력을 쌓게 된다. 어느 한 사람이 *기품 있다*고 여겨지려면 다른 한 사람은 야만인이 되어야 한다.

우리 적들 중 마이크를 잡는 것은 누구인가? 정부 인사들, 그러니까 지위 덕에 신문 기사 첫머리에 종종 발언이 인용되는 이들이다.

     "이스라엘인들을 바다에 던져버리고 싶은가요?"

우리 중 발언을 허락받는 것은 누구인가? 대개는 사별한 이들, 빼앗긴 이들, 취약한 이들, 그러니까 자기도 모르게 옹호 활동의 영역으로 떠밀려 들어가 완벽한 대본도 제도의 지원도 없이 1인 미디어 사역자가 되는 이들이다.

내가 경박하게 구는 것은 반골 기질 탓도, 오락적 가치를 위해서도 아니다. 내가 경박한 것은 팔레스타인 민족 대다수에게 자민족중심적 가치들과 인종주의적 태도들을 오냐오냐 받아줄 여력이나 생각이 없기 때문이다. 이 전쟁터에서 말을 고를 여유가 어디 있겠는가? 애초에 내가 왜 그러고 싶겠는가? 내가 우리 꿈속을 뒤져 나를 비난할 제정신을 찾고 싶겠는가? 왜 우리가 쓰는 말들을 샅샅이 훑어 상스러운 것들을 골라내고 싶겠는가? 다시 한번 묻건대, 내가 왜 우리 도시들을 집어삼킨 화재를 그냥 지나치고 가상의 불길을 잡으러 가야 하겠는가?

팔레스타인 남성 하나가 전쟁 지대에서 집을 향해 걷는다. 사이렌이 울리고 멀리서 폭발음이 들린다. 그의 집 앞에 전차 한 대가 있다. 그는 장갑차에 타고 있는 이스라엘 병사에게 다가가 그를 꾸짖는다. "내가 진입로에 탱크 주차하지 말라고 몇 번이나 말했지?" 이렇게 그는 무시무시한 메르카바가 재미없고 귀찮은 것, 세금 납부 같은 성가신 일에 지나지 않는 영역을 만들어낸다. 이 영역에서 병사의 지배력은 정신을 파고들지 못하고, 그의 소총은 장난감 총일 뿐이며, 공기 중의 최루가스는 그저 누군가의 역한 향수일 뿐이다.

바꿔 말하자면, 불손은 존엄을 되찾는 거부 행위다. 포위나 감금으로 갇혀 있는 이들이 마음속에서 해방될 수 있기 때문이다. 굴을 파려면 땅에 삽을 박기 전에 우선 굴을 상상해야 한다. 불손은 점령이 결코 꺾을 수 없는 상대가 아니고 점령자가 내쫓을 방법이 없는 존재가 아닌 대안 현실을 지어 올린다. 경관이 모든 것을 다 알고 있지도 않고, 저격수가 어디에나 있지도 않은 곳이다. 여기서 군사 장벽의 상징적인 의미는 손에 만져지는 콘트리트 이상으로 나아가지 않는다.[19] 화자(젊은 활동가, 학자, 혹은 택시 운전사)에게 불손은 그저 수사적 전략이 아니라 자기 보존이자 반항, 심리적 예속에 대한 완고한 거부다. 불손은 자신만만함이 말에서 드러나는 것이다. 나는 경박하게 굴 기회, 천하무적 같아 보이는 내 식민자들을 풍자하고 웃음거리로 삼을―그들과 맞서 싸울, 마음속 혼잣말에서 그들을 몰아낼, 회심의 구절에 그들을 써먹을―기회에 감사한다.

농담의 대가란 종잡을 수 없다는 것은 알고 있다. 때로는 중상모략, 검열, 괴롭힘, 심지어는 수갑이 따라온다. 하지만 공짜일 때도 있다. 그런 자유는 흔치 않지만 판돈을 걸 가치가 있다. 이 영역에서 웃음은 상처를 조금은 덜 아프게 만들 수 있다는 점에서 믿음과 닮은 데가 있다. 이 책에서 많이 살펴보지는 않았지만, 유머에서

        "이스라엘인들을 바다에 던져버리고 싶은가요?"

위안을 얻곤 한다. 유머에서 주체성을, 기동성을, 삶을 보곤 했다. 믿음이 산산조각 나 살해당한 아이가 실은 더 좋은 곳에서 온전하게 존재하리라고, 천상의 순교자가 되리라는 약속으로 자식을 여읜 어머니를 위로하는 것과 비슷하게, 웃음은 그 더 좋은 곳을 이 땅에 가져온다.

연단에서 불손하기를 택하는 것은 잠시나마 화자와 청중 모두를 해방시킨다. 냉소적인 말에 웃음이 나오기 전, 그 잠깐의 휴지에, 무의식 속에서 무언가 신성한 일이 일어난다. 웅장한 무대가 친숙한 거실이 된다. 당면한 비극이 어떤 것이든, 가족사가 된다. 화자는 마음속에서 연단의 권위 따위 쫓아내고 억지로 연습했던 배역을 버린다. 귓속말로만 말하라고 배운 것을 큰 소리로 외친다. 구경꾼들은 찰나 동안 구경거리에 연루되고 그 흠결에 오염된다. 농담과 한통속이 된다. 무의식 속에서 무언가 신성한 일이 일어난다. 우리가 서로의 눈을 바라보는, 허물 없는 세상이 생겨난다.

에필로그:
머지않아 비가 내릴 거야

가자 북부에 유치원 하나가 새로 문을 열었다는 소식을 보았다.
불사조같이. 일과를 보내는 교사들이 머문 자리마다 이미 재스민
향이 가득하리라 믿고 싶다. 칭얼대는 아이들, 그리고 칭얼대는
전투기들을 달랠 수 있는 것이 재스민밖에 더 있을까. 이렇다 할
만한 것을 생각해내지는 못한 채 이 희소식 하나만 붙들고서 지난
몇 주를 보냈다. 재스민이 있다. 씨앗은 허가니 휴전이니 하는 것
없이도 싹 틀 수 있으니까. 아이들이 칭얼댄다. 그게 아이들이 하는
일이니까. 인종학살의 시대에 다섯 살배기들은 숫자와 낱자 말고
무엇을 배울까? 어떤 농담을 하며 시간을 보낼까? 자연히 '침략',
'포위', '나크바'보다도 잔혹한 말들을 배운다. 교사들이 지금의
가자에 비하면 과거의 일들은 무색해질 지경이라고 말하는 모습이
그려진다. 이번에는 부자들마저 떠나지 않은 이들은 천막에서
지낸다.

하지만 우리의 현실은 지금껏 늘 그랬듯 그게 다가 아니다. 우리는
명백히 정복과 식민화의 대상, 환경의 산물이기도 하지만, 겨우 그
정도가 아니다. 피에 젖은 역사의 굽이굽이마다 얻어터지고 가족과
친지를 잃고 가진 것을 빼앗기고 추방당하고 굶고 도륙당하고
감옥에 갇히면서도 우리는 줄곧 굴종을 거부했다. 세상을 놀라게
했다. 매번의 학살과 침략마다, 조악한 것이든 제대로 된 것이든
저마다 무기—화염병, 소총, 새총, 미사일—를 집어들고 남녀 할 것
없이 싸웠고 지금도 싸우고 있다. 언제나 투쟁이, 언제나 재스민이
있었다.

동시에, 우리 적들에게도 무언가 더 있다. 시온주의는 결코 꺾이지
않을 강력한 힘을 자처하지만 그 이면에서는 지금 유례없이
취약해져 있다. 멋모르고 하는 말이 아니다. 적의 역량이나 그 뒤를
받치고 있는 제국들과 용병들의 힘을 눙치고 넘어가자는 것이
아니다. 수십만 순교자들의 막중한 무게를 가벼이 여기자는 것도,

운동복 차림으로 탱크에 맞서는 남자들을 미화하며 그들에게 감당 못 할 짐을 지우자는 것도 아니다. 자유 투사들은 자신들의 적이 골리앗임을, 자신들이 절대적으로 불리함을, 돌멩이라도 주워 드는 것밖에는 선택지가 없음을 잘 알고 있다. 하지만 신새벽이 동트고 있다. 잘 살펴보면—국영 언론을 비판적으로 살피고, 달라지는 국제 논의 지형을 경청하고, 급진적인 운동의 르네상스를 직접 보고, 아무 공항 화장실에나 적혀 있는 낙서까지도 다 읽어보면—지금 새 새벽이 동트고 있음을 알 수 있다. 여전히 가공할 만한 적이기야 하겠지만, 시온주의는 제 의의에 눈이 멀어버린, 늙고 겁먹은 야수이기도 하다. 종잡을 수는 없어도, 어떤 때에는 당신을 덮쳐 송곳니로 살을 찢지만 어떤 때에는 종이 호랑이에 지나지 않는다.

이런 깨달음은 식민주의는 무너지지 않는다는 신화를 깨뜨릴 뿐 아니라 해방은 가능하다는 것을, 미래가 코앞에 와 있다는 것을 상기시킨다. 쉴 새 없는 폭격 아래, 허물어진 도시들의 아수라장 속에서는 아직은 꽃 피는 재스민을 볼 때가 아니라는 생각이 들 수도 있다. 하지만 우리는 모든 것을 살피고, 모든 것을 기대할 의무가 있다. 그림 구석구석을 빠짐없이 보아야 할 의무가 있다. 아무리 위태롭고 위험하고 가차 없다 해도, 나크바는 영원하지 않다. 세계가 달라지고 있다. 마땅한 변화다. 지옥 불 속에서도 씨앗에서 싹이 틀 수 있다면, 혁명도 마찬가지다. 수화기 너머에서 어머니가 내게 말한다. *머지않아 비가 내릴 거야, 신은 전능하시지.*

* "الغيث آتٍ، والله قادر على كل شيء"

감사의 말

『완벽한 피해자』의 초고는 2023년 2월에 프린스턴대학교 에드워드 사이드 추모 강연에서 발표했다. 강연문의 일부는 그해 《네이션》 12월호에 커버스토리로 실렸다. 2021년 10월 터프츠대학교 국제관계 탈식민화 학술대회 기조 연설, 같은 달 하버드대학교 로스쿨 대담, 그리고 『권리의 무법성』(*The Lawlessness of Rights*, CHRA, 2024)으로 출간되기도 한 2022년 3월 바드대학 인권·예술 센터 강연의 개괄적인 논지가 이 책의 토대가 되었다. 2023년 10월에는 윌 밀러 사회정의 연속 강좌의 일환으로 버몬트 대학교에서 '완벽한 피해자' 강연을 한 번 더 하기로 했는데, 학교 측에서 "안전상의 우려"를 구실로 행사장을 캠퍼스 외부로 바꾸지 않으면 아예 취소하겠다고 했다. 갑작스러운 형식 변경에도 불구하고 강연은 생중계되었고 1만 1000명이 방청했다.

이 책을 완성하는 데 정말로 한 마을이 필요했다. 헤이마켓 출판사에, 특히 이 원고의 편집을 맡아 지난하고 예측 불가능한 쓰기 과정을 참고 이끌어준 브레크나 아프타브(Brekhna Aftab), 프린스턴 강연문을 토대로 책을 만들어보자고 제안해준 나오미 무라카와(Naomi Murakawa)와 앤서니 아노브(Anthony Arnove), 그 밖의 헤이마켓 팀원들—레이철, 케이티, 마일스, 로이신, 아리카, 데이나, 줄리, 짐, 존 등—에게, 그리고 적임자에게 책을 맡겨준 내 에이전트 이언 보나파르트(Ian Bonaparte)에게 사의를 표한다.

10대 시절부터 내가 생각을 심화할 수 있도록 논쟁 상대가 되어준 친애하는 벗 아마니 칼리파(Amany Khalifa)에게 더없이 감사한다. 몇 년이고 의견을 나눠준 《네이션》의 리지 래트너(Lizzy Ratner), 애덤 호로위츠(Adam Horowitz)를 비롯해 그간 함께한 《몬도와이스》(Mondoweiss) 동료들, 이 작업을 든든하게 보조해준 암나 알리(Amna Ali), 용기와 조언을 아끼지 않은 마하 에시드(Maha Essid)에게도 고마운 마음이다. 이 책은 눈 밝은 캐런 응(Karen Ng)의 꼼꼼한 팩트 체크를 거쳤고, 오랫동안 내 글을 편집해준 라미 카림(Rami Karim)이 관대하게도 다시 한번 검토해주었다.

친애하는 벗 루아 리마위, 아흐메드 알나우크는 자신들의, 그리고 사랑하는 이들의 이야기의 편린들을 이 책에 쓸 수 있도록 혹은 쓰려 해볼 수 있도록 허락해주었다. 그 아량에 고개를 숙인다. 빼어난 일러스트레이터 마이사라 바루드(Maisara Baroud)에게도 빚을 졌다. 라파, 데이르 알발라 등지에 급하게 지은 난민촌들을 배경 삼아 미사일 세례 아래에서 그린 작품들에서 무수한 영감을 받았다. 여러 친구들과 동지들의 통찰과 비판, 퇴고 덕에 더 깊이 사유하고 연구할 수 있었다. 하젬 잠줌(Hazem Jamjoum), 알리 알모사위(Ali Almossawi), 압델 자와드 오마르(Abdel Jawad Omar), 아자 모네(aja monet), 알리아 알사비(Alia Al-Sabi), 타마르 가빈(Tamar Ghabin), 아자드 에사(Azad Essa), 라히 엠(Rahi M.), 누르 안난(Nour Annan), 조이 사무지(Zoé Samudzi), 야스민 엘리파이(Yasmin El-Rifae), 모건 배시치스(Morgan Bassichis), 리베카 아부체디드(Rebecca Abou-Chedid), 파린 베흐루즈(Parin Behrooz), 니할 엘 아사르(Nihal El Aasar), 라마 알라리안(Lama al-Arian). 하나 하나 다 호명할 수 없을 정도로 많다. 내가 잊은 이가 있다면 부디 용서해주기를 바란다. 내 논지를 밀어붙이고 연마할 수 있었던 대화를 나눠준 이들, 특히 사미라 에스마이르(Samira Esmair),

오마르 카리마(Omar Karimah), 조너선 쿠바쿤디마나(Jonathan Kubakundimana), 라에다 타하(Raeda Taha), 술라파 지다니(Sulafa Zidani), 몰리 크랩애플(Molly Crabapple), 할라 마르슈드(Hala Marshood), 파이루즈 샤르카위(Fayrouz Sharqawi), 비산 오웨이다(Bissan Oweidah), 란다 웨베(Randa Wehbe), 이지딘 무스타파(Izziddin Mustafa), 이드리스 칼리디(Idriss Khalidi), 디미트리 슈레켄고스트(Dimitri Shreckengost), 사바나 오그번(Savana Ogburn), 조시 윈스턴(Josh Winston), 데레카 퍼넬(Derecka Purnell)을 비롯해 수많은 이들에게 깊이 감사한다. 빠뜨린 이가 있더라도 용서해주길 바란다.

또한, 앞서 발표한 글들에 관해 정보, 사실, 기록물, 이견, 문제 제기, 편집 등으로 이 책에 기여해준 이들, 그리고 이야기를 들어주고 바른 방향을 제시해준 이들에게도 감사한다. 알라 알다예(Alaa Al-Dayeh), 아흐마드 함마드(Ahmad Hammad), 타렉 Z. 이스마일(Tarek Z. Ismail), 리야 알사나(Riya Alsana), 에마 알퍼트(Emma Alpert), 로라 알바스트(Laura al-Bast), 매리엄 바르구티(Mariam Barghouti), 아흐메드 비카위(Ahmed Biqawi), 나디 사데(Nadi Saadeh), 야잔 나기(Yazan Nagi), 누라 에라카트(Noura Erakat), 줄리아 바샤(Julia Bacha), 제시카 드바니(Jessica Devaney), 타렉 바크리(Tarek Bakri), 잭 머킨슨(Jack Mirkinson), 무사 알사다(Musa al-Sada), 맷 캐너래드(Matt Kannarad), 제나 알 타한(Zena Al Tahhan), 바얀 키완(Bayan Kiwan), 니키 카투라(Nicki Kattoura), 재비어 도미닉(Xavier Dominic), 일라나 코메이 델 훈코(Elana Comay del Junco), 달리아 메르자반(Daliah Merzaban), 사메르 쿠와리아(Samer Khuwariah), 데이비드 렌턴(David Renton), 앨러스터 라이언(Alastair Lyon), 피비 쿡(Phoebe Cook), 그 밖에도 급하게 쓰느라 빠뜨린 이가 분명 수없이 있을 것이다. 하지만 이 작업에 어떤 면에서든 도움을 준 모든 이들에게 진심으로 감사한다.

자히드 R. 초더리(Zahid R. Chaudhary)를 비롯해 나를 프린스턴에
초대하고 환대해준 프린스턴 영문학과에도 감사한다. 바드에서의
행사를 준비해준 CHRA의 타니아 엘 쿠리(Tania El Khoury)와
지아드 아부리시(Ziad Abu-Rish), 하버드 국제인권클리닉, 월 밀러
사회정의 연속 강좌의 아이작 크라이스먼(Isaac Kreisman)과 앤
피터먼(Anne Petermann)에게도 사의를 표한다.

마지막으로, 이 책을 쓰는 동안 없다시피 한 나를 이해하고
지지해준 내 가족, 특히 사랑하는 내 쌍둥이 무나에게 깊은
고마움을 전한다.

옮긴이의 글

종종 울고 종종 웃으며 읽었다. 그러나 어쩌면 팔레스타인보다
한국을 더 자주 생각했다. 노동환경 개선을 요구하면 이기적이라고,
정치적 의제를 걸면 빨갱이라고 욕을 먹는 통에 저임금·고강도·
고위험 노동에 시달리다 사라지는 것밖에는 할 수 있는 일이 남지
않는 노동자들을, 불순분자가 아니라 선량하고 무고한 이였음을
증명해야만 피해자가 될 수 있었던—겨우 서른 해 정도 전까지만
해도 '양민 학살'이라 불렸던—민간인 학살의 희생자들을, 겨우
지하철 좀 타려 했을 뿐인데 시설에 들어가 보이지 않는 데서
살라는 폭언을 듣는 장애인들을, 피부색이나 출신국, 종교 따위를
이유로 끝없이 내몰리는 이주민들을 떠올리며 읽었다.

수천 킬로미터 떨어진, 문화적으로도 정치적으로도 경제적으로도
전혀 다른 두 나라—정확히는 한 나라와 나라라는 지위마저
불안정한 한 곳—사이에서 어떻게든 공통점을 찾으며 읽은 것도,
먼 곳의 이야기를 읽으며 섣불리 내 주위의 일로 치환해버린 것도
아니다. 팔레스타인은 예외가 아니라 오히려 전형이자 모범이라는
말을 끊임없이 상기하며 읽었다. 다치고 죽어도 되는 (혹은 그래야
하는) 인구 집단을 설정하고 재난으로부터 이윤을 내는, 숫제
이윤을 위해 재난을 일으키는 현대자본주의의 지향점으로서
팔레스타인과 열심히 혹은 부지중에 그 뒤를 좇는 한국을 비롯한
여러 사회를 생각하며 읽었다는 뜻이다.

*

팔레스타인 저항 투사들이 당하는 악마화와 한국의 노조 활동가나
인권 운동가가 당하는 악마화의 거리는 얼마나 될까. 가자와 서안
곳곳을 주기적으로 초토화하고는 '재건'으로 이윤을 내는 일과
멀쩡한 집도 헐어 주민들을 내쫓는 재건축 사업은 어디가 같고
어디가 다를까. 장벽에 갇힌 채 이스라엘의 자원이 되어버린
팔레스타인인들과 시설에 갇힌 채 의료 산업의 자원이 되어버린
이들의 삶은 얼마나 겹쳐질까. 이런 것들을 생각하지 않고 그저
팔레스타인이라는 먼 곳의 문제만 생각하며 읽을 수는 없었다.

반대로 팔레스타인에 대해서는, 당장의 참상이나 한 세기에 가까운
그 역사를 생각하는 만큼이나 그곳 역시 사람 사는 곳이라는 생각을
하며 읽었다. 모두가 똑같이 고통을 겪고 있는 지옥도, 점령만 빼면
그저 올리브와 바다와 신과 사람을 사랑하는 이들이 서로 돌보고
누구라도 환대하며 평화로이 지낼 잠재적인 낙원도 아닌 사람 사는
곳. 계급과 빈부 격차가 있고 외면하는 이와 부역하는 이가 있는,
내분과 권력투쟁이 있는, 하나의 이름만으로는 결코 다 부를 수
없는 그런 곳 말이다.

우리 모두 팔레스타인인이다. 이 말은 그래서 종종 조금 다른
의미로 읽혔다. 팔레스타인에서 저항하는 이와 이곳에서 싸우는
이가 모두 팔레스타인인이라면, 팔레스타인에서 돈과 권력을 좇는
이와 이곳에서 그리하는 이 역시 모두 팔레스타인인이라고도 할 수
있을 것이다. 팔레스타인에서도, 그리고 다른 곳들에서도, 우리는
팔레스타인이라는 모범과 전형을 따르는 하나의 세계를 살아간다.
이러면 조금 더 분명해진다. 팔레스타인을 위해 싸우는 이들은
이곳을 위해서도 싸운다. 그곳의 점령과 전쟁을 그저 남의 일로
심지어 기회로 생각하는 이들은 이곳의 고통 또한 무시하고

착취한다. 팔레스타인만을 바꿀 수는 없다. 이곳만을 지킬 수도 없다. 우리 모두 팔레스타인인이다. 어떤 팔레스타인인이 될지 선택해야 한다.

*

팔레스타인을 자본주의, 제국주의, 식민주의의 전형이자 모범, 혹은 실험실이라고 한다면—저들이 승리하건 저들을 꺾건— 팔레스타인은 우리 모두의 미래라고 할 수 있을 것이다. 동시에 한국을 비롯한 여러 곳이 이미 거쳐 간 식민 종식과 주권국가 건설을 아직 이루지 못한, 과거에 머물러 있는 곳이라고 할 이도 있을 것이다. 내부의 현재를 생각해보자면, 짐작건대 팔레스타인의 시간은 과거와 미래 사이에 낀 채 수십 년을 늘어지고 있다. 점령을 끝장낼 수 있으리라는, 머지않아 비가 오리라는 희망밖에 기댈 데가 없지만 실낱같은 희망조차 쉽사리 허락하지 않는 그 긴 시간 동안 삶은 어떤 모습이 될까.

'임시'라는 말이 너무도 무거웠다. 늘 그렇듯 부족한 실력 탓에 곳곳에서 번역이 막혔고 언급되는 사건이나 문헌에 대한 정보를 영어나 한국어로는 쉽게 찾을 수 없어 애를 먹었지만, 그런 데서보다도 makeshift라는 단어가 쓰인 곳들에서 더 오랜 시간을— 역어를 다 정하고 나서도 다음으로 넘어가지 못하고—고민하곤 했다. 말 그대로 '대신할 것(shift)을 만든다(make)'라는 표현이 어원인 이 단어의 사전적 의미는 임시방편, 미봉책 등이다. 이 책에서는 열 번이 조금 안 되게 등장하는데, 맨 처음에는 소총 공방 앞에, 마지막으로는 난민촌 앞에 붙은 형용사로 쓰인다.

이를테면 '사제' 소총인 카를로는 2000년대에 개발되었고 2010년대 중반부터 팔레스타인 투사들의 무기가 된 것으로 알려져 있다.

그 총을 드는 이들의 투쟁에는 이스라엘 수립부터만 따져도 80년에
가까운 역사가 있다. 임시변통 무기를 들고 싸운 그 긴 시간 동안의
삶에 임시가 아닌 것은 무엇이 있었을까. 무엇이 있을 수 있을까.
적어도, 정작 임시로만 쓰여야 할 난민촌만은 꾸준하다. 이번
전쟁이 터지면서 잠깐일 걸로 생각하고 피란을 떠나 시작한 천막
생활을 두 해 넘게 하게 된 이들이 있다. 1948년 전쟁으로 요르단,
레바논, 가자 지구 등에 형성된 난민촌은 그대로 도시가
되어버렸다. 오로지 '임시'라는 아슬아슬한 것만이 단단히 남는
삶을 가늠하느라 많은 시간을 보냈다.

　　　　*

죽임 당하는 사람들, 겨우 목숨을 부지해도 쫓겨나는 사람들, 피란
천막을 치기 위해 돈을 내고 땅을 빌려야 하는 사람들—그리고
그렇게 세를 받는 사람들—생각에 아득해질수록 더 찾아 읽었다.
포화를 피해 고향을 등졌지만 결코 잊거나 포기하지 않는 이들의
일기에서부터 감옥에서도 여전히 싸우는 이들의 각오까지,
팔레스타인의 정세나 투쟁 전략을 분석하는 논문에서부터
아프리카, 라틴아메리카 등지의 반식민 투쟁가들이 팔레스타인
민중에게 보내는 편지까지. 드문드문이나마 기차를 타고
팔레스타인과연대하는한국시민사회긴급행동 집회에도 갔다. 깃발
든 사람들과 행진을 하다 보면 한 몸 누이기도 힘든 데서 고공농성
중인 해고 노동자가 "팔레스타인 해방"이라고 적힌 피켓을 들고
우리를 맞곤 했다.

그렇게 읽고 들은 말들이, 무겁고 뜨거운 그 고민들과 용기들이
이 번역에 조금은 녹아 있기를 바란다. 그것들을 나눌 수 있도록
내게 이 책을 맡겨주고 수많은 곳을 바로잡아준 조은 편집자를
비롯해 이 책이 나오기까지 여러 곳에서 수고를 기울인 이들에게

감사를 전한다. 팔레스타인 민중들에게, 그리고 세계 곳곳에서
팔레스타인과 함께하는 이들에게 존경과 연대의 인사를 보낸다.
미래의 팔레스타인에서, 우리의 미래에서, 다시 한번 반갑게 인사할
수 있기를 바란다.

2026년 3월
박종주

인용 문헌

Abbas, Mahmoud. Speech at the Eleventh Session of the Fatah Revolutionary Council, August 24, 2023.

Abdulrahim, Raja, and Ben Hubbard. "A Trailblazing Palestinian Journalist Dies, Aged 51." *New York Times*, May 11, 2022.

Abufarha, Nasser. *The Making of a Human Bomb: An Ethnography of Palestinian Resistance*. Durham, NC: Duke University Press, 2009.

Abunimah, Ali. "How Obama Learned to Love Israel." *Electronic Intifada*, March 4, 2007.

Akram, Fares. "In Rubble of Gaza Seaside Cafe, Hunt for Victims Who Had Come for Soccer." *New York Times*, July 10, 2014.

Ali, Amna. Conversation with author, September 5, 2024.

Ali, Taha Muhammad. *So What: New & Selected Poems (with a Story), 1971–2005*, translated by Peter Cole, Yahya Hijazi, and Gabriel Levin. Port Townsend, WA: Copper Canyon Press, 2006.

Amel, Mahdi. "The Revolutionary War in Lebanon Is Our Universe." *Al-Tariq Magazine*, August 24, 1982.

Amnesty International. "Ukraine: Ukrainian Fighting Tactics Endanger Civilians." August 4, 2022.

Azriel, Guy. "Exclusive: Saudis Say Normalization with Israel 'Matter of Time.'" i24 News, December 6, 2022.

Bacha, Julia, and Rebekah Wingbert-Jabi, dir. *My Neighbourhood*. Just Vision, 2012.

Baldwin, James. "Letter from a Region in My Mind." *New Yorker*, November 9, 1962.

Baldwin, James. "Many Thousands Gone." In *Notes of a Native Son*. Boston: Beacon Press, 1955.

Baldwin, James. "Negroes Are Anti-Semitic Because They're Anti-White." *New York Times*, 1967.

Barghouti, Mariam. "'We Are Living in Graves, and Our Demand Is Freedom': The Gilboa Prison Break One Year Later." *Mondoweiss*, September 9, 2022.

Barghouti, Mourid. *I Saw Ramallah*, translated by Ahdaf Soueif. Cairo: American University in Cairo Press, 2000. First published in Arabic in 1997 [『나는 라말라를 보았다』, 구정은 옮김, 후마니타스, 2014].

"Basic Law: Israel – The Nation State of the Jewish People." Unofficial translation, Adalah, July 25, 2018.

ben-Tekoa, Sha'i. "Sticks and Stones." *Commentary*, September 2000.

Ben-Yair, Michael. "The War's Seventh Day." *Haaretz*, March 3, 2002.

Berger, Miriam, Evan Hill, and Hazem Balousha. "Four Fragile Lives Found Ended in Evacuated Gaza Hospital." *Washington Post*, December 3, 2023.

Black, Ian. "Doctor Admits Israeli Pathologists Harvested Organs without Consent." *Guardian*, December 21, 2009.

Bulos, Nabih. "Kyiv Civilians Take Up Arms . . . to Fight Russian Attack on Ukraine." *Los Angeles Times*, February 26, 2022.

Burman, Erica. "Fanon and the Child: Pedagogies of Subjectification and Transformation." *Curriculum Inquiry* 46, no. 3 (2016).

Carlstrom, Gregg. "Autopsy Shows Palestinian Teen 'Burned Alive.'" Al Jazeera, July 6, 2014.

Césaire, Aimé. *Discourse on Colonialism*, translated by Joan Pinkham. New York: Monthly Review Press, 2001 [『식민주의에 대한 담론』, 이석호 옮김, 그린비, 2011(초판 2004)].

Chomsky, Noam. *The Fateful Triangle: The United States, Israel and the Palestinians*. Boston: South End Press, 1983.

Cordall, Simon Speakman. "'Everything Is Legitimate': Israeli Leaders Defend Soldiers Accused of Rape." Al Jazeera, August 9, 2024.

Cotton, Tom. Interview by Shannon Bream. *FOX News Sunday*, Fox News, October 15, 2023.

Daqqa, Walid. *The Oil's Secret Tale*. Tamer Institute for Community Education, 2018.

Daqqa, Walid. "A Place without a Door," translated by Dalia Taha, Middle East Research and Information Project, July 11, 2023.

Daqqa, Walid. "Uncle, Give Me a Cigarette," translated by Dalia Taha. Middle East Research and Information Project, July 11, 2023.

Darwish, Mahmoud. *Mural*, translated by John Berger and Rema Hammami. New York: Verso, 2017. First published in Arabic in 2000.

Darwish, Mahmoud. "Those Who Pass Between Fleeting Words." *Middle East Report* 154 (September/October 1988).

Darwish, Mahmoud. *Unfortunately, It Was Paradise: Selected Poems*, edited and translated by Munir Akash and Carolyn Forché. Oakland: University of California Press, 2003.

Davies, Harry, et al. "'The Grey Zone': How IDF Views Some Journalists in Gaza as Legitimate Targets." *Guardian*, June 25, 2024.

Decolonize Palestine. "Myth: Israel Is Defending Itself."

Decolonize Palestine. "Myth: Palestinians Fake Israeli Atrocities."

Defense for Children International - Palestine. "Israeli Forces Kill Two Palestinian Children in Early Days of New Year." January 3, 2023.

Defense for Children International - Palestine. "Israeli Forces Use Palestinian Girl as a Human Shield in Jenin." May 19, 2022.

Defense for Children International - Palestine. "Number of Palestinian Children in Israeli Detention." June 30, 2024.

Democracy Now! "'They Were So Close': Israel Kills Medics Trying to Save Dying 6-Year-Old Hind Rajab." Aired on February 16, 2024.

Dichter, Avi. Interview on Channel 12, November 11, 2023.

Dr. Huey P. Newton Foundation. *The Black Panther Party: Service to the People Programs*, edited by David Hilliard. Albuquerque: University of New Mexico Press, 2008.

Dunqul, Amal. "The Last Words of Spartacus." In *The Complete Works*. Beirut: Dar al-Shorouk, (1969) 2012.

Dunqul, Amal. "Waiting for the Sword." In *The Complete Works of Amal Dunqul*, 3rd ed. Cairo: Madbouly Publishing, 1987.

Electronic Intifada. "New York Times Fails to Disclose Jerusalem Bureau Chief's Conflict of Interest." January 25, 2010.

Electronic Intifada. "Palestine in Pictures: September 2023." October 5, 2023.

Erakat, Noura. "The Sovereign Right to Kill: A Critical Appraisal of Israel's Shoot-to-Kill Policy in Gaza." *International Criminal Law Review* 19, no. 5 (October 2019): 783–818.

Essa, Azad. "How a 'Hostile' NYC Hospital Fired an Award-Winning Palestinian-American Nurse." *Middle East Eye*, May 31, 2024.

Euro-Mediterranean Human Rights Monitor. "Gaza: Israeli Army Uses Palestinian Civilians as Human Shields in Its Operation in Shifa Medical Complex and Its Cicinity." March 23, 2024.

Euro-Mediterranean Human Rights Monitor. "Israel Uses Water as a Weapon of Its Genocide in Gaza." July 5, 2024.

Eyes on Israeli Military Courts: A Collective of Observers' Testimonies, second edition. Addameer Prisoner Support and Human Rights Association, 2022.

Fanon, Frantz. *Black Skin, White Masks*, translated by Charles Lam Markmann. London: Pluto Press, 1986. First published in French in 1952 [『검은 피부, 하얀 가면』, 노서경 옮김, 문학동네, 2022(초판 1998)].

Fanon, Frantz. "Letter to the Resident Minister." In *Toward the African Revolution: Political Essays*, translated by Haakon Chevalier. New York: Grove Press, 1967.

Fanon, Frantz. *The Wretched of the Earth*, translated by Richard Philcox. New York: Grove Press, 2004. First published in French in 1961 [『대지의 저주받은 사람들』, 남경태 옮김, 그린비, 2010(초판 2004)].

Federgruen, Awi. "Rock-Throwing by Said Should Not Be Excused." *Columbia Daily Spectator*, September 6, 2000.

Fiacc, Padraic. "Soldiers." in *The Selected Padraic Fiacc*. Belfast: Blackstaff Press, 1979.

G.A. Res. 37/43, Importance of the Universal Realization of the Right of Peoples to Self-Determination and of the Speedy

Granting of Independence to Colonial Countries and Peoples for the Effective Guarantee and Observance of Human Rights. December 3, 1982.

Gessen, M. "What We Know about the Weaponization of Sexual Violence on October 7th." *New Yorker*, July 20, 2024.

Golan, May. Interview with *Israel Daily* on ILTV News, February 21, 2024.

Goldberg, Jeffrey. *Prisoners: A Muslim and a Jew across the Middle East Divide*. New York: Alfred A. Knopf, 2006.

Habiby, Emile. *The Secret Life of Saeed: The Pessoptimist, 1974*, translated by Salma K. Jayyusi and Trevor LeGassick. Northampton, MA: Interlink Books, 2003.

Harari, Yuval Noah. Interview by Christiane Amanpour. *Amanpour*, CNN International, October 12, 2023.

Harari, Yuval Noah. Interview on TV Asahi, October 19, 2023.

Harding, Luke. "'I Haven't Told My Granny': Ukraine's Student Molotov Cocktail-Makers." *Guardian*, February 28, 2022.

Harkov, Lahav. "One-Third of Journalists Killed in Gaza Were Affiliated with Terrorist Groups." *Jewish Insider*, May 17, 2024.

Hartman, Saidiya V. *Scenes of Subjection: Terror, Slavery, and Self-Making in Nineteenth-Century America*. New York: Oxford University Press, 1997.

Hartman, Saidiya, and Frank B. Wilderson, "The Position of the Unthought." *Qui Parle* 13, no. 2 (2003): 183–201.

Hassan, Budour. "The Warmth of Our Sons: Necropolitics, Memory, and the Palestinian Quest for Closure." Jerusalem Legal Aid and Human Rights Center, 2019.

Hassan, Mehdi. "Saying Israel Is Guilty of Apartheid Isn't Antisemitic. Just Ask These Israeli Leaders." MSNBC, May 27, 2021.

HC Deb. (5th ser.) (18 Oct. 1973) (861) col. 462.

Herzog, Isaac. Interview on *Sunday with Laura Kuenssberg*. BBC One, November 12, 2023.

Hockstader, Lee. "Letter from Israel." *Washington Post*, July 12, 2000.

Hoffman, Adina. *My Happiness Bears No Relation to Happiness:*

A Poet's Life in the Palestinian Century. New Haven, CT: Yale University Press, 2009.

Hopkins, Valerie, and Thomas Gibbons-Neff. "An Amnesty International Assessment That Ukraine 'Put Civilians in Harm's Way' Stirs Outrage." *New York Times*, August 7, 2022.

Hurston, Zora Neale. *Their Eyes Were Watching God*. 1937; New York: Perennial, (1937) 1990 [『그들의 눈은 신을 보고 있었다』, 이시영 옮김, 문학과지성사, 2001].

Hussaini, Maha. "Palestinian Journalist Killed in Israeli Bombing after Threats to End Gaza Coverage." *Middle East Eye*, October 6, 2024.

Hussein, Muhammad. "Remembering Israel's Killing of Four Children on the Beach in Gaza." *Middle East Monitor*, July 16, 2020.

Hussein, Rashid. "Against." In *I'm the Earth, Don't Deny Me the Rain*. Beirut: Falastin al-Thawra, 1976.

Inlakesh, Robert. "'Kill 'Em All' – US Politicians and Their Genocidal Comments against Palestinian since October 7." *Palestine Chronicle*, May 15, 2024.

International Middle East Media Center. "Palestinian Dies from Serious Wounds in Jenin." September 20, 2023.

Isack, Arielle. "Stealing the Voice of Authority." *Baffler*, April 17, 2024.

Jamjoum, Hazem, ed. "The Jewish National Fund: A Para-State Institution in the Service of Colonialism & Apartheid." *Al-Majdal* 43 (Winter–Spring 2010).

Jamous, Lama. "Lama Jamous' Reporting Defends the Future of Gaza." Interview in *New York War Crimes*, June 19, 2024.

Jarrar, Kareem. Al Jazeera interview. Posted to Instagram on August 31, 2024 by Shatha Hanaysha (@shathahanaysha).

Al Jazeera. "Dozens Injured in Israeli Police Attack on Palestinian Funeral." May 17, 2022.

Al Jazeera Staff, "Israeli Forces Kill Palestinian Woman in Occupied West Bank." June 1, 2022.

Al Jazeera. "Israeli Police Arrest and Brand Palestinian with 'Star of David': Report." August 18, 2023.

Al Jazeera. "Israeli Tank Fired at Hind Rajab Family Car from Meters Away: Investigation." June 23, 2024.

Al Jazeera. "Israel's Shifting Narratives on the Killing of Shireen Abu Akleh," September 6, 2022.

Al Jazeera. "Israel's War on Gaza: List of Key Events, Day 169." March 23, 2024.

Al Jazeera. "Palestinian Teen Killed in Israeli Raid in Northern Occupied West Bank." August 22, 2023.

Al Jazeera. "US Congressman Tells Pro-Palestine Activist 'We Should Kill 'em All." February 21, 2024.

Jerusalem Watchman. "No Weapon Formed against Israel Shall Prosper." January 15, 2015.

Jordens, Ann-Mari. "Australian Citizenship: 50 Years of Change." *Australian Law Reform Commission Reform Journal* 5, no. 74 (Autumn 1999): 24–28.

Kanafani, Ghassan. *On Zionist Literature,* translated by Mahmoud Najib. Oxford: Ebb Books, (1967) 2022.

Kanafani, Ghassan. *The Revolution of 1936–1939 in Palestine,* translated by Hazem Jamjoum. New York: 1804 Press, [1972] 2023.

Kanafani, Ghassan. "Thoughts on Change and the 'Blind Language.'" *Alif: Journal of Comparative Poetics* 10 (1990): 137–57.

Kane, Alex. "New Conflict of Interest at NYT Jerusalem Bureau," Fairness and Accuracy in Reporting, May 1, 2012.

Karsner, David. *Debs: His Authorized Life and Letters.* New York: Boni and Liveright, 1919.

Kelly, Meg, et al. "Palestinian Paramedics Said Israel Gave Them Safe Passage to Save a 6-Year-Old Girl in Gaza. They Were All Killed." *Washington Post,* April 16, 2024.

Kerr, Jaren, et al., "Israel Calls for Evacuation of 1mn People in Northern Gaza." *Financial Times,* October 13, 2023.

Kim, Sunnie. "Edward Said Accused of Stoning in South Lebanon." *Columbia Daily Spectator,* July 19, 2000.

Kingsley, Patrick, et al. "How Hamas Is Fighting in Gaza: Tunnels, Traps and Ambushes." *New York Times*, July 13, 2024.

Kingsley, Patrick, and Aaron Boxerman. "Hamas Fails to Make Case That Israel Struck Hospital." *New York Times*, October 22, 2023.

Klion, David. "Jeffrey Goldberg Doesn't Speak for the Jews." *Jewish Currents*, August 2, 2018.

Kramer, Andrew E. "Behind Enemy Lines, Ukrainians Tell Russians 'You Are Never Safe.'" *New York Times*, August 17, 2022.

El-Kurd, Mohammed. "Alaa on My Mind." *Baffler*, December 7, 2022.

El-Kurd, Mohammed. "Are We Indeed All Palestinians?" *Mondoweiss*, March 13, 2024.

El-Kurd, Mohammed. "Dear President Obama . . . I Hope You Won't Remain Silent." *Guardian*, March 17, 2013.

El-Kurd, Mohammed. "Do I Believe in Violence?" *New Arab*, November 22, 2022.

El-Kurd, Mohammed. "Fifteen-Year-Old Girl Killed for Attempting to Kill a Soldier (with a Nail File), or Context." In *Rifqa*. Chicago, IL: Haymarket Books, 2021.

El-Kurd, Mohammed. "Here in Jerusalem, We Palestinians Are Still Fighting for Our Lives." *Guardian*, July 28, 2021.

El-Kurd, Mohammed. "How the Western Media Missed the Story of Shireen Abu Akleh's Death," *Nation*, May 25, 2022.

El-Kurd, Mohammed. "If They Steal Sheikh Jarrah." *Mada Masr*, February 16, 2021.

El-Kurd, Mohammed. "In Every Corner of Palestine, There Is a Story of Dispossession." *Nation*, March 30, 2022.

El-Kurd, Mohammed. "Israeli Protesters Say They're Defending Freedom. Palestinians Know Better." *Nation*, March 30, 2023.

El-Kurd, Mohammed. "Jewish Settlers Stole My Home, It's Not My Fault They're Jewish." *Mondoweiss*, September 26, 2023.

El-Kurd, Mohammed. "The New Campaign to Smear Palestinian Human Rights Defenders as Terrorists." *Nation*, October 22, 2021.

El-Kurd, Mohammed. "On 'Perfect Victims' and the Politics of Appeal." Edward W. Said Memorial Lecture presented at Princeton University, February 8, 2023.

El-Kurd, Mohammed. "Rain Is Coming: The Ongoing Nakba and the Present Revolution." *New York War Crimes*, May 15, 2024.

El-Kurd, Mohammed. "Refaat al-Areer: An Incomplete Eulogy," Institute for Palestine Studies, January 31, 2024.

El-Kurd, Mohammed. "Reflections on the 75th Anniversary of a Nakba That Never Ended." *Nation*, May 15, 2023.

El-Kurd, Mohammed. "The Stenographer Party." *Mondoweiss*, November 29, 2023.

El-Kurd, Mohammed. "Tomorrow My Family and Neighbors May Be Forced from Our Homes by Israeli Settlers," *Nation*, November 20, 2020.

El-Kurd, Mohammed. "'We Shouldn't Grow Up Dreaming That Our Friends Don't Get Killed.'" *Nation*, February 1, 2023.

El-Kurd, Mohammed. "Western Journalists Have Palestinian Blood on Their Hands." *Nation*, October 20, 2023.

El-Kurd, Mohammed. "What Does It Mean to Be Palestinian Now?" *Nation*, January 25, 2024.

Lacan, Jacques. *The Four Fundamental Concepts of Psychoanalysis: The Seminar of Jacques Lacan*, book 11, edited by Jacques-Alain Miller, translated by Alan Sheridan. New York: W. W. Norton and Company, 1998 [『자크 라캉 세미나 11: 정신분석의 네 가지 근본 개념』, 맹정현·이수련 옮김, 새물결, 2008].

LeBlanc, John Randolph. *Edward Said on the Prospects of Peace in Palestine and Israel*. New York: Palgrave MacMillan, 2013.

Leonhardt, David, and Lauren Jackson. "Gaza's Vital Tunnels." *New York Times*, October 30, 2023.

Leyens, Jacques-Philippe, et al. "Infra-humanization: The Wall of Group Differences." *Social Issues and Policy Review* 1, no. 1 (December 2007): 139–72.

The Lobby – USA. Season 1, episode 1, "The Covert War." Aired in November 2018 on Al Jazeera English.

Loewenstein, Antony. "How Israel Commodifies Mass Killing throught Its 'Palestine Laboratory.'" Interview by Jeremy Scahill. *Intercepted*, December 13, 2023.

Lorde, Audre. *Sister Outsider*. Berkeley: Crossing Press, 1984 [『시스터 아웃사이더』, 주해연·박미선 옮김, 후마니타스, 2018].

MacDonald, Alex, and Shatha Hammad. "Shireen Abu Akleh: Arab Journalists Remember Iconic Palestinian Reporter." *Middle East Eye*, May 11, 2022.

Macron, Emmanuel. "Europe speech," Sorbonne University, April 25, 2024.

Makaber al-Arqam (مقابر الأرقام) [Popular National Campaign]. makaberalarqam. ps/en.

Maltz, Judy, "The Lawyer for Jewish Terrorists Who Started Out by Stealing Rabin's Car Emblem," *Haaretz*, January 4, 2016.

Manna, Jumana. "The Embargo on Empathy." *Hyperallergic*, November 1, 2023.

Mateus, Sofia Diogo. "Ukrainians Google 'How to Make a Molotov Cocktail' After Defense Minister's Call to Arms." *Washington Post*, February 25, 2022.

Mathis-Lilley, Ben. "Critics Question Whether Pastor Who Said Hitler Was Sent by God Was Good Choice to Speak at U.S. Embassy in Israel." *Slate*, May 14, 2018.

Al Mayadeen. "IOF Assassinate Zakaria Zubeidi's Son, Others Killed in West Bank." September 5, 2024.

Al Mayadeen. "19-yo Palestinian, Shot, Used as Human Shield, Dies in Israeli Custody." August 26, 2024.

McNeil, Sam. "Israel Deploys Remote-Controlled Robotic Guns in West Bank." Associated Press, November 16, 2022.

Meir, Golda. *A Land of Our Own: An Oral Autobiography*, edited by Marie Syrkin. New York: G. P. Putnam's Sons, 1973.

Mer-Khamis, Juliano, dir. *Arna's Children*. Pieter van Huystee Film and Trabelsi Productions, 2004.

Middle East Eye. "Israeli Forces Kill Palestinian Journalist near West Bank Camp." June 1, 2022.

Middle East Eye, "Shireen Abu Akleh: New Footage Shows Police Storming Hospital before Funeral." May 16, 2022.

Middle East Eye. "War on Gaza: Netanyahu 'Suggests New US-Built Port Could Help Deport Palestinians.'" March 20, 2024.

Middle East Monitor. "Israel Police Brands Palestinian Prisoner's Face with Star of David." August 21, 2023.

Middle East Monitor. "Symbolic Funeral Held in Nablus as Israel

Withholds Bodies of Slain Palestinians." August 29, 2023. Video, 30 sec.

Miller, Stephen Kekoa. "The Importance of Not Being Earnest: The Role of Irreverence in Philosophy and Moral Education." *Metodički ogledi* 30, no. 2 (2019): 32.

Morgenthau, Hans J. *Politics among Nations and the Struggle for Power and Peace.* New York: Alfred A. Knopf, 1948.

Morrison, Toni. Interview on *Charlie Rose*, January 19, 1998.

Mousa, Hanan. "Palestinian Children's Literature: An Overview." *Jeunesse: Young People, Texts, Cultures* 12, no. 1 (2020): 144–159.

Murphy, Maureen Clare. "Israelis Cheer after Palestinian Boy Is Executed in Jerusalem." *Electronic Intifada*, August 31, 2023.

Al-Mutanabbi, Abu Tayyib. "Fidan Laka Man Yuqassiru 'An Madaka." [Publication info TK]

Najib, Mohammed. "Palestine Runs Dry: 'Our Water They Steal and Sell to Us.'" Al Jazeera, July 15, 2021.

Netanyahu, Benjamin. "PM Netanyahu Addresses the 37th Zionist Congress," transcript of speech, Embassy of Israel to the United States, October 20, 2015.

New Arab. "Dumbest Excuse for Occupation: No Letter 'P' in Arabic." February 11, 2016.

New Arab. "Israeli Forces 'Poisoned Wells in Palestinian Villages' during 1948 Nakba, Unearthed Documents Show." October 15, 2022.

New Arab. "Israel Harvesting Organs from Palestinian Bodies, Say Gaza Officials." December 27, 2023.

New Arab. "Palestinian Teen Shot by Israeli Soldiers Near Joseph's Tomb Dies of Injuries." August 19, 2023.

Newsnight. "Israel Vows 'Terrible' Response to Hamas Attack." Aired on October 9, 2023, on BBC News.

Newton, Huey P. *Revolutionary Suicide.* New York: Harcourt Brace Jovanovich, Inc., 1973.

New York War Crimes. "'Words Like Slaughter': A Study of The *New York Times*' Reporting in Ukraine and Gaza." August 20, 2024.

Ofir, Jonathan. "Itamar Ben-Gvir and His Fascist Ilk Inadvertently Advance the Apartheid Discourse." *Mondoweiss*, August 28, 2023.

Olmert, Ehud. Interview with *Haaretz*, 2010.

Omar, Abdaljawad. "The Question of Hamas and the Left." *Mondoweiss*, May 31, 2024.

Osborne, Samuel. "Civilians Help Make Molotov Cocktails to Take On Russian Forces." Sky News, February 27, 2022.

Othman, Orouba. "Reshaping the Victim: On Stealing Shireen Abu Akleh from Her People," translated by Nadine Fattaleh. *7iber*, June 7, 2022.

Palestine News and Information Agency (WAFA). "Two Palestinians, One Minor, Shot and Seriously Injured by Israeli Occupation Forces Overnight in East Jerusalem." August 19, 2023.

Palestinian Information Center. "Ministry of Prisoners: 36 Gazan Prisoners Die of Torture in Israeli Prisons." June 21, 2024.

"Palestinian Open Letter," September 11, 2023, https://sites.google.com/view/palestinianopenletter/home?authuser=1%28they.

"Palestinians Are a Thorn [Video]." *JewishPress*. August 18, 2016.

Patel, Yumna. "Israeli Police Attack Another Palestinian Funeral in Jerusalem." *Mondoweiss*, May 17, 2022.

Patai, Raphael, ed. "June 12, 1895," In *The Complete Diaries of Theodor Herzl*, translated by Harry Zohn. New York: Herzl Press and Thomas Yoseloff, 1960.

Perlmutter, Mark. "Children of Gaza," interview on *CBS News Sunday Morning*, July 21, 2024.

Petti, Matthew. "A Fanatical Israeli Settlement Is Funded by New York Suburbanites." *New Lines Magazine*, February 12, 2024.

Protection of Civilians Report, 8–21 August 2023. United Nations Office for the Coordination of Humanitarian Affairs, 2023.

Protection of Civilians Report, 5–18 September 2023. United Nations Office for the Coordination of Humanitarian Affairs, September 26, 2023.

Purnell, Derecka. "Dehumanization, Disability, and Resistance." In *Becoming Abolitionists: Police, Protests, and the Pursuit of Freedom*. New York: Astra House, 2021, 209–43.

Qabbani, Nizar. "Footnotes to the Book of the Setback," stanza 3, translated by Abdullah al-Udhari. *Critical Muslim*.

Reuters. "US and EU Slam Palestinian President's Remarks on Holocaust." September 7, 2023. https://www.reuters.com/world/us-eu-slam-palestinian-presidents-remarks-holocaust-2023-09-07.

Revkin, Andrew C. "My Stroke of Luck." *New York Times*, May 13, 2013.

Robotoro23. "No Electricity, Food, Water or Gas: Israel Orders 'Complete' Gaza Siege." Reddit thread posted on r/stupidpol in September 2023.

Rubio, Marco. Interview by Jake Tapper. *The Lead with Jake Tapper*, CNN, October 9, 2023.

Sabbagh-Khoury, Areej. *Colonizing Palestine: The Zionist Left and the Making of the Palestinian Nakba*. Redwood City, CA: Stanford University Press, 2023.

Said, Edward W. *After the Last Sky: Palestinian Lives*. New York: Columbia University Press, 1999.

Said, Edward W. "Withholding, Avoidance, and Recognition." *Mawaqif* 19–20 (January 1972).

Salaita, Steven. "The Importance of Being Flippant." *Mondoweiss*, May 9, 2022.

Sarkar, Urvashi. "Janna Jihad: Meet Palestine's 10-Year-Old Journalist," Al Jazeera, April 28, 2016.

Scholars Against the War on Palestine. "Toolkit: International Actions Against Scholasticide." February 2024.

Shalhoub-Kevorkian, Nadera. *Incarcerated Childhood and the Politics of Unchilding*. Cambridge: Cambridge University Press, 2019.

Shalhoub-Kevorkian, Nadera, and Sarah Ihmoud. "Two Letters from Jerusalem: Haunted by Our Breathing." *Jerusalem Quarterly* 59 (2014): 8.

Shamas, Diala. "Tax Breaks for Colonization?" The Law and Political Economy Project, June 30, 2021.

Shoughry-Badarne, Bana. "Torture in Israel: A Question of Getting Away With It." in *On Torture*, 47–54. Adalah, Physicians for Human Rights, and Al Mezan Center for Human Rights, 2012.

Smith, Dinitia. "A Stone's Throw Is a Freudian Slip." *New York Times*, March 10, 2001.

Steinbuch, Yaron. "Heroic Ukrainian Soldier Blows Himself Up on Bridge to Prevent Russian Advance." *New York Post*, February 25, 2022.

Al Tahhan, Zena. "'Devastating': How Israeli Is Pulling Palestinian Families Apart," Al Jazeera, March 15, 2022.

Al Tahhan, Zena. "Elderly Palestinian Man Dies during Arrest by Israeli Army." Al Jazeera, January 12, 2022.

Táíwò, Olúfẹ́mi O. *Elite Capture: How the Powerful Took Over Identity Politics (And Everything Else)*. Chicago: Haymarket Books, 2022 [『엘리트 포획』, 권순욱 옮김, 두번째테제, 2024].

Theoharis, Jeanne. "US Citizen's Solitary Confinement Raises Serious Questions." *Progressive*, March 1, 2010.

Tobin, Andrew. "Israel's Top Security Experts Redraw West Bank Map for the Trump Era." *Jewish Telegraphic Agency*, January 3, 2017.

UK Lawyers for Israel. "Hospital Removes Gaza Artwork from Hospital Corridor." February 14, 2023.

University of Southern California Office of the Provost. "Important Update on 2024 Commencement." April 15, 2024.

Varenikova, Maria. "Hate for Putin's Russia Consumes Ukraine." *New York Times*, March 7, 2022.

Wahbe, Randa May. "The Politics of Karameh: Palestinian Burial Rites under the Gun." *Critique of Anthropology* 40, no. 3 (2020): 323–40.

Weir, Alison. "US Media and Israeli Military: All in the Family," If Americans Knew, February 25, 2010

Weisberg, Hila. "David Brooks: Gaza War Proved My Son Was Right to Serve in IDF." *Haáretz*, October 18, 2014

Weiss, Philip, and Adam Horowitz. "Another *New York Times*' Reporter's Son Is in the Israeli Army." *Mondoweiss*, October 27, 2014.

Weltsch, Robert. "Mayhew Action Dropped." *AJR* [Association of Jewish Refugees] *Information* 31, no. 4: 3, https://ajr.org.uk/wp-content/uploads/2018/02/1976_april.pdf.

Wiener, Jon. "Obama and the Palestinian Professors." *Nation*, April 10, 2008.

Wilkins, Brett. "'Level the Place,' Declares Lindsey Graham as Israel Does Exactly That to Gaza." *Common Dreams*, October 11, 2023.

Wood, Graeme. "The UN's Gaza Statistics Make No Sense." *Atlantic*, May 17, 2024.

주

1 저격수의 손에는 피가 묻지 않는다

1 Padraic Fiacc, "Soldiers," in *The Selected Padraic Fiacc* (Belfast: Blackstaff Press, 1979).

2 이 대목의 일부는 다음 글에도 실려 있다. El-Kurd, "Are We Indeed All Palestinians?" *Mondoweiss*, March 13, 2024.

3 Nadera Shalhoub-Kevorkian and Sarah Ihmoud, "Two Letters from Jerusalem: Haunted by Our Breathing," *Jerusalem Quarterly* 59 (2014): 8.

4 Gregg Carlstrom, "Autopsy Shows Palestinian Teen 'Burned Alive,'" Al Jazeera, July 6, 2014.

5 Meg Kelly et al., "Palestinian Paramedics Said Israel Gave Them Safe Passage to Save a 6-Year-Old Girl in Gaza. They Were All Killed," *Washington Post*, April 16, 2024.

6 "'They Were So Close': Israel Kills Medics Trying to Save Dying 6-Year-Old Hind Rajab," *Democracy Now!*, February 16, 2024.

7 "Israeli Tank Fired at Hind Rajab Family Car from Meters Away: Investigation," Al Jazeera, June 23, 2024.

8 Al-Mutanabbi, "Fidan Laka Man Yuqassiru 'An Madaka," 354 AH/965 CE. 번역은 인용자.

9 Husam Zomlot, "Israel Vows 'Terrible' Response to Hamas Attack," interview by Kirsty Wark, *Newsnight*, BBC, October 9, 2023.

10 Zomlot, "Israel Vows."

11 이 대목의 일부는 다음 글에도 실려 있다. Mohammed El-Kurd, "Western Journalists Have Palestinian Blood on Their Hands," *Nation*, October 20, 2023.

12 El-Kurd, "Western Journalists."

13 Sima Vaknin-Gil, *The Lobby – USA*, "The Covert War," episode 1, produced by the Al Jazeera Investigative Unit, 2017에서 인용.

14 *The Lobby – USA*, "Covert War."

15 Ann-Mari Jordens, "Australian Citizenship: 50 Years of Change," *Australian Law Reform Commission Reform Journal* 5, no. 74 (Autumn 1999): 24–28.

16 Numbers 14:33

17 이 대목의 일부는 다음 글에도 실려 있다. Mohammed El-Kurd, "The Right to Speak for Ourselves," *Nation*, December 11/18, 2023.

18 셰이크 자라 식민화의 현실을 이해하려면 다음을 보라. Mohammed El-Kurd, "If They

Steal Sheikh Jarrah," *Mada Masr*, February 16, 2021; "Here in Jerusalem, We Palestinians Are Still Fighting for Our Lives," *Guardian*, July 28, 2021; "Tomorrow My Family and Neighbors May Be Forced from Our Homes by Israeli Settlers," *Nation*, November 20, 2020.

2 송곳니 뽑기의 정치

1 Jacques Lacan, *The Four Fundamental Concepts of Psychoanalysis: The Seminar of Jacques Lacan*, book 11, 1964, ed. Jacques-Alain Miller, trans. Alan Sheridan (New York: W. W. Norton, 1998), 268.

2 Saidiya Hartman with Frank B. Wilderson, "The Position of the Un-thought," *Qui Parle* 13, no. 2 (2003): 183–201.

3 다음을 보라. Derecka Purnell, "Dehumanization, Disability, and Resistance," in *Becoming Abolitionists: Police, Protests, and the Pursuit of Freedom* (New York: Astra House, 2021), 209–43.

4 Quran 17:37.

5 Nasser Abufarha, *The Making of a Human Bomb: An Ethnography of Palestinian Resistance* (Durham, NC: Duke University Press, 2009), 8.

6 이 절의 일부 문장은 팔레스타인연구원(Institute for Palestine Studies)에서 2024년 1월 31일에 아랍어로 발행한 글 「레파트 알아리르: 미완의 추도사」(Refaat al-Areer: An Incomplete Eulogy)에 먼저 실린 바 있다.

7 Ghassan Kanafani, "Thoughts on Change and the 'Blind Language,'" 1968, trans. Barbara Harlow and Nejd Yaziji, *Alif: Journal of Comparative Poetics* 10 (1990): 148.

8 Kanafani, "Thoughts on Change," 148.

9 Aimé Césaire, *Discourse on Colonialism*, trans. Joan Pinkham (New York: Monthly Review Press, 2001), 74.

10 Mohammed El-Kurd, "Fifteen-Year-Old Girl Killed for Attempting to Kill a Soldier (with a Nail File), or Context," in *Rifqa* (Chicago: Haymarket Books, 2021), 29.

11 Rashid Hussein, "Against," in *I'm the Earth, Don't Deny Me the Rain* (Beirut: Falastin al-Thawra, 1976). 번역은 인용자.

3 시린의 여권

이 장의 일부는 다음 글에 먼저 실린 바 있다. Mohammed El-Kurd, "How the Western Media Missed the Story of Shireen Abu Akleh's Death," *Nation*, May 25, 2022.

1 Ephesians 2:8–9.

2 Al Jazeera Staff, "Israeli Forces Kill Palestinian Woman in Occupied West Bank," Al Jazeera, June 1, 2022.

3 Raja Abdulrahim and Ben Hubbard, "A Trailblazing Palestinian Journalist Dies, Aged 51," *New York Times*, May 11, 2022. 기사 제목은 이후 다음과 같이 수정되었다. "Trailblazing Palestinian Journalist Killed in West Bank."

4 *Middle East Eye* Staff, "Shireen Abu Akleh: New Footage Shows Police Storming Hospital before Funeral," *Middle East Eye*, May 16, 2022.

5   CBS News (@CBSNews), "이틀 전에 살해당한 알 자지라 기자 시린 아부 아클레의
    장례식장에서 이스라엘 폭동 진압 경찰이 조문객들과 충돌하는 영상. 한때 몸싸움이
    격화되어 그녀의 관이 땅에 떨어질 뻔한다." Twitter (now X), May 13, 2022, https://x.com/
    CBSNews/status/1525151546530582528.

6   "Dozens Injured in Israeli Police Attack on Palestinian Funeral," Al Jazeera, May 17, 2022.

7   Yumna Patel, "Israeli Police Attack Another Palestinian Funeral in Jerusalem,"
    Mondoweiss, May 17, 2022.

8   Muhammad Hussein, "Remembering Israel's Killing of Four Children on the Beach in
    Gaza," *Middle East Monitor*, July 16, 2020.

9   *Middle East Eye* Staff, "Israeli Forces Kill Palestinian Journalist near West Bank Camp,"
    Middle East Eye, June 1, 2022.

10 Frantz Fanon, *The Wretched of the Earth*, trans. Richard Philcox (1961; New York: Grove
    Press, 2004), 50.

11 Frantz Fanon, "Letter to the Resident Minister," written in 1956, published in *Toward the
    African Revolution: Political Essays*, trans. Haakon Chevalier (New York: Grove Press,
    1967), 53.

12 Orouba Othman, "Reshaping the Victim: On Stealing Shireen Abu Akleh from Her People,"
    trans. Nadine Fattaleh, *7iber*, June 7, 2022.

13 Othman, "Reshaping the Victim."

14 이 대목의 이전 버전이 다음 글에 실려 있다. Mohammed El-Kurd, "Do I Believe in
    Violence?" *New Arab*, November 22, 2022.

15 Rashid Hussein, "Against," in *I'm the Earth, Don't Deny Me the Rain* (Beirut: Falastin
    al-Thawra, 1976). 번역은 인용자.

16 이 대목의 일부는 다음 글에도 실려 있다. Mohammed El-Kurd, "'We Shouldn't Grow Up
    Dreaming That Our Friends Don't Get Killed,'" *Nation*, February 1, 2023.

17 이 대목의 일부는 다음 글에도 실려 있다. Mohammed El-Kurd, "The Right to Speak for
    Ourselves," *Nation*, December 11/18, 2023.

18 Nabih Bulos, "Kyiv Civilians Take Up Arms . . . to Fight Russian Attack on Ukraine," *Los
    Angeles Times*, February 26, 2022.

19 Sofia Diogo Mateus, "Ukrainians Google 'How to Make a Molotov Cocktail' after Defense
    Minister's Call to Arms," *Washington Post*, February 25, 2022.

20 Luke Harding, "'I Haven't Told My Granny': Ukraine's Student Molotov Cocktail-Makers,"
    Guardian, February 28, 2022.

21 Yaron Steinbuch, "Heroic Ukrainian Soldier Blows Himself Up on Bridge to Prevent
    Russian Advance," *New York Post*, February 25, 2022.

22 Samuel Osborne, "Civilians Help Make Molotov Cocktails to Take On Russian Forces,"
    Sky News, February 27, 2022.

23 Maria Varenikova, "Hate for Putin's Russia Consumes Ukraine," *New York Times*, March
    7, 2022.

24 Andrew E. Kramer, "Behind Enemy Lines, Ukrainians Tell Russians 'You Are Never Safe,'"
    New York Times, August 17, 2022.

25 Patrick Kingsley et al., "How Hamas Is Fighting in Gaza: Tunnels, Traps and Ambushes,"
    New York Times, July 13, 2024.

26 Kramer, "Behind Enemy Lines."

27 Kingsley et al., "How Hamas Is Fighting in Gaza."

28 Kramer, "Behind Enemy Lines."

29 Kingsley et al., "How Hamas Is Fighting in Gaza."

30 David Leonhardt and Lauren Jackson, "Gaza's Vital Tunnels," *New York Times*, October 30, 2023.

31 Amnesty International, "Ukraine: Ukrainian Fighting Tactics Endanger Civilians," press release, August 4, 2022.

32 Valerie Hopkins and Thomas Gibbons-Neff, "An Amnesty International Assessment That Ukraine 'Put Civilians in Harm's Way' Stirs Outrage," *New York Times*, August 7, 2022.

33 Hopkins and Gibbons-Neff, "Amnesty International Assessment."

34 Kingsley et al., "How Hamas Is Fighting in Gaza."

35 Emmanuel Macron, speech at Sorbonne University, April 25, 2024.

36 Yuval Noah Harari interview by Christiane Amanpour on *Amanpour*, CNN International, October 12, 2023.

37 Marco Rubio on *The Lead with Jake Tapper*, CNN, October 9, 2023.

38 Robert Inlakesh, "'Kill 'Em All' – US Politicians and Their Genocidal Comments against Palestinian since October 7," *Palestine Chronicle*, May 15, 2024에서 재인용.

39 Brett Wilkins, "'Level the Place,' Declares Lindsey Graham as Israel Does Exactly That to Gaza," *Common Dreams*, October 11, 2023에서 재인용.

40 Tom Cotton on *FOX News Sunday*, anchored by Shannon Bream, October 15, 2023.

41 "US Congressman Tells Pro-Palestine Activist 'We Should Kill 'em All,'" Al Jazeera, February 21, 2024.

42 Yuval Noah Harari on TV Asahi, October 19, 2023.

43 Harry Davies et al., "'The Grey Zone': How IDF Views Some Journalists in Gaza as Legitimate Targets," *Guardian*, June 25, 2024.

44 Alex MacDonald and Shatha Hammad, "Shireen Abu Akleh: Arab Journalists Remember Iconic Palestinian Reporter," *Middle East Eye*, May 11, 2022.

45 Lahav Harkov, "One-Third of Journalists Killed in Gaza Were Affiliated with Terrorist Groups," *Jewish Insider*, May 17, 2024.

46 Jeffrey Goldberg, *Prisoners: A Muslim and a Jew across the Middle East Divide* (New York: Alfred A. Knopf, 2006), 22–26.

47 David Klion, "Jeffrey Goldberg Doesn't Speak for the Jews," *Jewish Currents*, August 2, 2018.

48 M. Gessen, "What We Know about the Weaponization of Sexual Violence on October 7th," *New Yorker*, July 20, 2024.

49 Philip Weiss and Adam Horowitz, "Another *New York Times* Reporter's Son Is in the Israeli Army," *Mondoweiss*, October 27, 2014.

50 Andrew Tobin, "Israel's Top Security Experts Redraw West Bank Map for the Trump Era," *Jewish Telegraphic Agency*, January 3, 2017.

51 Alex Kane, "New Conflict of Interest at NYT Jerusalem Bureau," Fairness and Accuracy in Reporting, May 1, 2012.

52 Tobin, "Israel's Top Security Experts."

53 "Israeli Forces Use Palestinian Girl as a Human Shield in Jenin," Defense for Children International - Palestine, May 19, 2022.

54 AlJazeera Arabic, video posted YouTube on May 11, 2022.

4 추궁받는 삶

1 데브스가 1918년 선동법으로 유죄를 선고받은 직후인 1918년 9월 14일에 판사 데이비드 C. 웨스텐헤이버(David C. Westenhaver)에게 보낸 서한. David Karsner, *Debs, His Authorized Life and Letters* (New York: Boni and Liveright, 1919), 48.

2 Taha Muhammad Ali, "Abd el-Hadi Fights a Superpower," in *So What: New & Selected Poems (with a Story), 1971–2005*, trans. Peter Cole, Yahya Hijazi, and Gabriel Levin (Port Townsend, WA: Copper Canyon Press, 2006), 3–7. 번역은 인용자.

3 Edward W. Said, "Withholding, Avoidance, and Recognition," *Mawaqif* 19–20 (January 1972). 번역은 인용자.

4 Edward W. Said, *After the Last Sky: Palestinian Lives* (New York: Columbia University Press, 1999), 17.

5 James Baldwin, "Many Thousands Gone," in *Notes of a Native Son* (Boston: Beacon Press, 1955), 27.

6 Jacques-Philippe Leyens et al., "Infra-humanization: The Wall of Group Differences," *Social Issues and Policy Review* 1, no. 1 (December 2007): 139–72.

7 Hans J. Morgenthau, *Politics among Nations and the Struggle for Power and Peace* (New York: Alfred A. Knopf, 1948), 14.

8 Mourid Barghouti, *I Saw Ramallah*, trans. Ahdaf Soueif (Cairo: American University in Cairo Press, 2000), 178.

9 Mourid Barghouti, *I Saw Ramallah*, 178.

10 Frantz Fanon, *Black Skin, White Masks*, trans. Charles Lam Markmann (London: Pluto Press, 1986), 17–18.

11 "Important Update on 2024 Commencement," University of Southern California Office of the Provost, April 15, 2024.

12 Azad Essa, "How a 'Hostile' NYC Hospital Fired an Award-Winning Palestinian-American Nurse," *Middle East Eye*, May 31, 2024.

13 Aimé Césaire, *Discourse on Colonialism*, trans. Joan Pinkham (New York: Monthly Review Press, 2000), 44.

14 Césaire, *Discourse on Colonialism*, 44.

15 Césaire, *Discourse on Colonialism*, 44.

16 Adina Hoffman, *My Happiness Bears No Relation to Happiness: A Poet's Life in the Palestinian Century* (New Haven, CT: Yale University Press, 2009), 308.

17 Ali, "Abd el-Hadi the Fool," in *So What*. 번역은 인용자.

18 Ali, "Abd el-Hadi the Fool," 번역은 인용자.

19 Ali, "Abd el-Hadi the Fool," 번역은 인용자.

5 비유와 드론

이 장의 일부는 2023년 9월 26일 자 《몬도와이스》에 게재된 「유대인 정착자들이 내 집을 훔쳐 갔고 그들이 유대인인 건 내 탓이 아니다」(Jewish Settlers Stole My Home, It's Not My Fault They're Jewish)에 먼저 실린 바 있다. 첫 단락은 제임스 볼드윈의 「흑인은 반백인주의적이기에 반유대주의적이게 된다」("Negroes Are Anti-Semitic Because They're Anti-White," *New York Times*, April 9, 1967)에서 영감을 받았다.

1　Baldwin, "Negroes Are Anti-Semitic."

2　이스라엘을위한유대기구(Jewish Agency for Israel), 세계유대인회의(World Jewish Congress, 및 각 지역 지부), 유대교-기독교이해협력센터(Center for Jewish–Christian Understanding and Cooperation), 유대권력당(Jewish Power Party) 등이 그런 조직에 해당한다. 팔레스타인 토지(및 그 몰수)와 관련해 훨씬 중요한 시온주의 준국가 조직으로는 유대민족기금(JNF)이 있다. JNF에 관한 자세한 내용은 다음을 참고하라. Hazem Jamjoum, "The Jewish National Fund: A Para-State Institution in Service of Colonialism & Apartheid," *Al-Majdal* 43 (Winter–Spring 2010).

3　*My Neighbourhood*, directed by Julia Bacha and Rebekah Wingbert-Jabi (Just Vision, 2012).

4　Mohammed El-Kurd (@m7mdkurd), Twitter, November 3, 2021, 12:44 p.m.

5　이스라엘 민족국가법, '기본법: 유대인 민족국가로서의 이스라엘' 제7항을 보라.

6　Sam McNeil, "Israel Deploys Remote-Controlled Robotic Guns in West Bank," Associated Press, November 16, 2022. 또한 다음을 보라. Antony Loewenstein, "How Israel Commodifies Mass Killing throught Its 'Palestine Laboratory,'" interview by Jeremy Scahill, *Intercepted*, December 13, 2023.

7　Jonathan Ofir, "Itamar Ben-Gvir and His Fascist Ilk Inadvertently Advance the Apartheid Discourse," *Mondoweiss*, August 28, 2023.

8　"Israel Police Brands Palestinian Prisoner's Face with Star of David," *Middle East Monitor*, August 21, 2023.

9　Mahmoud Abbas, speech at the 11th session of the Fatah Revolutionary Council, August 24, 2023. "US and EU Slam Palestinian President's Remarks on Holocaust," Reuters, September 7, 2023.

10　다음을 보라. "Palestinian Open Letter," September 11, 2023, sites.google.com/view/palestinianopenletter.

11　"Palestinian Open Letter."

12　"Israeli Police Arrest and Brand Palestinian with 'Star of David': Report," Al Jazeera, August 18, 2023.

13　*Protection of Civilians Report, 8–21 August 2023*, United Nations Office for the Coordination of Humanitarian Affairs, August 28, 2023.

14　"Two Palestinians, One Minor, Shot and Seriously Injured by Israeli Occupation Forces Overnight in East Jerusalem," Palestine News and Information Agency (WAFA), August 19, 2023.

15　*New Arab* Staff, "Palestinian Teen Shot by Israeli Soldiers Near Joseph's Tomb Dies of Injuries," *New Arab*, August 19, 2023.

16　"Israel's War on Gaza: List of Key Events, Day 169," Al Jazeera, March 23, 2024.

17　"Palestinian Teen Killed in Israeli Raid in Northern Occupied West Bank," Al Jazeera, August 22, 2023.

18 "Palestinian Dies from Serious Wounds in Jenin," International Middle East Media Center, September 20, 2023.

19 "Symbolic Funeral Held in Nablus as Israel Withholds Bodies of Slain Palestinians," *Middle East Monitor*, August 29, 2023.

20 *Protection of Civilians Report, 5–18 September 2023*, United Nations Office for the Coordination of Humanitarian Affairs, September 26, 2023.

21 Maureen Clare Murphy, "Israelis Cheer after Palestinian Boy Is Executed in Jerusalem," *Electronic Intifada*, August 31, 2023.

22 "Israeli Forces Kill, Withhold Body of 14-Year-Old Palestinian Boy in Jerusalem," Defense for Children International – Palestine, August 31, 2023.

23 "Israeli Soldier Killed in Car Ramming Attack by Palestinian," Al Jazeera, August 31, 2023.

24 "Palestine in Pictures: September 2023," *Electronic Intifada*, October 5, 2023.

25 *Middle East Eye* Staff, "Israeli Forces Kill Palestinian in West Bank Raid," *Middle East Eye*, September 1, 2023.

6 놀이방의 『나의 투쟁』

1 Isaac Herzog interview on *Sunday with Laura Kuenssberg*, BBC One, November 12, 2023.

2 Herzog interview.

3 "Dumbest Excuse for Occupation: No Letter 'P' in Arabic," *New Arab*, February 11, 2016.

4 "PM Netanyahu Addresses the 37th Zionist Congress," transcript of speech, Embassy of Israel to the United States, October 20, 2015.

5 다음을 보라. "Gaza: Israeli Army Uses Palestinian Civilians as Human Shields in Its Operation in Shifa Medical Complex and Its Vicinity," Euro-Mediterranean Human Rights Monitor, March 23, 2024; "19-yo Palestinian, Shot, Used as Human Shield, Dies in Israeli Custody," *Al Mayadeen*, August 26, 2024.

6 "Israel's Shifting Narratives on the Killing of Shireen Abu Akleh," Al Jazeera, September 6, 2022.

7 이 대목의 이전 버전이 다음 글에 실려 있다. Mohammed El-Kurd, "What Does It Mean to Be Palestinian Now?," *Nation*, January 25, 2024.

8 이 대목의 이전 버전이 다음 글에 실려 있다. El-Kurd, "What Does It Mean."

9 David Keyes, *Gaza Fights for Freedom*, directed by Abby Martin (Empire Files, 2019)에서 인용.

7 기적적인 깨달음

1 Lee Hockstader, "Letter from Israel," *Washington Post*, July 12, 2000.

2 Sunnie Kim, "Edward Said Accused of Stoning in South Lebanon," *Columbia Daily Spectator*, July 19, 2000.

3 Miriam Berger, Evan Hill, and Hazem Balousha, "Four Fragile Lives Found Ended in Evacuated Gaza Hospital," *Washington Post*, December 3, 2023.

4 Awi Federgruen, "Rock-Throwing by Said Should Not Be Excused," *Columbia Daily Spectator*, September 6, 2000.

5 Matthew Petti, "A Fanatical Israeli Settlement Is Funded by New York Suburbanites," *New Lines Magazine*, February 12, 2024; Diala Shamas, "Tax Breaks for Colonization?" Law and Political Economy Project, June 30, 2021.

6 Sha'i ben-Tekoa, "Sticks and Stones," *Commentary*, September 2000.

7 ben-Tekoa, "Sticks and Stones."

8 다음을 보라. Jon Wiener, "Obama and the Palestinian Professors," *Nation*, April 10, 2008; Ali Abunimah, "How Obama Learned to Love Israel," *Electronic Intifada*, March 4, 2007.

9 Justus Reid Weiner, Hockstader, "Letter from Israel"에서 인용.

10 다음을 보라. Dinitia Smith, "A Stone's Throw Is a Freudian Slip," *New York Times*, March 10, 2001.

11 John Randolph LeBlanc, *Edward Said on the Prospects of Peace in Palestine and Israel* (New York: Palgrave MacMillan, 2013), 90.

12 Kim, "Edward Said Accused"에서 재인용.

13 LeBlanc, *Edward Said*, 90.

14 Amal Dunqul, "Waiting for the Sword," in *The Complete Works of Amal Dunqul, 3rd ed.* (Cairo, Madbouly Publishing, 1987), 193. 번역은 인용자.

15 Mohammed El-Kurd, "The Right to Speak for Ourselves," *Nation*, December 11/18, 2023.

16 이 대목의 이전 버전이 다음 글에 실려 있다. Mohammed El-Kurd, "Dear President Obama . . . I Hope You Won't Remain Silent," *Guardian*, March 17, 2013.

17 El-Kurd, "Dear President Obama." 강조 추가.

18 Walid Daqqa, "A Place without a Door," trans. Dalia Taha, Middle East Research and Information Project, July 11, 2023.

19 Daqqa, "A Place without a Door."

20 Walid Daqqa, "Uncle, Give Me a Cigarette," trans. Dalia Taha, Middle East Research and Information Project, July 11, 2023.

21 James Baldwin, "Letter from a Region in My Mind," *New Yorker*, November 9, 1962.

22 After/Inspired by Padraic Fiacc, "Soldiers," in *The Selected Padraic Fiacc* (Belfast: Blackstaff Press, 1979), 67.

23 Daqqa, "Uncle, Give Me a Cigarette."

24 The Dr. Huey P. Newton Foundation, *The Black Panther Party: Service to the People Programs*, ed. David Hilliard (Albuquerque: University of New Mexico Press, 2008), 8.

25 팔레스타인 아동 문학에 관해서는 다음을 참고하라. Hanan Mousa, "Palestinian Children's Literature: An Overview," *Jeunesse: Young People, Texts, Cultures* 12, no. 1 (2020): 144–59.

26 Frantz Fanon, *The Wretched of the Earth*, trans. Richard Philcox (1961; New York: Grove Press, 2004), 69.

27 After Rashid Hussein, "Against," in *I'm the Earth, Don't Deny Me the Rain* (Beirut: Falastin al-Thawra, 1976). 번역은 인용자.

28 다음을 보라. Erica Burman, "Fanon and the Child: Pedagogies of Subjectification and Transformation," *Curriculum Inquiry* 46, no. 3 (2016): 3.

29 *Arna's Children*, directed by Juliano Mer-Khamis (Pieter van Huystee Film and Trabelsi Productions, 2004).

30 Mariam Barghouti, "'We Are Living in Graves, and Our Demand Is Freedom': The Gilboa
Prison Break One Year Later," *Mondoweiss*, September 9, 2022.

31 이 아랍어 영상은 알아라비야(Al-Arabiya)에서 2021년 9월 14일 유튜브에 게시한
아카이브에 포함되어 있다. (2024년 9월, 이스라엘 언론들은 알아라비야가 이스라엘군과
직접적인 협력 관계에 있음을 폭로했다. 다음을 보라. "Saudi-Owned Al-Arabiya in Bed
with Israeli Army to 'Shape Gaza Coverage': Report," *Cradle*, September 21, 2024.)

32 "IOF Assassinate Zakaria Zubeidi's Son, Others Killed in West Bank," *Al Mayadeen*,
September 5, 2024.

33 다음을 보라. Nadera Shalhoub-Kevorkian, *Incarcerated Childhood and the Politics of
Unchilding* (Cambridge: Cambridge University Press, 2019).

34 Graeme Wood, "The UN's Gaza Statistics Make No Sense," *Atlantic*, May 17, 2024.

35 Dr. Mark Perlmutter, "Children of Gaza," interview with on *Sunday Morning*, CBS News,
July 21, 2024.

36 "Hospital Removes Gaza Artwork from Hospital Corridor," UK Lawyers for Israel, February
14, 2023.

37 Toni Morrison, interview on *Charlie Rose*, January 19, 1998.

38 Arnon Degani, "Israel Is a Settler-Colonial State – and That's OK," *Haaretz*, September 13,
2016.

39 Michael Ben-Yair, "The War's Seventh Day," *Haaretz*, March 3, 2002.

40 "June 12, 1895," in *The Complete Diaries of Theodor Herzl*, ed. Raphael Patai, trans. Harry
Zohn (New York: Herzl Press and Thomas Yoseloff, 1960), 1:84.

41 Vladimir Jabotinsky, "The Iron Wall," 1923. Areej Sabbagh-Khoury, *Colonizing Palestine:
The Zionist Left and the Making of the Palestinian Nakba* (Redwood City, CA: Stanford
University Press, 2023)에서 재인용.

42 Hadas Gold et al., "Israeli Minister Says There Is 'No Such Thing as Palestinian People,'
Inviting US Rebuke," CNN, March 21, 2023.

43 이 대목의 이전 버전은 다음 글에 실려 있다. El-Kurd, "Right to Speak."

44 Mehdi Hassan, "Saying Israel Is Guilty of Apartheid Isn't Antisemitic. Just Ask These
Israeli Leaders." MSNBC, May 27, 2021. 강조 추가.

45 Said, *After the Last Sky*, 3.

46 Mahmoud Darwish, "Those Who Pass Between Fleeting Words," *Middle East Report* 154
(September/October 1988).

47 Olúfẹ́mi O. Táíwò, *Elite Capture: How the Powerful Took Over Identity Politics (And
Everything Else)* (Chicago: Haymarket Books, 2022).

48 이 대목의 이전 버전은 다음 글에 실려 있다. Mohammed El-Kurd, "The Stenographer
Party," *Mondoweiss*, November 29, 2023.

8 정말로 우리 모두 팔레스타인인인가?

이 장은 《몬도와이스》에 게재된 「속기사 파티」("The Stenographer Party," November 29,
2023)와 「정말로 우리 모두 팔레스타인인인가?」("Are We Indeed All Palestinians?" March
13, 2024)의 일부를 포함하고 있다.

1 Zora Neale Hurston, *Their Eyes Were Watching God* (1937; New York: Perennial, 1990), 1.

2 살해당한 언론인의 수는 다음 글에 언급된 가자 정부 언론사무국의 수치를 재인용한 것이다. Maha Hussaini, "Palestinian Journalist Killed in Israeli Bombing after Threats to End Gaza Coverage," *Middle East Eye*, October 6, 2024.

3 Benjamin Netanyahu, January 13, 2024.

4 Amal Dunqul, "The Last Words of Spartacus," in *The Complete Works* (1969; Beirut: Dar al-Shorouk, 2012), 83. 번역은 인용자.

5 "Ministry of Prisoners: 36 Gazan Prisoners Die of Torture in Israeli Prisons," Palestinian Information Center, June 21, 2024.

6 이 장의 일부 문장은 다음 글에도 실려 있다. Mohammed El-Kurd, "In Every Corner of Palestine, There Is a Story of Dispossession," *Nation*, March 30, 2022.

7 이 대목의 일부는 다음 글에도 실려 있다. Mohammed El-Kurd, "Reflections on the 75th Anniversary of a Nakba That Never Ended," *Nation*, May 15, 2023.

8 Ghassan Kanafani, *On Zionist Literature*, trans. Mahmoud Najib (1967; Oxford: Ebb Books, 2022), 1.

9 Kanafani, *On Zionist Literature*, 4.

10 이 대목의 일부는 다음 글에도 실려 있다. Mohammed El-Kurd, "What Role Does Culture Play in Palestinian Liberation?" *Mondoweiss*, September 5, 2023. 바셀 알아라즈의 말은 2016년 12월 25일 제드니 클럽(Zedne Club) 강연의 아랍어 녹취를 직접 번역한 것이다.

9 "이스라엘인들을 바다에 던져버리고 싶은가요?"

1 Mahdi Amel, "The Revolutionary War in Lebanon Is Our Universe," *Al-Tariq Magazine*, August 24, 1982.

2 HC Deb. (5th ser.) (18 Oct. 1973) (861) col. 462.

3 Robert Weltsch, "Mayhew Action Dropped," *AJR* [Association of Jewish Refugees] *Information* 31, no. 4 (April 1976).

4 Weltsch, "Mayhew Action Dropped," 3.

5 HC Deb. (5th ser.) (18 Oct. 1973) (861) col. 462.

6 Mahmoud Darwish, *Mural*, trans. John Berger and Rema Hammami (2000; New York: Verso, 2017), 54.

7 Darwish, *Mural*.

8 Mahmoud Darwish, *Unfortunately, It Was Paradise: Selected Poems*, ed. and trans. Munir Akash and Carolyn Forché (Oakland: University of California Press, 2003), 161.

9 *Middle East Eye* Staff, "War on Gaza: Netanyahu 'Suggests New US-Built Port Could Help Deport Palestinians,'" *Middle East Eye*, March 20, 2024.

10 May Golan, *Israel Daily*, ILTV News, February 21, 2024.

11 Noam Chomsky, *The Fateful Triangle: The United States, Israel and the Palestinians* (Boston: South End Press, 1983), 91에서 재인용.

12 '이스라엘은 자기방어를 하는 것' 등 이스라엘의 신화들에 대해서는 다음을 참고하라. Decolonize Palestine, https://decolonizepalestine.com/.

13 Emile Habiby, *The Secret Life of Saeed: The Pessoptimist*, trans. Salma K. Jayyusi and Trevor LeGassick (1974; Northampton, MA: Interlink Books, 2003), 25.

14 Steven Salaita, "The Importance of Being Flippant," *Mondoweiss*, May 9, 2022.

15 *New Arab* Staff, "Israeli Forces 'Poisoned Wells in Palestinian Villages' during 1948 Nakba, Unearthed Documents Show," *New Arab*, October 15, 2022.

16 Mohammed Najib, "Palestine Runs Dry: 'Our Water They Steal and Sell to Us,'" Al Jazeera, July 15, 2021.

17 Stephen Kekoa Miller, "The Importance of Not Being Earnest: The Role of Irreverence in Philosophy and Moral Education," *Metodički ogledi* 30, no. 2 (2019): 32.

18 자세한 내용은 다음을 참고하라. "Myth: Palestinians Fake Israeli Atrocities," Decolonize Palestine.

19 이 대목의 일부는 다음 글에도 실려 있다. Mohammed El-Kurd, "Alaa on My Mind," *Baffler*, December 7, 2022.

에필로그: 머지않아 비가 내릴 거야

에필로그는 2024년 3월 15일에 《뉴욕 전쟁범죄》 나크바의 날 특집호의 커버스토리로, 그리고 《몬도와이스》에 실린 「비가 내릴 것이다: 계속되는 나크바와 오늘의 혁명」(Rain Is Coming: The Ongoing Nakba and the Present Revolution)을 바탕으로 삼았다.

찾아보기

모함메드 엘쿠르드(Mohammed El-Kurd)
점령당한 팔레스타인 예루살렘 출신의 시인, 작가, 저널리스트,
활동가다. 《네이션》의 초대 팔레스타인 특파원, 이스라엘의
팔레스타인 점령과 인권 문제를 팔레스타인 관점에서 보도하는
미국의 독립 매체 《몬도와이스》의 객원 편집장을 맡고 있다.
2021년 쌍둥이인 무나 엘쿠르드와 함께 《타임》 선정 세계에서 가장
영향력 있는 100인에 이름을 올렸다. 남매는 자신들의 집에서 강제
퇴거당할 위기에 처한 팔레스타인인들을 보호하고 정착민
식민주의에 맞서고자 #셰이크자라를구하라 캠페인을 조직한
것으로 널리 알려졌다. 엘쿠르드는 2022년 아랍계 미국인
시민위원회 미디어 진실상을 수상했고 2023년 래넌 재단 문화자유
펠로십을 받았다. 2023년 제18회 프린스턴대학교 에드워드 사이드
추모 강연에서 기조 강연을 맡기도 했다. 2021년에 첫 시집
『리프카』(*Rifqa*)가 출간되었고 이후 여러 언어로 번역되었다.

옮긴이 박종주
안팎과 박종주, 두 개의 이름을 쓴다. 주로 장애와 퀴어에 초점을
두고 예술이나 정치에 관한 글을 쓰거나 옮긴다. 『제로의 책』 등에
글을 실었고, 『듣지 않는 자들의 공화국』, 『게임, 사랑, 정치』,
『피메일스』 등을 번역했다.

완벽한 피해자
팔레스타인인이라는 존재

모함메드 엘쿠르드 지음
박종주 옮김

초판 1쇄 인쇄 2026년 4월 15일
초판 1쇄 발행 2026년 4월 30일

ISBN 979-11-90853-74-3 (03300)

발행처 도서출판 마티
출판등록 2005년 4월 13일
등록번호 제2005-22호
발행인 정희경
편집 조은, 서성진
디자인 슬기와 민

주소 서울시 마포구 잔다리로 101, 2층 (04003)
전화 02-333-3110
이메일 matibook@naver.com
홈페이지 matibooks.com
인스타그램 instagram.com/matibooks
엑스 x.com/matibook
페이스북 facebook.com/matibooks